마리아의 비밀

Original title: El evangelio secreto de la Virgen María
© Santiago Martín, 1996. All rights reserved.

마리아의 비밀

2015년 6월 8일 교회 인가
2016년 8월 25일 초판 1쇄 펴냄
2020년 10월 7일 개정 초판 1쇄 펴냄
2024년 8월 23일 개정 초판 5쇄 펴냄

지은이 · 산티아고 마르틴
옮긴이 · 최효선, 최선화, 최진호
펴낸이 · 정순택
펴낸곳 · 가톨릭출판사
편집 · 강서윤, 김소정, 박다솜
디자인 · 이경숙, 강해인, 송현철, 정호진
마케팅 · 안효진, 황희진

본사 · 서울특별시 중구 중림로 27
등록 · 1958. 1. 16. 제2-314호
전자우편 · edit@catholicbook.kr
전화 · 1544-1886(대표 번호)
지로번호 · 3000997

ISBN 978-89-321-1737-9 03230

값 18,000원

성경 ⓒ 한국천주교중앙협의회

이 책의 한국어 출판권은 (재)천주교서울대교구 가톨릭출판사에 있습니다.
저작권법에 의해 한국 내에서 보호를 받는 저작물이므로 무단 전재와 무단 복제를 금합니다.

가톨릭의 모든 도서와 성물을 '가톨릭출판사 인터넷쇼핑몰'에서 만나 보실 수 있습니다.
http://www.catholicbook.kr | (02)6365-1886(구입 문의)

예수님의 탄생부터 부활까지   함께한 성모님의 고백

마리아의 비밀

| 산티아고 마르틴 지음 |
최효선 · 최선화 · 최진호 옮김

가톨릭출판사

지은이 **산티아고 마르틴**

마리아의 프란치스코회 수도 사제. 1954년 스페인 마드리드에서 출생했다. 콤플루텐세 대학교에서 생물학과 신문학을 전공했고, 예수회 코미야스 대학교에서 윤리 신학을 전공했다. 1979년 프란치스코 제3회 회원으로 사제품을 받았고, 1988년 마리아의 프란치스코회를 설립하면서 제3회를 탈퇴했다. 현재 로마 교황청 가정 평의회의 자문을 맡고 있으며, 그가 설립한 마리아의 프란치스코회는 전 세계 38개국에 분원이 있다. 저서로는 《왜 신앙이 필요한가 Para qué sirve la fe》(1995), 《성모님, 완덕의 길 María, camino de perfección》(2001) 등이 있다.

옮긴이 **최효선(가타리나)**

스페인 위로의 성모 수녀회 수녀. 스페인 음악학 학자이자 음악 교육가이며, 왕립 알카사르 대성당 카라바카 십자가 현양 소년 합창단 상임 지휘자로 활동하고 있다.

옮긴이 **최선화(데레사)**

스페인 발렌시아 폴리테크닉 대학교에서 유럽음악학 박사 학위를 받았다. 서울대학교 서양음악연구소 학술연구원으로 일했고, 현재 스페인 무르시아 성 안토니오 가톨릭대학교 초빙 교수다.

옮긴이 **최진호(아녜스 마리아)**

스페인 아빌라 가톨릭대학교 영성신학대학원에서 신비 신학 전공으로 석사 학위를 받았다.

친자매인 역자들은 신심 깊은 부모님 아래에서 자라, 각자 방식은 달랐지만 모두 하느님을 향한 길을 걷고 있었다. 그러던 중 2013년, 최효선 수녀가 영명 축일에 책을 선물로 받았는데, 그것이 바로 《마리아의 비밀》이었다. 그녀는 이 책을 읽으며 받은 큰 감동을 사랑하는 모국 교회의 형제자매에게도 전하고 싶었다. 그리고 그 생각에 공감한 두 자매가 번역에 함께 참여했다. 스페인에서만 23쇄가 발행되고 10만 부 이상이 팔린 이 책은, 이탈리아, 포르투갈, 브라질 등 세계 여러 나라에서 발행된 인기 도서다. 역자들은 이 책이 전 세계 곳곳에서 반향을 일으켰듯이, 한국에서도 큰 반향을 일으켜 사람들을 하느님께 더 가까이 이끌기를 바라고 있다.

이 책의 판매 수익금 중 일부는 과테말라에 있는 '천사의 집'의 어린이들을 후원하는 일에 쓰이고 있습니다.

일러두기

- 이 책은 성모님이 한평생을 돌아보며 요한 사도에게 하신 말씀을 담은 소설입니다.
- 저자는 에테리아 수녀의 문헌과 관련된 이야기를 바탕으로 하여 이 책을 썼습니다.

추천의 말

성모님의 생애를 묵상하며

스페인 마드리드 출신의 산티아고 마르틴 신부님은 2007년에 마드리드 대교구의 인가를 받은 마리아의 프란치스코회 창설자입니다. 이 재속회는 같은 해에 로마 교황청으로부터 국제 재속회로 승인을 받았고, 현재 38개국에 분원이 있습니다.

이 책 《마리아의 비밀》은 산티아고 신부님의 훌륭한 작품으로, 1996년 처음 출간된 이래 재판을 거듭했습니다. 이 책은 그레이엄 그린의 《권력과 영광》(1940) 등 그의 작품들을 떠오르게 합니다. 그레이엄 그린은 자신의 작품에서 눈에 보이지 않는 것들, 즉 장막 뒤에 있는 것들을 극적으로 표현하고자 했습니다. 산티아고 신부님도 《마리아의 비밀》에서 지금까지 장막 뒤에 있던, 나자렛의 소박한 처녀였던 성모님의 생애를 묵상한 내용을 담았습니다. 저자가 지닌 성경에 대한 해박한 지식, 신학에 대한 고찰, 성모님의 삶의 여정에 대한 역동적인 상상력과 직관 등이 어우러져, 전기와 같은 형태의 책으로 재창조되었습니다.

우리는 이 책을 읽으며 복음서의 심오함을 인식하고 이를 널리 전파하고자 하는 저자의 열망을 느낄 수 있습니다. 또한 이 책은 우리가 하느님의 겸손한 여종이신 성모님의 생애를 좀 더 깊이 알고 이해하도록 이끌어 줍니다.

성모님의 생애는 어떠하셨을까요? 구세주를 태중에 모시고 베들레헴에 도착했지만, 단 한 군데의 여관에서도 몸을 뉘이실 수 없을 때 그 심정이 얼마나 참담하셨을까요? 갓 태어나신 예수님을 포대기에 싸 요셉 성인과 함께 이국땅 이집트로 떠나셔야만 했을 때의 마음은 또 어떠하셨을까요? 친지와 벗들의 아이들이 헤로데 임금으로 인해 무죄한 죽음을 맞았다는 소식을 들었을 때의 마음은, 또 어머니로서 성장하시는 예수님을 곁에서 지켜보는 마음은 어떠하셨을까요?

하느님이면서도 이례적인 어떠한 표지도 보이지 않는 예수님을 보시면서, 예수님이 자라서 집을 떠나셨을 때, 예수님이 행하신 기적에 관한 소식을 들으셨을 때, 십자가에 매달리신 예수님을 목격하셨을 때, 십자가에서 내려지신 예수님을 받아 안으셨을 때, 부활하신 예수님을 뵙고 그분을 두 팔로 감싸 안으셨을 때는 또 어떠하셨을지…….

산티아고 신부님은 눈물을 쏟으면서 이 책을 썼다고 합니다. 이 책을 읽는 이들 역시 성모님의 깊은 성심을 보며 커다란 감동에 휩싸이게 될 것입니다.

비록 이 책이 한 피조물에 의해 쓰인 창작물이지만, 이 책을 읽은 이들은 인간 삶에 유일한 의미를 부여해 주시는 예수님과 그분 모친이신 성모님께 더욱 가까이 다가가게 될 것입니다.

한국어로 번역되어 출간된 《마리아의 비밀》이 한국 독자들에게 사랑받기를 바라며 이 책을 적극 추천합니다. 하느님 안에 형제자매들인 한국 교회의 독자들이 이 책을 읽으며 신앙 안에서 더욱 성장하기를 희망합니다.

**2015년 부활 팔일 축제 내 수요일에
스페인 아빌라 교구**

헤수스 가르시아 브리요 주교

한국어판 서문

한국어판 출간에 즈음하여

한국 교회는 전 세계 교회의 크나큰 주목을 받고 있는 동시에, 동북아시아에서 복음화의 큰 별로 기대되는 동방의 등불입니다. 그러한 한국 교회에서 저의 책이 번역되고 출간되는 것에 하느님과 천주의 모친이신 성모님께 감사드립니다. 이미 유럽과 라틴 아메리카에서 출간되어 적지 않은 반향을 불러일으킨 이 책이, 새롭게 또 힘차게 불타오르는 순교의 영성으로 시작된 한국 교회의 형제자매들께도 좋은 영향을 미치기를 희망합니다.

또한 이 책이 성모님께 특별한 신심을 지닌 한국 공동체에서 원죄 없는 잉태에서부터 부활에 이르기까지 예수님의 긴 여정, 그 사랑의 여정에 대한 깊은 묵상을 위한 좋은 안내서로 쓰이기를 기대합니다. 앞서 말씀드린 스페인 교회와 라틴 아메리카 교회에서도 이와 같은 깊은 사랑의 체험이 있었기 때문입니다.

더불어 이 번역판이 빛을 볼 수 있도록 헌신적인 도움을 주신 스페인 위로의 성모 수녀회의 최효선 가타리나 수녀님, 스페인 무르시아 성 안토니오 가톨릭대학교의 최선화 데레사 교수님, 스페인 가르멜 수녀회의 최진호 아녜스 마리아 수녀님, 이 세 자매님께도 깊은 감사를 드립니다. 하느님의 은총으로 귀한 인연을 맺은 이 세 분이, 깊은 관심과 애정으로 스페인어로 된 원문을 한국어로 번역해 주신 노고에 진심으로 고개 숙여 감사드립니다. 성모님! 우리의 감미로운 어머니께서 손수 그 모든 사랑에 보답해 주시길 빕니다.

《마리아의 비밀》은 단순한 종교 서적이나 영성 소설이 아닙니다. 또한 흔히 접하는 성모님 생애에 대한 전기도 아닙니다. 그렇다면 여러분은 제가 어떠한 영감으로 이 책을 저술했는지 물을지도 모르겠습니다. 물론 이 책은 묵시록도 아닙니다. 그러나 이 책을 읽어 나가다 보면, 아마 인간의 능력이나 의도를 넘어선, 보다 높은 열정으로 우리의 마음이 고양되는 것을 느낄 수 있을 것입니다. 이 책의 주인공은 바로 성모님이십니다. 이 책에 담긴 글은 인간의 손을 빌려 쓰인 낱말들이 아니라, 그분의 사랑과 관심으로 한 자 한 자, 한 획 한 획이 이어진 글이라고 생각해 주시면 좋겠습니다.

성모님이 손수 독자 한 사람 한 사람의 마음에 은밀히 속삭이신 말씀, 자신의 고유한 모습을 잃지 않으시면서도 하느님의 구원 사업에 적극적으로 순명하시는 성모님과, 그분이 우리 내면에서 하시는 말씀, 어머니이며 동시에 여인으로 지켜본 사랑하는 아들 예수 그리스도의 인성人性에 대한 고백 등에 귀 기울여 주시길 부탁드립니다.

무엇보다 이 책을 읽는 독자들이 성모님의 성심에 깊이 동화되어 눈물의 골짜기에서도 평화와 희망을 간직하시기를 바랍니다.

2015년 예수 성탄 대축일에
마리아의 프란치스코회
산티아고 마르틴 신부

역자의 말

소리의 빛, 빛의 소리!

    요한 바오로 2세 성인 교황님께서 '성모님의 나라'라고 격찬하신 영성 신학의 본고장 스페인과의 인연이 시작된 지도 어느덧 강산이 세 번 변할 시간에 이르렀습니다.

    신앙과 예술의 삶에 정진하기 위해 조국을 떠나 태양과 정열의 나라 스페인으로 건너왔을 때 저희 세 자매는 20대의 젊은이였습니다. 이제 지명지년知命之年이라는 50대에 이르러 저희 세 자매가 공동으로 번역한 《마리아의 비밀》을 내놓게 되어 감회가 새롭습니다. 신앙과 예술의 삶! 그 고독하고 위대한 정진의 길에서 고비를 만날 때마다 저희 자매는 항상 옆에서 서로를 지켜보며 운명을 함께 나누었습니다.

저희는 한 부모님에게서 나왔지만, 수도자와 음악가로 각자 다른 길을 가며 너무나 다른 성격을 보였습니다. 그러면서도 조화를 이룰 수 있던 것은 저희보다 앞서서 삶과 신앙의 길을 온몸으로 살아 내신 부모님 덕분이라고 생각합니다.

저희 세 자매의 오늘이 있게 하신 그분들의 가장 훌륭한 점은, 신앙과 가족에 대한 사랑으로 고난을 인내하신 것입니다. 그야말로 진정한 그리스도인의 삶을 몸소 보여 주셨기에 저희는 두 분을 추억하고 끝없이 감사드리게 됩니다.

지리상으로 스페인과 한국은 멀리 떨어져 있지만, 두 나라의 신앙인들 모두 성모님에 대한 깊은 신심을 갖고 있다는 점에서 같습니다. 이 책은 스페인에서 폭발적인 인기를 끌면서 23쇄나 발행되었습니다. 저희는 이 책을 번역하면서 성모님의 성심과 참하느님이시며 참사람이신 예수님에 관해 묵상하게 되었고, 저희의 마음이 고양됨을 느꼈습니다.

이 책에서 저자의 메시지는 예수 그리스도가 우리에게 하신 "사랑하라."라는 말로 요약할 수 있을 듯합니다. 하느님은 먼저 우리를 사랑하셨고, 이에 따라 우리도 서로 사랑해야 합니다.

또한 저자는 성모님을 통해 하느님께 매 순간 감사하라는 메시지를 우리에게 전하고자 합니다. 저는 사랑과 감사가 우리나라에 넘치고, 그 마음에서 우러난 기쁨이 거룩하신 하느님의 지성소인 우리의 마음에 넘쳐흐르길 두 손 모아 기도합니다.

저희가 이 책에 혼신의 힘을 쏟아 부어 번역했지만, 그 결과가 합격점에 도달하지 못할지도 모릅니다. 우리나라 최고의 대문호라고 할 수 있는 연암 박지원 선생은 "어떤 글자가 가리키는 대상의 생생한 움직임과 그 미묘한 내적 본질을 꿰뚫어 볼 때 비로소 그 글자를 아는 것이다. 그러나 이는 결코 쉬운 일이 아니며, 대상에 대한 창조적·예술적 인식이 수반될 때에만 가능한 일이다."라고 했습니다. 저도 새로운 문화, 새로운 학문, 새로운 예술을 대할 때 이러한 마음가짐을 간직하고 싶습니다.

동서의 간극에도 불구하고 우리 어머니들을 생각하면 성모님의 성심을 헤아리는 것이 그다지 어렵지 않았습니다. 저희 자매의 제2의 조국이 된 스페인에서 번역한 이 미흡한 책을 읽는 분들에게 하느님의 축복이 있기를 바랍니다.

이 책이 사랑하는 모국 교회에 선을 보일 수 있도록 애써 주신 가톨릭출판사 직원 여러분께도 감사의 마음을 전합니다.

소리의 빛, 빛의 소리! 말씀이 사람이 되신 신비, 예수 그리스도의 삶이 빛이 되어 오늘도 세상 곳곳에 울립니다.

주님! 해 뜨는 곳에서 일으킨 노랫소리가 해 지는 곳에서 메아리치게 하소서! 이른 새벽 여명이 밝아 오기 전, 아들딸들을 위해 오늘도 주님 앞에 무릎을 꿇고 기도하실 모든 어머니들! 성모님이 가장 사랑하실 그 어머니들께 이 글을 바칩니다.

2016년 천주의 성모 마리아 대축일에
최효선 가타리나

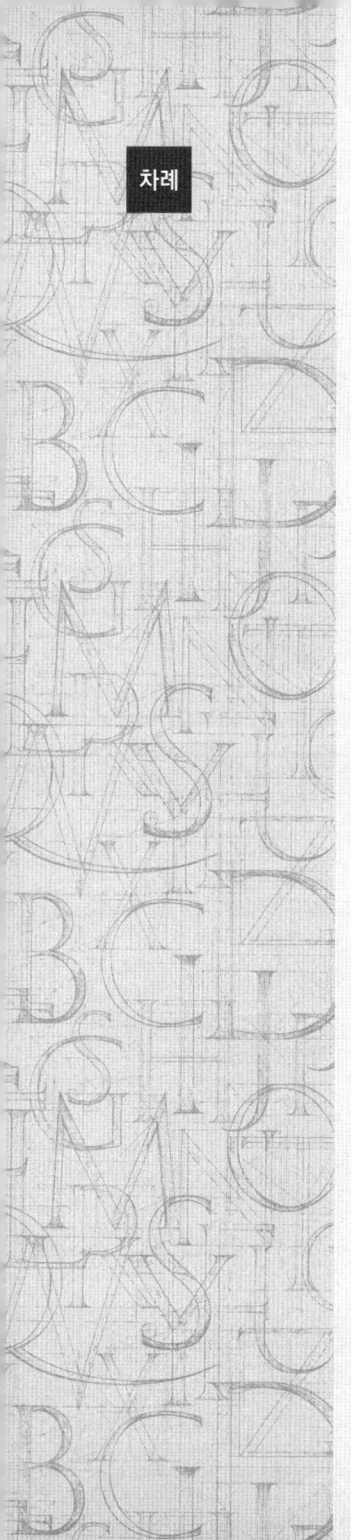

차례

추천의 말 성모님의 생애를 묵상하며 5
한국어판 서문 한국어판 출간에 즈음하여 8
역자의 말 소리의 빛, 빛의 소리! 11

비밀의 시작 17
내가 열다섯 살 때 29
천사의 방문 후에 46
약혼자 요셉의 눈물 73
주님을 향한 찬미가 93
다시 집으로 109
고난의 길 123
가슴 아픈 예언 140
특별한 표지들 164
하느님을 가르치다 181
30여 년간의 영광 206
공생활의 시작 236
어둠의 예감 263
십자가와 함께 걸어가다 306
기쁨과 눈물의 시간 378
하느님은 사랑이시다 402
뒷이야기 _ 마지막 메모 406

주 408

비밀의 시작

1884년, 한 고대 필사본 전문가가 고고학적으로 매우 귀중한 문헌을 발견했다. 바로 수천 년 된 라틴어 필사본이었다.

4세기 경, 에테리아라는 이름을 가진, 스페인 출신의 수녀가 있었다. 그녀는 예수님이 탄생하시고 수난을 받으신 성지를 순례하며 성모님의 고난과 신비에 대해 깊은 묵상을 했다. 그리고 그 순례의 내용을 기록하여 책으로 완성했다. 이 책은 《여행기*el Itinerarium*》라고도 불리는데, 이탈리아 아레초의 베네딕도 수도회의 수사들이 필사하여 보존하던 것을 1884년, 유명한 고고학자였던 가무리니가 수도원의 성모 마리아 도서관에서 발견한 필사본이었다.

에테리아 수녀가 이 책을 쓴 4세기는 성지 순례를 하기 위해 많은 어려움과 장애를 무릅써야 했던 시기였다. 하지만 그녀는 이 모든 것을 감수하고 성지 순례에 나섰다.

에테리아 수녀는 영혼의 친구들이라고 부르던 공동체 자매들과 성지 곳곳을 방문하며 하느님께 받은 영적 기쁨과 은총이라는 선물에 대한 체험을 서술했다.

가무리니가 발견한 이 아레초의 필사본은 베네딕도 수도회의 심장이라고 불리는 몬테카시노 대수도원에 소장된 것과 같은 것으로, 몬테카시노 대수도원은 중세에 지적知的·영적靈的 중심지 역할을 수행하던 장소였다.

그 당시 베네딕도 수도회의 수도승들은 다른 영성 서적이 들어올 때 늘 했던 것처럼, 이 《여행기》가 그들 손에 들어오자 필사하기 시작했다. 이러한 일은 이곳 수도승들의 일과였다. 다른 지역의 베네딕도회 수도승들과 마찬가지로 이들은 작업을 끝낸 필사본들을 대성당과 왕궁 등으로 꾸준히 보냈다.

한 수도승이 목청 높여 원본을 읽어 나가면 다른 수도승들이 필사해서 일련의 시리즈를 완성했다. 그렇게 만들어진 필사본 중 하나가 아레초에 전해졌고, 19세기에 이르러 가무리니가 이를 발견한 것이다.

그런데 1884년에 발견된 필사본은 완전본이 아니라, 시작 부분과 끝부분이 결여된 불완전한 형태로 발견되었다. 더욱이 본문에 삭제된 부분까지 있어서, 다른 문서 보관소의 필사본과 대조하여 부족한 부분을 채워 나갈 수 있었다.

긴 역사 속에서, 수도원은 자주 약탈의 대상이 되곤 했다. 수많은 예술적 보고寶庫가 수탈되었고, 《여행기》 역시 같은 운명에 처해졌다. 만일 이 필사본이 아레초에서 기적적으로 보존되지 않았더라면, 영원히 망각되어 사라져 버렸을 것이다.

《여행기》가 처음 쓰인 4세기 말에는, 몬테카시노 대수도원 이외에도 눈부시게 훌륭했던 유서 깊은 도시들인 아스토르가, 레온, 루고와 오비에도의 수도인 브라카라 아우구스타에 위치한 갈리시아의 이스파니아(에스파냐의 옛 이름) 대수도원에도 이 필사본이 있었다.

만일 이 순례기가 완전히 분실되었다 해도 사람들에게 에테리아 수녀에 대한 기억이 잊혀서 사라지지는 않았을 것이다. 왜냐하면 그녀의 저서는 출간 즉시 주목을 끌었기 때문이다.

7세기 중엽 갈리시아 지방의 발레리오 성인은 비에르소(레온 주의 서쪽 지역으로, 오늘날에는 사라진 지명)의 한 수도원 공동체에 〈베르히덴세스 수도원 공동체 수사들에게 *Ad fratres Bergidensis*〉라는 서한을 보내 에테리아 수녀의 순례기를 극찬했다.

발레리오 성인은 이 서한에서 스페인 출신의 이 독특한 수녀에 대해 거론했다. 성인은 사회적으로 높은 에테리아 수녀의 신분과 그로 인해 수녀가 받은 많은 경제적 후원을 인정하면서, 그 덕택에 수녀가 수많은 난관과 장애가 가득한 성지 순례를 감행할 수 있었다고 썼다.

당시에 여행 중의 안전이 보장되지 않았고, 예상하지 못한 여러 가지 문제를 만났으나, 순례의 여정마다 이루 다 표현할 수 없는 수많은 보호와 지원을 받은 덕분에 4세기 말 스페인 동북부 지방에서부터 지중해 연안까지의 대장정이 가능했다.

에테리아 수녀는 이 순례 중에 감동적으로 보고 느낀 것들을 적어 나가기 시작했다. 수녀는 자신의 순례가 가능하도록 동의하고 지원해 준 장상들과 공동체 자매들에게 깊이 감사했고, 그 마음을 표현하고자 한 것이다.

그렇게 나온 《여행기》는 당시로는 얻기 어려운 큰 성공을 거두었다. 오늘날처럼 출판사가 존재하지 않고, 모든 책이 필사본으로 전해지던 시절이라는 것을 감안해 볼 때 상상하기 어려운 반응을 불러일으킨 것이다.

407년, 에테리아 수녀가 자신의 고향에 도착한 직후에는 단지 《여행기》 몇 권만이 필사본으로 유럽에 전해질 따름이었다. 당시에 반달족, 수에비족, 알란족이 이스파니아를 침공하여 약탈을 자행했고, 서고트족은 이탈리아에서 로마 제국과 결속을 다졌으며, 다른 고트족들은 용병들로 약탈을 일삼던 불안한 상황이었다.

이러한 상황에서 에테리아 수녀가 소속된 수도원은 파괴되었다. 그리하여 오늘날 우리는 언제, 어디에서 수녀가 세상을 떠났는지 그녀의 마지막을 알 수 없다.

수많은 이민족의 침입으로 에테리아 수녀가 소속된 수도원뿐만 아니라, 민가와 도시들이 파괴되고 약탈의 참화를 입고 황폐해졌지만, 《여행기》의 필사본 중 하나가 기적적으로 몬테카시노에 전해졌다.

한편, 19세기 스페인은 정치적 · 경제적 혼란과 전화戰火 속에서 혼돈을 겪었다. 이 와중에 혁명 진보주의를 외치는 이들이 정권을 장악하면서 한 치 앞을 내다볼 수 없는 파국으로 치달았다. 그중에서도 후안 알바레스 멘디사발 수상은 교회와 정면 대결하면서 교회의 지적 재산과 문화 재산을 사회에 환원시키라는 '세속화' 법령을 공포하기에 이른다. 1835년부터 1836년까지 실행된 이 법규에 따라 오랫동안 내려오던 교회의 소중한 재산들이 헐값에 경매에 부쳐졌다. 그는 가난한 이들의 주머니를 채우기는커녕, 일부 권력자들의 재산 증식에 기여한 것이다. 이는 혁명 정부에 의해 이루어진 강탈이었다. 그러나 이 막대한 강탈로도 국가 부채는 전혀 해결되지 않았다. "정치가들은 경제적으로 여유가 있어야 한다."라고 떠들던 멘디사발 수상 역시, 곤궁 속에서 세상을 떠나게 되었다.

그러나 '세속화' 법령은 이후에도 영향을 미쳐, 문화 영성의 중심지였던 수많은 수도원들이 폐쇄되었다. 오보나에 위치한 베네딕도 수도원도 그중 하나였다. 산간 지역에 길을 내고, 복음화를 통해 주민들을 개화하고, 농경 산업을 발전시켜 그 지역 주민들의 삶에 크게 기여한 이 수도원 역시 멘디사발 수상의 표적이 되었다. 이 수도원은 수많은 문화 예술 재산들을 약탈당했다. 그런데 쿠바에 커피 농장을 운영하여 거부巨富가 된 아스투리아 지역의 한 상인이 이 오보나의 문화유산 대부분을 사들였다. 그 상인은 그것들이 가진 인류 문화적 가치에는 무지했으나, 이 문화유산들을 헐값에 사들여 자신의 막사로 옮겨 놓았다.

그 후 아주 오랫동안, 이 오보나의 문화유산들은 창고의 먼지 속에 묻혀 있었다. 이 상인의 가족들은 그것들이 비록 빛을 보지 못한 채 파묻혀 있으나, 귀중한 문화유산이란 것을 어렴풋이 알고 있었다. 그래서 그 유산들을 대대로 자손들에게 전했지만, 자손들 역시 정확한 가치는 알지 못했다. 그들은 책을 천 조각쯤으로 여겼기에 잘라서 유산으로 나누어 가졌다. 그러다가 후손들이 단지 예전에 유행한 소설 중 하나라고 생각한 《여행기》가 운 좋게도 내 친구의 손에 들어오게 되었다.

내 친구인 돈 이그나시오 신부는, 오비에도 대교구의 뛰어난 고문서 연구가인 동시에 오래된 문헌에 관한 탁월한 지식을 지니고 있었다. 또한 로마 전례에 대한 전통에도 해박했다.

몇 달 전, 나는 그에게서 전화를 받았다. 그는 자신의 숙부에게 물려받은 유산에 대해 이미 여러 번 내게 말해 왔다. 그는 멘디사발 수상의 '세속화' 법령 덕분에 문화유산을 얻은 아스투리아 상인의 후손이었다. 그는 오보나의 베네딕도 수도원에서 가져온 고문서의 가치를 잘 알고 있었고, 그리하여 그는 자신의 몫으로 다른 책들과 함께 《여행기》의 필사본을 받게 되었다.

돈 이그나시오 신부는 물려받은 고문서들을 열람하면서 중요하다고 판단되는 것들은 오비에도 대교구에 기증하고, 개인적으로 호기심을 끄는 것들은 자신이 따로 보관하여 연구하고자 했다. 그가 특히 관심을 보였던 것은, 예바나(스페인 서북부의 산간 지역)에서 쓰인 고대 성인들의 삶과 행적에 대한 필사본들이었다.

돈 이그나시오 신부가 나에게 연락했을 때 그는 몹시 흥분해 있었다. 그는 내가 고대사와 중세사에 깊은 관심이 있다는 것과 매스컴에 종사하는 탓에 출판에 관련된 일에도 밝다는 것을 잘 알고 있었다.

오비에도는 내가 있는 마드리드에서 가까운 지역이 아니었으나, 그는 내게 급히 오라고 요청했다. 내가 있는 곳으로 그가 올 수도 있었지만, 그는 자신이 방금 발견한 이 '보물'을 다른 곳으로 옮기고 싶어 하지 않았다. 과연 그는 긴 여행 끝에 도착한 나를 실망시키지 않았다.

오비에도 교구는 거대한 보고를 지닌 곳으로, 토리노의 수의(예수님이 무덤에 묻히셨을 때 사용한 수의로 알려진 유물)처럼 그 보고의 진위성이 논란이 될 만한 사건들이 끊임없이 일어나는 곳이기도 하다. 나는 돈 이그나시오 신부가 발견한 필사본은 사해문서(死海文書, Qumran)[1]와 같은 것이라고 여겼다.

아마 여러분은 내 장황한 이야기에서 이미 필사본이 무엇인지 짐작했을 것이다. 바로 에테리아 수녀의 《여행기》였다.

이 필사본은 아마도 7세기 초에 쓰인 듯했다. 에테리아 수녀가 4세기에 집필한 것을 약 300년이 지난 후 로마 통치하의 이스파니아 영토인 갈레키아(오늘날 스페인 북서부 지역)의 베네딕도 수도원 등에서 이 《여행기》를 얻었을 것이다. 그리고 다른 소중한 영성 작품들과 함께 온갖 우여곡절과 위험을 거치면서 보관해 왔을 것이다. 그 후 이슬람 세력의 침공 이후에 펠라요에 의해 영토를 되찾기 위한 운동이 전개되며 그곳에 그리스도 왕국이 세워졌고, 10세기에 이르러 그리스도교 영성 문화를 다시 찬란히 꽃피운 오보나의 수도원 등지로 옮겼을 것이다.

내 친구 돈 이그나시오 신부는 에테리아 수녀의 순례 여정과 모험에 큰 관심을 쏟았고, 자신이 소유한 이 필사본의 특별한 가치를 알고 있었다. 그는 필사본을 아레초의 필사본과 대조했다.

그런데 대조해 보니, 그가 소유한 필사본은 아레초 필사본에서는 소실된 시작 부분과 끝부분이 완벽하게 보존되어 있었다. 나는 즉시 스페인에 주재한 이탈리아 대사관과 인접 국가에 상주한 스페인 대표 기관에 연락을 취했다. 그리하여 적지 않은 경비를 들여 아레초의 필사본을 마이크로필름에 담았고, 이를 오보나의 필사본과 더 자세히 대조해 보았다.

결과적으로 두 필사본은 거의 차이가 없었다. 중세에 필사하는 이들이 일상적으로 범할 수 있는 실수, 즉 옮겨 적는 과정에서 흔히 일어나는 오자誤字 등은 지극히 당연한 것이었다. 그리하여 돈 이그나시오 신부와 나는 아레초의 필사본에서 소실된 두 부분을 번역하기로 결정했다.

그러나 나는 라틴어에 능통하지 않았으며, 돈 이그나시오 신부 또한 이 엄청난 작업에 압박을 받으며 손댈 엄두를 내지 못했다. 우리는 이 보고의 발견을 비밀에 부치고 번역할 만한 적합한 인물을 물색했다. 그리하여 시작 부분은 스페인 국립 도서관에서 일하는 번역가들에게, 끝부분은 국립 고고학 박물관의 번역가들에게 의뢰했다.

신중을 기하기 위해 두 곳의 번역가들이 각자 독자적으로 작업할 수 있도록 서로를 연결시키지 않았으며, 이 문서가 어디에서 온 것인지도 밝히지 않았다.

시작 부분은 내 예상대로 에테리아 수녀의 신심 깊은 서문에 이어 순례의 동기를 설명하고, 이 여정이 가능하도록 도와준 은인들과 협력자들에게 감사를 표하는 내용이었다.

그러나 끝부분에 이르러 우리는 이해하기 어려운 문제에 부딪혔다. 무엇인가 양해를 구하는 듯했으며, 자신의 여행기 한 부분에 포함시키면서도 이에 대해 확신을 갖지 못하는 듯한 암시를 드러냈기 때문이다. 즉 정통적 신앙의 범주에서 이 장에 대한 진위를 확신하지 못하는 것 같은 인상을 받았다.

또한 더 이상의 언급 없이 마지막에 포함된 부분에 대한 판단을 독자와 교회에 맡기며, 그 부분이 자신의 것이 아님을 거듭 밝히고 양해를 구하고 있었다.

이 끝부분에 대한 번역가들의 보고서가 도착했을 때 돈 이그나시오 신부와 나는 심장이 멎을 듯한 큰 충격을 받았다. 우리가 상상하지도 못한 제목을 저자가 직접 밝힌 부분이 있었던 것이다. 바로 《마리아의 비밀》이라는 제목이 명시되어 있었다.

초기 교부들 중 몇 사람이 이 글을 언급한 적은 있었으나, 그 존재조차 확실치 않았던 작품이었다. 에테리아 수녀는 자신의 손에 들어온 이 작품을 소박한 라틴어로 번역했다.

387년에서 420년 사이에 예로니모 성인의 동료인 그리스 출신의 한 수도승이 예수님의 탄생지인 베들레헴에서 살고 있었다.

그는 에테리아 수녀가 성지를 순례했을 때 그녀를 만났고, 이 필사본을 그녀에게 건넸다.

그런데 이 글을 본 에테리아 수녀는 큰 충격에 휩싸였다. 게다가 그리스도의 인성을 다루는 펠라기우스 이단[2]과 교회가 강력하게 투쟁하던 시기였기에 그 두려움은 더 컸다.

에테리아 수녀는 《마리아의 비밀》을 자신의 저서에 포함하는 것에 대해 두려움을 표명했다. 비록 그녀에게 필사본을 건넨 수도승이 이는 원본에 의한 진정한 필사본이며 정통 교리를 거스르지 않는다고 확약했으나, 수녀는 이 필사본의 진위성을 명백하게 가려내지 못했다.

그럼에도 불구하고, 에테리아 수녀는 수없이 고민하고 주저한 끝에 이 《마리아의 비밀》을 자신의 여행기의 마지막 부록에 수록하기로 결정했다. 그 내용이 많은 이들의 신앙심을 북돋아 주고 특히 성모님에 대한 신심을 북돋우리라 확신했기 때문이다. 이러한 에테리아 수녀의 두려움과 망설임이 아레초의 베네딕도 수도회의 수도승들에게도 분명 영향을 미쳤을 것이다.

따라서 기존에 발견되었던 필사본에서 이 부분이 삭제되어 있던 것은 결코 우연이 아닐 것이다. 필시 정통적인 교회의 이야기를 중요시하는 이들은, 성모님의 회고를 담은 이 글이 그리스도의 신성을 훼손하지 않을까 우려했을 것이다.

이로 인해 이 필사본을 보관한 수도원이 무시무시한 종교 재판에 회부될 수도 있었고, 소각 명령을 받을 위험도 있었다. 그러나 다행히도, 스페인에서 빛이 들지 않는 어둠 속에 보관되어 있던 이 필사본은 이러한 불운이 미치지 않은 채 완전한 원형을 보존할 수 있었다.

《마리아의 비밀》은 에페소에서 성모님이 요한 사도에게 당신 삶의 여로를 말하는 형태를 취하고 있다.

여러분이 이 책을 읽으며, 이 책의 내용과 함께, 영적으로 무궁한 가치를 평가해 주기를 바란다. 아울러 책을 읽는 동안 성모님의 감미로운 성심에 빠져 깊이 묵상하기를 바란다. 이 책에서 성모님은 이 지상의 삶을 거의 마쳐 가는 노인이며, 당신 자신에 대한 고백의 형태로 말씀하신다. 어느 화창한 봄날에 아드님이신 예수님과 하느님의 인류에 대한 사랑의 계시와 그 모험의 여정을 말씀하시는 것이다.

내가 열다섯 살 때

사랑하는 요한아, 내가 열다섯 살 때의 일을 너에게 들려주마. 내 고향 이스라엘 나자렛 땅에서는 소녀가 열다섯 살에 이르면 성숙한 여인이 되었다고 생각하지.

수많은 고난과 어려움, 인간으로서 견디기 힘든 그 모든 고통과 비탄을 거쳐 온 내가 지금도 고스란히 지니고 있는 부모님에 대한 생생한 추억! 한없이 부드러운 어머니 안나와 온유함 속에서도 강인함을 가진 아버지 요아킴에 대한 추억이 지금도 아득한 그리움으로 떠오르는구나.

그날은 안식일이었어. 그날 아침에도 아버지는 평소처럼 회당으로 가서 토라를 강독하는 랍비의 말씀을 하나도 놓치지 않기 위해 귀를 기울이셨지. 어머니는 나를 회당으로 데리고 가서 여인석에 함께 앉고는 했으나, 그날은 온 가족이 다 함께 회당에 갈 수 없었기에 아버지가 속히 귀가하시길 기다렸단다.

해가 어느덧 뉘엿뉘엿 저물어 갈 무렵, 귀가하신 아버지가 오늘 회당에서 봉독된 '이사야서'를 우리에게 들려주셨어. 그것은 내가 매우 좋아하던 예언서였지. 아버지는 엄숙한 음성으로 읊으셨지만, 봉독이라기보다 차라리 노래하는 것에 더 가까웠단다.

"얼마나 아름다운가, 산 위에 서서 기쁜 소식을 전하는 이의 저 발! 평화를 선포하고 기쁜 소식을 전하며 구원을 선포하는구나. '너의 하느님은 임금님이시다.' 하고 시온에게 말하는구나. 들어 보아라. 너의 파수꾼들이 목소리를 높인다. 다 함께 환성을 올린다. 주님께서 시온으로 돌아오심을 그들은 직접 눈으로 본다. 예루살렘의 폐허들아 다 함께 기뻐하며 환성을 올려라. 주님께서 당신 백성을 위로하시고 예루살렘을 구원하셨다."(이사 52,7-9)

또한 랍비인 아삽의 말도 전해 주셨지. 우리 마을 사람들 모두는 한평생 하느님께 헌신한 이 연로한 랍비에게 깊은 애정을 갖고 있었어. 그는 모두에게 친절했지만 특히 아이들을 무척 귀여워했지. 나도 어린 시절, 아삽이 골목을 지나갈 때면 놀이를 멈추고 달려가 그의 망토 자락에 입을 맞추고는 했단다.

그런데 아버지는 그날 아침, 회당에서 본 아삽이 평소와 달리

수심에 가득 차 있었다는 이야기를 전하셨단다. 아삽은 도시에서 들은 매우 근심스러운 소식을 전했는데, 로마 군인들이 이스라엘에 들어와 있으며 이것은 결코 좋은 징조가 아니라고 모두들 불안해한다는 소식이었지. 이러한 우려는 대도시뿐만 아니라 이스라엘 촌락에까지 밀려들었어. 일부 랍비들은 종말의 위기를 느끼며 메시아의 출현이 임박했다고 공공연히 선포하기에 이르렀단다. 그들은 예언서에 따라 다윗 임금의 도시 베들레헴에서 구세주가 탄생할 것이라고 했지.

아삽은 회당에 모인 마을 사람들에게 로마군의 이스라엘 점령 이전에 있었던 안티오코스의 침략을 상기하며, 그들을 안심시키려고 했어. 그러나 아버지를 비롯하여 그 자리에 있던 사람들은 아삽의 목소리에서 불안을 감지했단다.

사실 아삽뿐만 아니라 마을 주민 모두 장차 다가올 일들을 정확히 알 수는 없었지만, 어떤 징조를 감지했지. 아삽은 불안해하는 사람들에게 평화와 희망의 메시지를 전하고자 애썼어. 그래서 그는 다른 랍비들의 의견도 전했단다. 예언서에 따르면 메시아의 출현으로 우리 이스라엘 백성은 로마군뿐만 아니라 그 어떤 거대한 무력에서도 구원을 받을 것이고, 따라서 어떠한 불안에도 시달릴 필요가 없다고 말하는 이들도 있다는 거였어. 또한 그들은 구세주인 메시아가 우리를 위해 평화의 왕좌를 세울 것이므로,

하느님께 전적으로 의지하지 않고 다른 길을 모색하는 것은 믿음이 부족한 탓이라고 질책한다고 했어.

닛산월(히브리력³으로 첫 번째 달)이 거의 저물어 가던 그날 밤, 어둠을 밝히는 등잔불이 꺼져 가고 있었어. 어머니와 나는 아버지의 말씀에 귀를 기울였지. 우리 집은 늘 토라의 가르침과 성경 말씀을 통해 굳은 신심을 간직하고 있었어. 어머니는 하느님의 빛 속에서 믿음의 삶이 무엇을 의미하는지 묵상하셨지. 또한 이스라엘 백성이 하느님께 맺은 맹약을 지키도록, 즉 하느님께 사랑과 공경을 드리도록 나에게 가르쳐 주셨어.

메시아의 강림을 믿는 우리는 이 땅에 침입한 로마군뿐만 아니라 그 어떤 물리적 위협에도 흔들리지 않아야 했어. 우리는 우리가 원하는 시간이 아니라, 전능하신 하느님이 예비하신 시간에 올 메시아를 학수고대했단다.

그 당시 열다섯 살을 막 넘긴 나는 사실 어머니보다 더욱 메시아의 강림을 갈망했지. 친구들과 함께 들로 산으로 놀러 갈 때도 언제 메시아가 올 것인지 골똘히 생각하곤 했단다.

요한아, 그때 나는 마음속 깊이, 열정적으로 메시아를 고대했고, 그분이 평화와 사랑의 메시지를 가지고 오시리라고 확신했어. 이 두 가지 신념은 필시 부모님이 내게 심어 주신 열매였을 거야. 당시 친구들은 축제나 남자 친구 혹은 왕궁에 대한 선망에 마음이 온통 사로잡혀 있었지만 말이다.

한번은 친구들과 크게 다툰 적도 있었어. 친구들과 내가 생각하는 메시아가 서로 달랐기 때문이었지. 친구들이 기대하는 메시아는 평화와 사랑이 아니라, 힘으로 적을 물리칠 수 있는 전투의 맹장이었단다. 친구들은 이스라엘 민족이 당면한 절실한 상황이나 필요도 모르는 어린아이라고 나를 비웃으며 기다란 내 머리채를 마구 잡아당겼어. 그럼에도 불구하고 나는 평화의 메시아가 와서 우리 땅에서 로마군을 쫓아내 주리라는 믿음을 간직하고 있었단다.

그 안식일 밤에 우리 모녀는 랍비인 아삽의 설교를 전하는 아버지의 말에 온통 주위를 기울였어. 그의 설교를 전하던 아버지는 그날 이사야서를 봉독하며 설교하던 아삽이 갑자기 돌같이 굳어지며 예언서를 덮어 버리고는 흐느꼈다는 이야기를 해 주셨어. 그 모습에 놀란 마을 사람들 여럿이 그의 곁으로 모여들어 무슨 일인지 알아보려 했으나 모두 허사였다고 했지. 모인 사람들 중에는 아버지와 내 약혼자인 요셉도 있었어. 회당에 모인 사람들은 하는 수 없이 해산했지만, 모두들 과연 아삽이 무슨 대목을 읽었기에 그렇게 흐느꼈는지 궁금해했지.

우리 중에는 이사야서를 가지고 있는 사람이 아무도 없었기에 무엇 때문에 아삽이 그토록 충격을 받았는지 알 방도가 없었단다. 그래서 아버지는 마을에 사는 가나안 친구인 아도니아를 생각해 내셨지. 아도니아는 그날 아침에 고열로 회당에 오지 못했지만 분명히 이사야서를 가지고 있었어. 또한 그는 성경에 정통하고 해박한 지식을 갖고 있어서, 많은 성경 구절을 막힘없이 줄줄 외우는 사람이기도 했지.

아버지는 우리 모녀가 자신의 입만 주시하는 것을 보시고, 우리에게 회당을 나와서 그 길로 아도니아를 찾아간 일을 자세히 말씀해 주셨어. 신심이 깊은 어머니는 두려워하지는 않으셨으나 마음이 편치 않으신 듯했지.

아버지와 마을 사람들이 아도니아를 찾아가 전후 사정을 모두 설명하자, 그는 아삽이 봉독하던 이사야서를 다시 봉독했어. 그리고 마지막 부분에 이르러 눈을 감고 낮은 목소리로 신음하듯이 입술을 움직였지.

"우리가 들은 것을 누가 믿었던가? 주님의 권능이 누구에게 드러났던가? 그는 주님 앞에서 가까스로 돋아난 새순처럼, 메마른 땅의 뿌리처럼 자라났다. 그에게는 우리가 우러러볼 만한 풍채도 위엄도 없었으며 우리가 바랄 만한 모습도 없었다. 사람들에게 멸시받고 배척당한 그는 고통의 사람, 병고에 익숙한 이였다. 남들이 그를 보고 얼굴을 가릴 만큼 그는 멸시만 받았으며 우리도 그를 대수롭지 않게 여겼다. 그렇지만 그는 우리의 병고를 메고

갔으며 우리의 고통을 짊어졌다. 그런데 우리는 그를 벌받은 자, 하느님께 매 맞은 자, 천대받은 자로 여겼다.

그러나 그가 찔린 것은 우리의 악행 때문이고 그가 으스러진 것은 우리의 죄악 때문이다. 우리의 평화를 위하여 그가 징벌을 받았고 그의 상처로 우리는 나았다. 우리는 모두 양 떼처럼 길을 잃고 저마다 제 길을 따라갔지만 주님께서는 우리 모두의 죄악이 그에게 떨어지게 하셨다. 학대받고 천대받았지만 그는 자기 입을 열지 않았다. 도살장에 끌려가는 어린양처럼 털 깎는 사람 앞에 잠자코 서 있는 어미 양처럼 그는 자기 입을 열지 않았다."(이사 53,1-7)

아도니아의 낭독이 끝나고 사람들은 잠시 침묵했단다. 하지만 그곳에 모인 사람들 대부분은 이 성경 구절에 동의하지 않았어. 그들이 원하는 메시아는 백성의 죄를 대신하여 고통받고 학대받는 힘없는 메시아가 아니라, 힘과 권력을 지닌 임금으로서 로마의 압제를 물리치는 해방자여야 했지. 이 성경 구절에 따르면 메시아는 선택된 민족인 이스라엘 백성에게 배신당한다는 것인데, 그들이 생각하기에 이는 말도 안 되는 소리였어. 마을 사람들은 아도니아의 집을 찾기 전보다 한층 혼란스러워진 채 더욱 답답한 마음을 안고 그곳을 떠났다고 하는구나.

사실 내 약혼자인 요셉은 이미 내 배우자와 마찬가지였어. 그날 아버지와 함께 아도니아의 집을 찾았던 요셉은, 다시 아버지와 함께 우리 집으로 왔단다. 평소에는 집에 들어서면 부모님과 인사를 나눈 후에 내 이름을 큰 소리로 불러 내 얼굴을 붉히고는 했지. 그런데 그날은 심각한 표정으로 집에 조용히 들어와, 아도니아가 성경을 잘못 읽은 것이 아닐 뿐더러 그 대목으로 인해 아삽이 흐느꼈다는 데에 아버지와 의견을 함께하며 이야기를 나누었어.

"우리에게 위대한 시기가 도래한 것 같네. 하느님은 결코 우리를 버리지 않을 것이니 우리는 두려워할 필요가 없을 걸세. 그러나 매 순간마다 하느님의 위대한 뜻이 이루어지도록 우리는 기도에 더욱 열중해야만 하네."

땅거미가 지는 저녁 하늘을 바라보면서 아버지가 말씀하셨지. 어느덧 잠자리에 들 시간이 되어, 요셉은 자신의 집으로 돌아갔고, 나는 잠자리에 들기 전에 마지막으로 어머니의 일을 도왔어. 그리고 나서 내 방으로 들어왔으나, 그날은 어쩐지 잠을 청할 수가 없었어. 밖에서는 새벽을 재촉하는 듯한 닭들의 울음소리가 들려왔지.

천으로 덮인 작은 창문을 뚫고 들어온 달빛은 무척 아름다웠어. 아버지가 전한 이사야서의 말씀을 듣고 난 다음인데도 마음은 이상하리만치 평온했지. 단지 잠이 오지 않을 따름이었단다.

그래서 나는 잠자리에서 일어나 기도를 드렸어. 그런데 내 마음 깊은 곳에서 불현듯, 하느님이 내 말을 기다리고 계시다는 느낌이 들더구나.

나는 하느님께 모든 이스라엘 백성이 바라는 메시아가 오지 않아도 좋다고 말씀드렸어. 또한 그분이 보내신 분이 우리 민족이 기다리는 힘과 권력을 지닌 메시아가 아니라, 하느님이 원하는 모습의 메시아이기를 바라며, 그러한 메시아를 모시고 싶다고 말씀드렸어. 그리고 장차 오실 그분이 이스라엘 백성의 죄 때문에 파스카 축제날에 희생되는 어린양처럼 죽음을 당하신다면 무척 가슴이 아플 것이라고도 말씀드렸지.

하지만 메시아가 이사야서에서와 같은 죽음을 맞는다는 것은 이해하기 매우 힘들었단다. 성경의 판관기 등에서 볼 수 있듯이, 하느님은 우리 조상들이 어려운 시기를 맞을 때마다 이스라엘 민족을 구원하기 위해 여러 영웅들을 보내지 않았니? 그러니 메시아가 와서 어려움에 처한 이스라엘을 구원하고 위대한 나라를 만드는 것이 어쩌면 지극히 자연스러운 생각이 아닐까?

그러나 부모님은 그 어떤 대승大勝을 거두더라도 피를 흘리고 폭력이 난무하는 전쟁을 벌여 승리를 쟁취하는 것에 대한 어떤 갈망도 갖지 않도록 줄곧 나를 가르치셨어. 하지만 나는 무죄한 메시아가 죄인인 우리를 대신해 죽음을 당하신다는 것을 도무지 이해할 수 없었지.

그럼에도 불구하고 그날 밤 내 마음은 하느님이 내게 무언가를 원한다는 확신을 떨쳐 버릴 수가 없더구나. 나는 그 확신 속에서 모든 일들은 인간의 예측이나 생각이 아니라, 하느님의 거룩한 뜻 안에서 이루어져야 한다고 거듭 말씀드렸단다. 그리하여 모든 사건들 속에서 하느님이 계획하신 일들이 진행될 것이고, 나는 거기에 기꺼이 협조하겠다고 약속드렸지. 비록 나는 작은 촌락에 사는 혼인을 앞둔 어린 처녀이며, 그다지 아는 것이 많지 않은 소박한 여인임을 하느님께 겸손히 아뢰었지만 말이야.

요한아, 바로 그 순간이었단다.

내가 하느님께 마지막으로 말씀드린 바로 그때, 내 작은 방 안이 빛으로 가득 찼단다. 그리고 그 순간, 천사가 나타났지.

놀라지는 않았어. 아니, 솔직히 조금 놀랐지만, 두렵지는 않았어. 아무튼 천사가 거기에 있었지. 아름답게 빛나는 그에게서 부드럽고 평화로운 기운이 풍겼단다. 혹시라도 마귀의 소행은 아닐까 하는 의심은 전혀 하지 않았어. 평화는 오직 하느님이 주시는 것이며, 나는 이미 여러 차례 그분이 주신 평화를 맛보았기 때문이었지. 비교적 일거리가 없는 한가로운 금요일 오후, 올리브 숲이나 내 방에서 기도할 때 이따금 이러한 평화를 체험하고는 했단다.

평화! 그것은 바로 하느님이 주신 것이었고, 지금 내 안에서 깊게 울리고 있었어. 그분의 평화가 내 주위를 감싸고, 내 안에는 오직 그분과의 거룩한 조화만이 깊게 물결쳤단다. 하느님의 전달자에게서도 이와 같은 평화를 느낄 수 있었지.

이는 의심할 수 없는, 가브리엘 대천사의 방문이었단다!

그 아름다운 천사가 놀랍게도 내게 말을 하기 시작하더구나.

"은총이 가득하신 마리아님, 기뻐하소서! 주님께서 함께 계십니다."

그가 전하는 메시지에 나는 몹시 당황했지. '은총이 가득하신'이라는 말이 무슨 뜻을 담고 있을까? 회당에서 항상 가르치는 것처럼 우리 모두는 원죄를 갖고 있지 않은가? 혹시 교만을 부추기려는 거짓 영은 아닐까?

이러한 내 생각을 읽었는지 천사는 나를 안심시키기 위해 말을 이었어.

"두려워하지 마십시오. 마리아님, 당신은 하느님의 총애를 받았습니다. 보십시오, 이제 아들을 잉태하여 낳을 것이니 그 이름을 예수라고 해 주십시오. 그분은 큰 인물이 되실 것이고 지극히 높으신 분의 아드님이라 불릴 것입니다. 주 하느님이 그분의 조상 다윗의 왕좌를 그분께 주어, 그분이 야곱의 집안을 영원히 다스리실 것이니, 그분의 나라는 끝이 없을 것입니다."

사실 천사의 예고는 고요한 연못에 돌을 던진 것과 같은 파장을 내 마음에 불러일으켰어. 천사의 말은 엄청난 것이었지. 그럼에도 불구하고 나는 하느님께 항상 "네."라고 즉시 응답하는 것에 익숙했단다. 마음 깊은 곳에서 이 메시지가 하느님이 보내신 것이라는 확신이 들었어. 나는 앞으로 내가 짊어지게 될 모든 결과에 대해 마음에 두지 않고 응답하려고 했지. 하지만 요셉의 약혼녀로 곧 혼인할 예정이었던 나는, 여인으로서 모두가 품을 수 있는 의문을 말했단다.

"저는 남자를 알지 못하는데, 어떻게 그런 일이 있을 수 있습니까?"

나는 처녀의 화관인 순결과 정결을 잘 간직한 것을 매우 자랑스럽게 생각했는데, 만일 이 방문이 하느님에게서 온 것이 아니라면······.

이 일은 결코 단순한 것이 아니었어. 아직 어린 내가 아무리 생각해 보아도 하느님은 당신께 모순되는 일은 할 수 없으시리라는 생각이 들더구나. 그분이 앞서 계획하신 일, 즉 내 전 생애 동안 그분이 내 마음에 심어 둔 정결에 대한 갈망과 봉헌의 삶에 어긋난 것을 원하실 리가 없다는 신념이 있었지. 정결에 대한 갈망도 하느님에게서 온 것이 틀림없는데, 지금 내게 새롭게 원하시는 것 역시 그분의 뜻일까?

천사는 이런 모든 의혹을 일시에 거두어 주더구나.

"성령이 당신께 내려오고 지극히 높으신 분의 힘이 당신을 덮을 것입니다. 그러므로 태어날 아기는 거룩하신 분, 하느님의 아드님이라고 불릴 것입니다."

천사의 메시지는 분명한 것이었어. 내 영혼과 육신의 순결과 정결함은 조금도 손상하지 않고 고스란히 간직하면서 구세주의 어머니가 되는 것이었지. 순결함을 간직하는 모든 여인들이 혐오할 외부의 물리적인 압력이나 폭력 없이 지극히 높으신 하느님의 힘이 내게 임하게 된다는 것이었어.

이 방문은 분명한 현실이었고, 나는 메시아가 태어나게 해야 했어. 장차 오실 내 아드님, 그분은 바로 구세주! 그분이 합당한 영예를 갖추고 오실 수 있도록 나는 모든 것을 준비하여 그 자리를 마련하고 싶었단다. 그리고 이 크나큰 일을 행하시는 분이 바로 하느님이시라면, 오늘 생각하신 바를 내일 거두실 분이 아니라고 확신했지. 그분의 말씀은 항상 위대하고 고귀하며 항구하기 때문이란다.

지극히 높으신 분의 메시지가 내 작은 방에 가득 차던 그때도 앞서 내가 묵상하던 생각과 크게 달라질 것은 없었어. 이스라엘 백성, 즉 우리 민족은 그 어떠한 큰 희생을 치르더라도 메시아의 출현을 학수고대해 왔지. 부모님과 나 역시 이스라엘 백성의 명에인 외국인들의 압제에서 벗어나게 해 줄 메시아를 고대했단다. 그러나 그분은 미움이나 증오, 전쟁이나 폭력이라는 값을 치르게 하는 분이 아니셨어.

이러한 생각을 계속 떠올리고 있는데, 가브리엘 대천사가 다시 말했어. 내가 아직도 의혹을 지우지 못했다고 생각한 것 같았지.

"보십시오, 당신의 친척 엘리사벳도 그 늦은 나이에 아이를 잉태했습니다. 아이를 못 낳는 여자라고 불리던 그녀가 임신한 지 여섯 달이 되었습니다. 하느님께 불가능한 일은 없습니다."

사실 이러한 설명은 필요하지 않았어. 나는 이미 마음을 정했기 때문이었지. 하느님이 내게 원하시는 바를 나의 전 존재로 기꺼이 응답할 것이라고 서둘러 말하고 싶었어. 나 자신도 알 수 없는 격렬한 마음의 힘이 "네, 원합니다."라고 큰 소리로 외치게 했단다. 평소의 내 성격이나 습관과는 정반대되는 행동이었기에, 나도 스스로에게 놀랐지.

"보십시오, 저는 주님의 종입니다. 말씀하신 대로 저에게 이루어지기를 바랍니다."

그러자 천사는 미소를 띠며 내게서 떠나갔어. 나는 내 손등에 천사가 입맞춤하는 것을 느꼈어. 눈부신 금빛 날개의 감촉은 부드럽고 감미로웠지. 그러나 가장 아름다운 것은 그의 미소였어. 우리가 마주한 동안, 천사는 내가 그의 메시지를 거절하지나 않을까 초조해하고 두려워하는 듯했어. 사실 그날 밤, 그 순간에, 나는 가브리엘 대천사뿐만 아니라 모든 피조물이 숨을 죽이고 내 입술을 주시하는 것처럼 느껴졌단다.

전지전능하신 하느님의 청을 받아들인 그 순간, 새로운 창조를 시작하기 위한 계약의 상징이 이루어진 그 순간, 사랑의 영원한 역사가 새롭게 이루어진 그 순간, 모든 창조물이 비천한 피조물인 나, 이제 막 열다섯 살이 되어 여인으로서 첫걸음마를 시작한 나의 입, 나의 응답에 주목했던 것이지.

그래, 요한아! 나는 전능하신 하느님께 "네."라고 말씀드렸단다. 그분의 말씀을 전하러 온 가브리엘 대천사에게 내 온전한 승낙을 전했어. 하느님께 무슨 말씀을 드려야 할지 자세하게 생각하지는 못했지만, 그 순간 내 영혼에서 울려 나온 말을 오롯이 표현했단다. 만일 내게 시간이 주어졌다면, 랍비나 학자에게 달려가 아름다운 언어로 표현할 방법을 찾았을지도 모르겠구나. 그러나 작은 마을의 가난한 소녀인 내 입에서는 꾸밈없는 소박한 말이 튀어나올 뿐이었어.

그리고 그 대답에서 나는 '종'이라는 표현을 썼단다. 사실 나는 종의 신분이 아니었어. 부모님은 자신의 의지로 행동할 수 있는 자유인이었고, 전통을 무척 존중하는 분들이었지.

나는 노예를 소유하는 것을 강하게 반대했단다. 물론 우리 마을에도 노예를 소유한 이들이 있었어. 그들은 노예가 없으면 효율적인 경제 활동을 하기 어렵다고 생각했지.

요한아, 내가 앞서 비록 선한 목적을 위해서라도 악을 취해서는 안 된다는 가르침을 받아 왔다고 했지? 큰 이익을 위해 작은 악을 허용하는 것이 우리 집에서는 용납되지 않았단다. 그러니 의도나 목적이 좋다고 하더라도 악을 사용하는 일이 결코 정당화될 수 없다는 것을 나는 잘 알고 있었어.

그럼에도 불구하고 하느님께 드린 내 응답에 '종'이라는 표현이 있는 것이, 노예 제도에 반대하는 사람의 말이라기에는 어리석다고 할 수도 있겠지만, 그 표현이 전혀 후회되지는 않는구나.

'주님의 종'이라는 말은 갑작스럽게, 생각 없이 튀어나온 것이 아니었단다. 다시 같은 상황을 맞는다고 해도 나는 똑같이 말씀드렸을 테니까.

주님의 종이 되고 싶은 마음으로, 오직 주님을 위해, 내 전부를 통해 "네."라고 말씀드린 것이지. 종의 신분은, 존엄성과 자유를 지니지 못한다는 것이 아니라, 오히려 내 자유를 그분을 위해 바치고, 그분의 돌보심에 내 존엄성을 온전히 의탁한다는 뜻이야. 하느님은 내가 상상하는 것보다도 더욱 완전하게 나를 돌보실 것이기 때문이지.

나는 오로지 하느님! 그분을 위해 살아갈 생각이었어. 이는 어느 누구도 강요하지 않은 내 선택이었지. 하느님조차 메시아의 탄생에 내 동의, 내 허락을 청했던 것이란다. 나는 내가 지닌 온전한 자유로 하느님께 말씀드렸어.

"주님, 제가 여기 있습니다. 저는 당신의 종입니다. 원하시는 대로 저에게서 이루소서. 저는 당신께 온전히 의탁합니다. 당신이 원하시는 바대로 행하시고, 주님께서 저를 돌보아 주소서. 저는 당신의 작품입니다. 당신의 영광과 특은이 제게서 거울처럼 빛나기를 바랍니다. 저는 당신의 종이며 당신의 정배입니다. 이제 저는 당신 아드님의 모친이 될 것입니다. 이는 또 다른 역사의 시작입니다."

사랑하는 요한아, 그다음은 내일 말하도록 하마.

천사의 방문 후에

요한아, 너도 짐작하겠지? 그날 밤, 나는 전혀 눈을 붙일 수가 없었단다. 그렇다고 초조하게 밤을 지새운 것도 아니었지만 말이야.

아들아, 천사의 방문이 있던 그날 밤보다 훨씬 전에 이미 나는 이 모든 일을 예감했던 것 같구나. 비록 정확한 예견은 아니었더라도 말이지. 그러한 마음의 준비 덕분에 이 모든 것을 자연스럽게 받아들였는지도 모르겠구나. 그러나 한편으로는 이러한 나 자신이 놀랍기도 하고 또한 두렵기도 했단다.

그 밤을 그렇게 보낸 후, 먼동이 틀 무렵까지 몸을 웅크리고 기도했단다. 나는 기도할 때 많은 말을 하지 않았어. 그저 고요함 속에서 하느님에 대한 경이로움을 느낄 뿐이었지.

마치 천사의 방문이 꿈속에서 일어난 일인 것처럼 내 몸은 그 어떤 작은 변화도 느낄 수 없었어. 내 스스로가 만든 환상을 본 것은 아닐까 하는 생각도 들었지. 그건 아니라고 바로 마음을 고쳐먹었지만! 정말 아무런 변화도 느끼지 못했지만, 분명 내 안에는 무엇인가가 신비롭게 존재하고 있었단다. 이에 대해서는 털끝만큼 의심할 여지도 없었지.

그래! 내 안에 어떤 새로운 현존이 자리한 것이었어. 정확히 이분은 누구일까? 무엇을 원할까? 위대한 도시 예루살렘에 강림하지 않으시고 갈릴래아의 보잘것없는 이 작은 촌락에서 탄생하기를 원하는 이분은 어떤 구세주일까? 왜 권력 있는 유력한 가문이 아니라, 가난한 나를 어머니로 택한 것일까?

모세를 생각해 봐도, 그는 가난한 히브리인 가정에서 태어났지만 파라오 왕궁에서 장성하지 않았니? 내게서 태어날 구세주도 어느 날 유력자가 빼앗아 키우려 들지는 않을까? 나는 아기의 성장을 지켜보며 기뻐하는 어머니가 아니라, 유모와 같은 역할을 맡은 것이 아닐까?

사랑하는 아들 요한아, 나는 그날 이러한 생각으로 거의 밤을 지새웠단다. 나는 하느님께 이처럼 많은 것들을 여쭙고 싶었지. 나는 "네."라고 승낙한 그 순간부터 어머니로서의 내 삶이 시작된 것임을 깨달았단다. 이러한 일이 어떻게 이루어진 것인지 나는 알지 못했어. 심지어 오늘날에 이르기까지도 그 신비를 완전히 이해하지는 못하지. 그러나 모든 믿는 이들이 믿고 고백하는 것을 나 역시 믿고 있단다. '거룩하신 하느님께 불가능이란 없다.'

하느님을 향한 그와 같은 믿음이 있었기에, 내게서 메시아의 탄생이 이루어진다는 것에 큰 의혹을 갖지 않을 수 있었단다. 하지만 끊임없이 질문들이 생겨났지.

내 태중에 있는 아들은 하느님과 어떤 관계를 맺는 것일까? 내 아들을 하느님의 아드님이라고 부르게 될까? 그렇지만 하느님의 아드님이 어떻게 인간이 될 수 있을까? 지극히 높으신 하느님의 아드님, 메시아를 이스라엘 백성이 과연 어떻게 받아들일까?

이렇게 수많은 의문들이 꼬리에 꼬리를 물고 이어졌지.

내 아들은 어떤 사람이 될까? 전쟁을 이끌 명장일까? 평화를 가져오는 영웅일까? 거대한 전쟁들을 승리로 이끌며 사람들이 흘린 피로 자신의 손을 흥건히 적실까? 아니면 거룩한 자비로 하느님의 백성이 회개하도록 하고, 그들을 새로운 삶의 길로 이끌어 갈까?

그런데 갑자기, 내 마지막 의혹에 즉각적으로 응답을 받는 듯한 느낌이 들었단다. 내 안에 작은 형상으로 인간의 삶을 시작하는 아이가 자신의 온몸을 뒤흔들며 응답하는 듯했지. 나는 아들이 결코 전사戰士가 아닐 것임을 확신했단다. 그는 결코 폭력을 휘두르지 않을 것이고, 사람들과 백성을 파탄으로 몰고 가는 폭력 또한 용납하지 않을 것이라는 확신이 들었지. 이와 같은 확신이 든 후에는 마음에 기쁨이 가득 차올랐지만, 그와 동시에 두려움도 자리 잡더구나.

전쟁의 용맹한 명장이나 투사를 갈구하는 내 친척들과 동족들이 과연 어떻게 생각할까? 또 이스라엘 백성 대부분은 어떻게 생각할까? 얼마 전 회당에서 아삽이 봉독하다 만 이사야서에 나온 것처럼 장차 올 메시아는 사람들에게 배척당하지 않으실까?

한편으로는 이런 생각도 들었지. 메시아는 전쟁이 아닌 평화를 선포하지 않을까? 당신 백성이 원하는 메시지를 가지고 오지 않은 메시아가 사람들에게 배척당하지 않을까? 이와 같은 상황들은 이미 많은 예언자들의 생애를 통해 잘 알려져 있지 않았던가? 과연 메시아는 멸시를 당하고 파스카의 제물인 어린양처럼 세상의 죄를 대신하여 죽음을 맞이하게 될까? 그것도 이방인들이 아닌 선민들에 의한 죽음을?

이해해 주렴, 요한아. 나는 정말 정신이 나가 버릴 것만 같았단다. 사실 나는 이 모든 것을 이해하기에는 너무나 어린 소녀였지.

그때만 해도 나는 마을 밖을 거의 벗어난 적이 없었고, 나들이라고 할 만한 것은 이웃 마을의 아는 사람을 방문하는 것이 고작이었어. 그래, 이해할 수 없었기 때문에 가브리엘 대천사가 떠나간 후 의혹에 휩싸였지. 생각 끝에 나는 내 마음과 직관이 이끄는 대로 모든 것을 내맡기기로 결심했단다.

사실 나는 개인적인 문제에도 부딪혔어. 요한아, 너도 잘 알듯이 우리 이스라엘 민족은 엄격한 법규를 갖고 있었지.

약 여덟 해 전의 일이었어. 나자렛의 한 소녀가 죽음에 이를 때까지 돌팔매질을 당했지. 미칼이라는 이름의 그 소녀는 신기료장수(헌 신을 꿰매 고치는 일을 하는 사람)인 토비아와 약혼한 사이였어. 하지만 마을의 다른 청년, 야이르의 아들 야곱을 사랑하게 되었지.

넘지 말아야 할 선을 넘은 탓에 그녀는 그만 임신을 했단다. 이 사실이 알려지자 우리 마을은 이들에 대한 온갖 소문으로 잠잠할 때가 없었어. 격분한 토비아는 이에 대한 처벌을 요구했고, 가련한 미칼의 아버지 사울은 토비아에게 자신의 전 재산으로 보상하겠다는 약속을 했지. 비록 사실이 아닐지라도, 토비아가 미칼의 임신이 자신과 관련이 있다고 말한다면 그녀는 처벌을 피할 수 있었지만, 토비아는 이 제안을 거부했어. 사실 미칼의 부친이 제안한 금액은 거부하기 어려울 정도로 큰 금액이었지만, 이 경솔한 토비아가 친구들과 술을 고주망태가 될 만큼 마시면서 이 사실을 떠들게 되었단다.

그는 공개적으로 미칼과의 관계를 부인했고, 결국 그로 인해 그녀는 간음이라는 죄명을 쓰고 돌팔매질 아래 죽음을 맞을 수밖에 없었어. 사람들은 마을의 모든 젊은이를 그 잔인한 공개 처형장으로 데리고 가서 교훈을 주려고 했지.

하지만 나는 나이가 어렸고, 무엇보다 아버지가 잔혹한 현장에 내가 가는 것을 허락하지 않으셨기 때문에 그 자리를 모면할 수 있었단다. 아버지는 이 처벌이 비록 율법을 바탕으로 한 것이며, 사람들에게 교훈을 준다고 해도, 그와 같은 악법에는 동의하지 않으셨지.

하지만 이와 같은 일을 아는 나는, 내가 어떤 위험에 처할 수 있는지 스스로 잘 알고 있었어. 사실 가련한 미칼과 내 상황이 똑같지는 않지만, 그 사실을 누가 믿어 줄까? 천사가 떠나간 후, 앞으로 내가 치러야 할 일들에 대한 생각들이 싹트기 시작했어.

내가 받아들여야 할 결과는 생명 그 이상도 그 이하도 아니었지. 모두가 보게 될 그 아기를, 아홉 달이라는 그 긴 임신 기간 동안 다른 사람의 눈을 피해 감추는 일이 과연 가능할까?

사람들은 뭐라고 말할까? 요셉은 이 일을 어떻게 받아들일까? 그리고 어떻게 반응할까? 토비아가 미칼에게 했듯이 요셉도 나를 공개적으로 부인할까? 그 지경에 이른다면 나는 어떻게 될까? 그리고 내 아들은 어떻게 될까?

이를 제쳐 두더라도 부모님께 어떻게 말씀드려야 할까? 천사의 방문을 무슨 방법으로 납득시켜야 하지? 딸을 그토록 사랑하시는 어머니께 내가 임신했다는 것을 어떻게 말해야 할까? 하느님이 손수 내 태에 임하시어 성령으로 잉태시키셨음을 어떻게…….

나에 대한 부모님의 전폭적인 신뢰와 지지를 의심하지 않지만, 이 같은 엄청난 일을 어떻게 말해야 할까? 지금까지 부모님을 단 한 번도 실망시킨 적이 없는데……. 항상 딸에 대한 긍지와 자부심을 가지고 계신 분들이 아닌가! 말씀드리면 나를 어떻게 생각하실까?

마을 사람들은 내 임신을 두고 아버지를 비웃을까? 더욱이 아기의 아버지가 될 사람이 누구인지조차 알 수 없는 비정상적인 임신 아닌가?

요한아, 네게 말하는 이 모든 것을 부디 이해해 주길 바란다. 하느님의 뜻에 내가 순종한 이 거대한 사건이 무엇을 뜻하는지를 이해하는 일은 결코 쉬운 일이 아니기 때문이야.

하느님께 "네."라고 말씀드리기는 쉽단다. 그러나 그것을 실행에 옮기기는 참으로 어려운 일이지. 특히 이와 같은 상황에서라면 말이야.

훗날 내 아들 예수가 기적을 행하던 때에 모든 이가 예수에게 환호하고 박수를 치며, 몇몇 여인들은 내가 메시아의 어머니라는 것을 부러워하고 입에 침이 마르도록 나를 칭송하기도 했단다. 이는 사실 모든 이스라엘 여성들이 갈망하던 바였지. 그러나 내 아들이 치를 값, 그런 구원을 위한 희생을 갈망했던 것은 아니었다.

나는 나와 아기가 생사의 기로에 서 있다는 것을 알고 있었어. 동시에 나는 나와 내 가족의 명예, 미래까지 모두 하느님의 손에 의탁했지. 그러나 이러한 혼란 속에서 어떤 해결책을 찾아야 할지는 막막하기만 했단다. 그때 지극히 높은 분의 영靈이 연약한 나를 돕기 위해 찾아왔어. 나는 그분의 거대한 날개 아래에 피신처를 찾았고 평온을 되찾았다. 나는 지극히 높으신 분의 거룩한 손길을 느낄 수 있었지. 그분은 내 머리를 쓰다듬으시며 권능이 넘치는 목소리로 가브리엘 대천사가 했던 "두려워하지 마라."라는 말을 반복했단다.

"두려워하지 마라, 내 연인이여, 내 비둘기여, 다만 나를 믿어라. 나는 전지전능하며 내게 불가능이란 없다. 그대가 순결을 간직한 채 잉태한 것도 가능한 일이 아니었는가? 아무것도 두려워 말고 나를 믿어라.

들판의 꽃들과 하늘을 나는 새들을 보아라. 내 허락 없이는 꽃잎 하나, 새 한 마리도 땅에 떨어지지 않는다. 하물며 그대는 이 세상의 그 어떤 꽃보다, 그 어떤 새보다 훨씬 더 소중하지 않은가? 그대의 태중에 내 아들을 잉태하게 하고, 나에게 반反하는 저 부당한 악법 때문에 그대가 죽음을 맞도록 내버려 둘 것 같은가? 수

천 년을 두고 인류가 기다려 온 메시아의 탄생인데, 그를 사람들의 증오와 돌팔매질에 내맡겨 둘 것 같은가?

두려워 마라, 사랑하는 이여, 내 비둘기여! 그대와 아기는 모두 내 보호 아래 있다. 지옥의 마귀라 해도 결코 그대들을 해치지 못할 것이다."

나는 거룩하신 하느님의 이러한 위로의 말씀을 들으며 어느덧 스르르 잠이 들었단다. 그분의 거룩하신 팔 안에 우리 모자가 있다고 확신했지.

그 외에 다른 어떤 빛도 나를 비추지 않았단다. 해결의 실마리조차 찾을 수 없었지만, 이제 나에게는 하느님이 모든 것을 해결해 주시리라는 믿음과, 내가 해야 할 일은 오직 그분께 의탁하는 것뿐이라는 믿음만이 남았지.

나는 아버지가 자주 반복하셨던 말씀을 기억해 냈단다. "우리의 힘은 믿음에 있다." 하느님에 대한 믿음 안에서 나는 그분의 사랑에 힘을 얻었고, 깊은 잠에 빠져들었지. 이미 새벽 무렵이었어.

내가 평소라면 일어났을 시간이 지났음에도 일어나지 않자, 어머니가 방으로 들어오셨어. 어머니는 얼굴 가득 미소를 띠고, 잠꾸러기라고 놀리며 내 곁에 앉아 나를 깨웠어.

나는 눈을 뜨자마자 서둘러 일어나 어머니의 목을 끌어안았단다. 그러자 눈물이 왈칵 쏟아졌고, 나는 이 눈물을 억누를 수 없었지. 이는 결코 비탄의 눈물은 아니었어. 내 마음은 놀라울 만큼 평화로웠으니까. 어머니는 내 뺨에 입을 맞추시고 머리를 쓰다듬으셨어. 그러면서 무슨 악몽이라도 꾸었는지, 어디가 불편한지 물으셨어.

요한아, 어머니께 용기를 내어 말하려고 했을 때, 나는 마치 죽을 것만 같았어. 입술도 잘 열리지 않았지. 입안이 바싹 마르고 목이 타는 듯했단다. 수차례 시도한 끝에 어머니 대신 이불을 내려다보며 간신히 입을 열어 이렇게 말했지.

"어머니가 될 것 같아요."

그러고는 다시 입을 다물었어. 오랫동안 침묵이 흘렀단다. 그 순간이 영원처럼 길게 느껴졌지. 어머니는 당신의 손을 내 손에 포개고 있었어. 그래서인지 어머니의 마음이 내게로 쉽게 전해지더구나. 경악, 큰 실망감과 불쾌함, 그리고 거대한 고통의 바다가 어머니의 영혼을 뒤엎고 있었지! 게다가 아기의 아버지가 누구인지도 모르고!

잠시 후, 어머니는 당신 손으로 내 턱을 들어 올리며 당신의 눈을 바라보라고 하셨어. 나처럼 어머니의 눈에도 눈물이 가득 고여 있었지. 우리는 서로를 오랫동안 바라보았고, 어머니는 나를 꼭 안아 주셨어. 우리가 얼마 동안 그렇게 있었는지는 알 수 없구나. 단지 우리 모두 걷잡을 수 없이 눈물이 흘렀지.

우리의 격앙된 마음이 평안을 되찾자, 어머니는 요셉에 대해 물으셨어. 언제, 어떻게 된 일이냐고 묻지 않으시고, 단지 언제 요셉에게 시집갈 것인지 물으셨어. 어머니는 아기의 아버지가 요셉이 아니라고 짐작하신 모양이었지.

나는 더욱 용기를 내어 어머니께 모든 것을 말씀드렸단다. 그런데 어머니의 반응이 놀라웠어. 모든 것을 들으신 어머니가 내 말을 모두 의심 없이 받아들이셨고, 안도의 한숨마저 길게 내쉬셨기 때문이었지.

사실 내가 그토록 놀라워할 이유는 없었어. 왜냐하면 어머니는 하느님의 사람이었기 때문이야. 내가 여러 가지로 설명하지 않아도 믿기 어려운 일들을 진실로 받아들이시는 어머니를 보며, 어머니의 마음에서 하느님이 손수 일하신다는 것을 알 수 있었단다. 나는 어머니께 내가 순결을 간직하고 있다고 했고, 시험해 보아도 좋다고도 했지만, 어머니는 이를 일언지하에 거절하셨어. 그렇게 한다면 내 말을 믿지 않는 셈이 된다고 하시면서 말이야.

"딸아, 나는 너를 믿는다. 이 일을 받아들인 네게 아주 작은 거짓이라도 있을 리 없겠지. 게다가 이러한 일은 네가 지어내기에 너무나 크지 않니? 딸아, 나는 지금까지 단 한 번도 너를 의심한 적이 없단다. 너는 자랑할 만한 모범적인 아이였으니까!

물론 이 일을 받아들이는 것은 쉬운 일이 아니란다. 하지만 내가 너의 말을 믿지 않는다면 이는 네게 모욕이 될 거야. 너는 신뢰를 받을 자격이 충분하니 말이야.

사실은 나 역시 하느님께 어떤 암시를 받았단다. 오래전, 네가 세상에 태어났을 때, 이 아기는 우리 부부의 딸이라기보다 하느님의 딸이란 생각이 내 마음에 가득 찼단다. 그렇다고 너의 탄생이 특별했다는 뜻은 아니란다. 너는 네 아버지와 내 사랑의 결실임에 틀림없었으니까.

네게 꼭 말하고 싶은 것이 있단다. 이는 네 아버지와 나, 그리고 많은 사람들이 똑같이 느낀 점이기도 하지. 이 세상 모든 사람, 심지어 좀 더 거룩한 삶을 살고 싶어 하는 사람에게조차 사실은 어떤 탁류가 흐르기 마련이야. 그러나 네게는 항상 그런 것들이 미치지 않는 것처럼 보였단다. 너는 언제나 하느님의 사람이었고, 그로 인해 천성적으로 하느님께 받은 강인함을 지닌 듯했지.

이러한 너에 대해 네 아버지와 나는 많은 대화를 나누었단다. 우리는 하느님이 너를 특별히 원하신다는 느낌을 지울 수 없었고, 우리도 하느님의 뜻을 따라야 한다고 생각했거든. 단지 그것이 무엇인지, 어떻게 올 것인지 알지 못했을 따름이야.

그래서 우리는 오랫동안 너를 누군가와 혼약시키는 것을 꺼려 했단다. 요셉을 약혼자로 정하기까지는 말이야. 그는 너와 비슷한 부류의 사람이란다. 비록 하느님께 받은 특은 같은 것은 없을지 모르지만! 우리는 오랫동안 네가 결혼 생활과 어떻게 마주할지를 생각해 왔단다. 남편에게 아내로서의 도리를 어떻게 다할 것인가 하는 것이었지.

이러한 문제는 장차 하느님이 손수 말씀해 주시겠지. 우리가 계획하고 상상하는 것과는 전혀 다른 모습으로 드러내실 듯하구나. 지금 우리에게 상상조차 할 수 없는 방법으로 하느님이 당신의 뜻을 드러내신 것처럼 말이지. 나는 하느님이 계획하신 모든 것이 뜻대로 이루어지리라는 확신이 드는구나."

"이 일을 누가 아버지께 말씀드리지요?"

"내가 할게. 너로서는 무척 힘든 일이겠지. 네 아버지는 걱정하지 않아도 될 거야. 보통 사람이라면 지금의 상황을 이해하지 못하겠지만, 너의 아버지는 그런 사람들과는 다르기 때문이지. 딸아, 기억해 두렴. 너는 하느님께 선택되었고, 이는 큰 영광이란다.

네가 깨닫고 있는지 모르겠지만, 이 모든 일이 너무 빠르게 일어났구나. 네가 정신을 차리기 힘들 정도로 말이야. 그러나 애야, 너는 메시아의 어머니가 될 거야. 이는 모든 유다 여인이 바라는 가장 큰 영예가 아니겠니?"

어머니는 다시 내 목을 끌어안아 주셨어. 우리는 더 이상 눈물을 흘리지 않았지. 어머니는 애정 어린 손길로 계속 내 머리를 쓰다듬으며, 나지막한 음성으로 "내 딸, 내 딸아." 하고 반복하셨어.

그러고 나서, 어머니는 아버지께 말씀드리기 위해 자리에서 일어나셨어.

마을의 집들이 대부분 그렇듯이 우리 집도 작았단다. 작아도 깨끗하고 안식처로 흠잡을 곳이 없었지만, 작은 탓에 내 방에서 아버지와 어머니가 나누시는 대화를 들을 수 있었지.

"여보."

어머니가 말씀을 시작하셨어.

"하느님이 우리를 선택하셨네요. 우리의 미천함을 돌보아 주시고 특은을 베풀어 주셨으니, 잠시 일손을 놓고 이리로 와 주세요. 저도 좀 흥분했네요. 여보, 와서 제 말에 귀를 기울여 주세요."

아버지는 일손을 멈추시고 나귀들에게 주려던 곡식 낟알과 겨를 섞은 큰 광주리를 옆으로 밀쳐 두셨어. 그러고는 사려 깊게 어머니를 바라보면서도 조금 놀란 듯 깊은 숨을 내쉬면서 자리에 앉으셨지. 아버지는 곧바로 어머니에게서 심상치 않은 기색을 발견하고는 이마에 송골송골 맺힌 땀을 수건으로 훔쳐 내셨어. 아버지는 어머니에게 시원한 물을 떠다 달라고 부탁하셨고, 어머니는 아버지에게 물을 건네며 이 이야기를 듣고 놀라거나 충격을 받지 않으시길 기도했단다.

"우리 딸이 임신을 했어요."

어머니는 잠시 숨을 내쉬고 다시 말씀을 이어 가셨어.

"그렇지만 여보, 놀라지 마세요. 우선 우리 아이는 건강해요. 더욱 중요한 건, 처녀의 영예에 어긋난 일을 결코 하지 않았다는 거예요. 어떤 남자와도 잠자리를 한 적이 없으니까요. 특히 약혼자인 요셉과도 상관없는 일이에요. 인간과 맺어진 것이 아니니 말이에요. 우리 아이는 순결합니다. 만일 이를 의심한다면 증명할 수도 있어요. 우리 딸이 내게 말한 것, 그것을 나는 믿어요. 지난밤에 하느님의 천사가 나타나 메시아의 어머니가 될 것을 승낙해 달라고 요청했답니다. 예언서를 기억하지요? 우리가 얼마나 수없이 이사야서를 반복해서 묵상했습니까?

하느님은 당신 백성을 구원하길 원하십니다. 그럼에도 우리라는 적당치 않은, 그리고 가장 미천한 종을 선택하셨으니, 우리는 행운을 얻은 거예요. 주님의 거룩한 계획에 이러쿵저러쿵 이견異見을 제시해서는 안 됩니다. 우리가 해야 할 건, 오직 하느님을 찬미하며 기도하는 일과, 상상도 하지 못할 엄청난 일에 놀란 우리 아이를 진정시키는 일이에요."

어머니의 말씀이 끝나자 아버지는 손에 들고 있던 목재를 위로 치켜 올리셨어. 흥분과 괴로움에 넋을 잃은 듯하셨지만, 곧 자리에 앉으셨지. 어머니는 침묵하며 잠시 기다리셨어. 아버지는 땅으로 시선을 옮기셨고, 다시 고개를 들어 어머니를 찬찬히 바라보셨어. 그러고는 거의 목을 쥐어짜는 듯한 목소리로 말씀하셨어.

"여보, 내가 당신을 모른다거나 사랑하지 않는다면 이 순간 화를 냈을 것이오. 왜 내가 이 사건에 대해 다른 의견을 말할 것이라 생각하오? 행실 나쁜 딸을 마을 밖으로 끌어내 돌팔매질에 죽게 할 매정한 아버지로 나를 생각한 것이오? 아니면 오직 당신만이 부모로서 딸을 사랑하고 이해한다는 말이오?

우리 딸 마리아는 내 영혼의 기쁨이자, 내 삶의 꿈이며, 내 미래의 희망이라오. 그러나 우리는, 이 아이가 태어났을 때부터 우리 부부만의 딸이 아니라 하느님의 딸이라는 것을 깊이 깨닫지 않았소? 사실 나는 육친의 정으로 그것을 받아들이기 어려웠다오. 아무도 이러한 사정을 믿으려 들지 않을 것이오만, 당신과 나는 이것이 진실임을 잘 알고 있소. 이를 증명해 달라고 누구에게도, 심지어 천사에게도 요구할 필요가 없소. 우리가 딸을 믿지 않고 무슨 특별한 표적을 보여 달라고 요구한다면 오히려 하느님에 대한 모독이 될 것이오.

난 내 딸을 잘 알고 있소. 당신 역시! 이는 모두 틀림없는 사실이오. 우리 딸은 거짓말을 할 줄 모르오. 모세의 십계명에 명시된 계명을 어길 수 없는 아이 아니오?"

아버지의 말이 끝나자, 부모님은 서로를 포옹하셨어. 그리고 함께 무릎을 꿇고 주님께 기도하기 시작하셨지.

"오! 전지전능하신 하느님."

아버지의 목소리는 안식일 오후마다 시편을 즐겨 낭송하던 바로 그 목소리였어.

"하늘에 좌정하신 분이시여 당신께 저의 눈을 듭니다. 보소서, 종들의 눈이 제 상전의 손을 향하듯 몸종의 눈이 제 여주인의 손을 향하듯 그렇게 저희의 눈이 주 저희 하느님을 우러릅니다, 저희에게 자비를 베푸실 때까지."(시편 123편)

시편 낭송이 끝나자, 계속해서 당신의 기도를 바치셨어.

"하느님, 영원히 찬미 받으소서. 당신 백성에게 언약하신 바를 충실히 지키시는 주님, 당신께 저의 눈을 듭니다. 지금 제가 처한 상황, 이 당혹감과 털끝만큼 작은 의혹에서 저를 완전히 해방시켜 주소서. 당신의 모든 성의聖意와 모든 안배의 길에 제가 오롯이 순종하고 따르도록 도와주소서.

저의 약함을 보시고 당신의 강인함을 허락하시어, 이 크나큰 사건을 통해 제게 명하신 아버지로서의 모든 사명을 올바르게 수행하도록 도와주소서. 제게 지혜를 허락해 바른 길로 나아가도록 도와주소서. 항상 당신께 헌신한 저희 어린 딸을 도와주시어 그 아이가 감당할 수 없는 큰 짐을 지우지 말아 주소서. 힘든 짐은 그 아이 대신 제 등에 지워 주시어 딸의 고통을 줄여 주소서.

주님, 저희는 저희 능력에 감당할 수 없는 큰 것을 바라지 않습니다. 비록 모든 이가 자신의 가정에 메시아가 오시기를 희망하고 있사오나, 저희는 그런 일을 감히 꿈에서조차 바라지 않았나이다. 하느님께서 잘 아시듯이, 저희의 유일한 바람은 저희가 당신을 위한 유익한 종, 비록 비천하고 소박할망정 당신께 무언가 봉사하는 종이 되는 것이었나이다.

하느님, 지금 당신은 저희를 주목하셨고, 이렇게 당신 손안에 저희가 있습니다. 저희 딸 안에 씨를 뿌리신 당신의 계획이 실패로 돌아가지 않도록 하시고, 구원 사업의 모든 여정이 빗나가지 않도록 하소서.

또한 저희에게 영광과 영예를 주지 마옵소서. 저희는 그것을 청하지 않겠나이다. 오로지 당신의 뜻을 실천하고, 우리의 어리석음으로 인해 당신의 거룩한 뜻이 어긋나게 되는 일이 없도록 하소서."

아버지는 기도를 마치고 땅에 이마를 붙이신 채 오랫동안 엎드려 계셨어. 어머니 역시 같은 자세로 엎드려 간원하셨지. 나는 천으로 반쯤 가려진 내 방의 창문을 통해 이 모든 것을 지켜보았어. 나는 몹시 놀랐고, 감사의 마음이 흘러넘쳤지.

조금 후에 인기척이 들렸단다. 두 분이 몸을 일으켜 내가 있는 곳으로 오고 계셨지. 나는 몸을 숨기려 들지 않았어. 아버지가 먼저 들어오셔서 나를 포옹하고 내 뺨에 세 번 입을 맞추셨지. 그리고 내 앞에 무릎을 꿇으시고 내 손에 입을 맞추셨어. 나는 놀라서 급히 아버지를 일으켜 세우려 했지만, 아버지는 부드럽게 나를 막으셨단다. 아버지는 다시 내 손에 입을 맞추셨고, 어머니 역시 그렇게 하셨어. 결국 우리 세 사람은 긴 포옹 속에 하나가 되었단다.

나는 곤혹스러운 처지에 놓인 나를 돕는 하느님, 모든 것이 가능하신 그분께서, 내 태중에 큰일을 시작하셨을 뿐만 아니라, 그 일을 부모님이 이해하고 받아들이도록 은밀히 행하셨다는 점에서 놀라움을 감출 수 없었단다.

잠시 후, 평온을 되찾은 우리는 앞으로 어떻게 해야 할지 함께 의논했어. 어머니는 주님의 천사가 언급한 예루살렘 남쪽 아인 카렘에 살고 있는 친척 엘리사벳을 기억해 내셨어. 그녀 역시 임신 중이었고, 이미 임신한 지 여섯 달이 넘었지. 나이가 많은 엘리사벳이 임신했을 때 주위에서는 다들 놀라워했단다. 엘리사벳을 방문하기 위해 먼 길을 간다는 것은 부담스러웠지만, 나는 결단을 내려야 했어. 그녀에게 필요한 조언을 구하고, 마을의 일이 정리될 때까지 시간을 벌기 위해 나는 그곳에서 기다리기로 했단다.

부모님은 약혼자 요셉과 이야기하기로 하셨어. 만일 요셉의 반응이 부정적이라면 내 운명은 이미 정해진 것과 같았지. 우리는 이스라엘 백성의 희망인 내 태중에 있는 아들과 내가 처할 수 있는 모든 위험에 대비해 대책을 강구해야만 했어.

그날 오후에, 나는 고향 나자렛을 떠나 남쪽에 있는 엘리사벳의 집으로 긴 여행을 하기로 결정했단다. 이 여정은 꽤 위험했지만, 다행히도 이웃 마을 가나안에 예루살렘과 교역하는 상인들이 있었어. 어쩌면 아인 카렘까지 나와 동행해 줄 일가나 지인이 있을지 모른다는 희망을 가지고 아버지는 아도니아를 만나러 갔단다. 이사야서의 내용을 확인하고자 그의 집을 다녀간 지 채 하루가 지나기도 전에 그의 집을 다시 찾은 것이지. 아버지는 아도니아에게 가나안 지역에 우리 부녀가 묵을 수 있을 곳과 내가 안전하게 여행할 수 있도록 도와줄 사람을 찾아 달라고 부탁하셨어.

아도니아는 자신의 동생 마나세스를 추천했어. 마나세스는 젊은 나이에 거상巨商이 된 사람이었지. 아도니아는 내가 마나세스의 집에서 머물며 상인들의 무리가 그곳을 지날 때까지 기다리면, 분명히 그들 중에 긴 여행을 함께해 줄 동반자가 나타나 엘리사벳의 집까지 동행해 줄 것이라고 말했단다.

아버지는 가나안의 마나세스의 집까지 나와 같이 가 주시기로 했어. 그 작은 도시는 우리 마을에서 그다지 멀지 않았는데, 비록 산중에 위치했지만, 외부와 연결이 원활했고 겐네사렛 호수와 함께 해안이 연결되어 교통과 무역의 요지였지. 또한 포도 경작으로 유명해서 인근 지역은 물론이고 이스라엘 전역에서 가장 좋은 포도주 생산지로 명성이 높았어. 밀과 귀리, 보리 풍작으로 농사짓기 적합한 곳이기도 했지.

아버지는 평소에 말씀을 많이 하시는 편이 아니었지만, 그날 여행 중에는 낮은 목소리로 시편을 암송하거나 성경 구절을 들어 기도하시며 마음의 불안을 떨치려고 하셨지. 하지만 나는 점차 아무런 일도 없었던 것처럼 평소와 다름없는 상태가 되었고, 그런 나를 보며 아버지도 나를 평소처럼 대하려고 하셨어. 전과 달리 나에게 특별 대우를 한다면, 오히려 나에게 좋지 않을 것이라고 생각하신 듯했어.

아버지는 내가 도보로 여행하는 것을 허락하지 않으셨기에, 나는 나귀를 타고 갔어. 이 또한 우리 마을에서는 흔한 일이 아니었단다. 나는 소녀이긴 했지만 튼튼했고, 아버지는 노인은 아니었지만 연장자였기 때문이지. 나는 아버지에게 마을 사람들 이목도 있고 또 불필요하게 입에 오르내릴 수 있으니, 아버지가 나귀를 타는 것이 좋겠다고 말씀드렸어. 내 말에 아버지는 나귀를 타고 가셨지만, 마을 어귀를 벗어나 막 가나안 땅으로 들어서자마자 즉시 내리시며, 나에게 다시 타라고 명하셨지. 가는 길 내내 아버지는 고삐를 쥐고 계셨고, 나는 나귀 위에서 부녀간의 깊은 정을 느낄 수 있었단다. 가끔 아버지를 볼 때면 그분의 사랑 가득한 시선과 마주쳤고, 때때로 "꼬마야!"라고 부르시는 음성을 들을 수 있었지. 나는 우리 집에서 꼬마라고 불렸는데, 부모님의 마음속에 나는 아직 어린 딸이기 때문인 듯했어. 아버지는 애정을 담아 나에게 계속 물으셨단다. "얘야, 어때? 편하니? 어지럽지는 않니?"
 아버지는 하느님의 일에 대해서도 물으셨지. 특별한 그날 밤의 일이 아니라, 하느님의 울타리 안에서 이 모든 일을 어떻게 느끼고 생각하는지에 대해 물어보셨어.
 우리는 길지 않은 여정 동안 사랑이 가득한 부녀 사이의 친교를 나누었어. 여행은 꿈처럼 감미로웠지만, 지금 내가 가는 이 길이 아버지와 딸이 작별하는 길처럼 느껴졌단다. 나는 이제 소녀에서 여인으로 성장하여 집으로 돌아오게 될 것이기 때문이었지. 결국 이 여행은 아버지의 집을 떠나 부르심의 길로 나아가는 여행이었단다.

 마나세스는 우리를 크게 환영해 주었어. 형 아도니아로부터 이미 전언을 받은 그는 우리의 도착을 기다리고 있었지. 훌륭한 저택 안에는 우리가 묵을 방 두 개가 준비되어 있었어.
 이미 어둑어둑해질 무렵이라 마나세스는 우리가 씻을 수 있도록 항아리에 담긴 물을 내주고 나서 아내와 어린 두 아이를 소개시켜 주었어. 이어 아버지는 남자들과 식사하러 가시고 나는 여인들과 함께 저녁을 들었지. 아버지는 다음 날 아침에야 다시 볼 수 있었단다.
 그곳의 어느 누구도 내게 일어난 일을 눈치채지 못했어. 늦은 나이에 임신한 친척의 출산을 돕기 위해 여행길에 올랐다는 말에 모든 이가 고개를 끄덕였지. 우리는 자연스럽게 이야기를 나누었어.

　잠자리에 들기 전에 나는 마나세스의 아내 리아와 이야기를 나누었어. 그녀는 나보다 열 살 정도 많았는데, 부모님이 돌아가실 때 많은 유산을 상속받아 동생과 나누어 가졌다고 했어. 부부 사이도 좋았고, 그녀가 갖고 온 많은 지참금 덕분에 남편의 사업도 크게 번창했다고 했지. 특히 리아는 매우 친절했는데, 그녀는 나를 방으로 인도해 주고 혼자 편히 쉴 수 있도록 배려해 주었어. 나는 잠자리에 들자마자 깊은 잠에 빠져들었어.

　새벽에 눈을 떴을 때 온몸이 날아갈 듯 가벼웠단다. 내 몸에 아무런 일도 일어나지 않은 것 같았지. 잠자리에서 나오기 전에 나는 하느님께 기도를 바치며 그분의 보호에 감사드렸어. 그리고 전능하신 하느님께 의지하여 이 위대한 임무를 수행할 수 있기를 기도했단다. 내 모든 것을 그분께 봉헌하겠다고 거듭 다짐했지.

　분주하게 하루 일과를 시작한 하인들이 내게 빵과 따뜻한 우유를 아침으로 가져다주었어. 아침을 들고 있을 때 리아가 어린 아들인 레비를 품에 안고 다급히 달려왔단다. 레비는 얼굴에 붉은 반점이 돋아나 있었는데, 지난밤 내내 잠을 자지 못하고 울고 보챘다고 했지. 리아는 갑자기 고열에 시달리는 아들을 안고 안절부절못했어. 그러면서 마을에 전염병이 돌고 있는데, 레비와 같은 증상을 보이던 어린아이 세 명이 얼마 전에 세상을 떠났다고 말했지. 그녀의 말을 들으면서 나는 무엇을 어떻게 해야 할지 막막했어. 우리 부녀를 진심으로 대해 준 이 부부를 나는 어떻게든 돕고 싶었지만, 병에 좋은 치료 방법이나 약을 전혀 알지 못했지. 그러나 나는 기도하는 방법을 알고 있었어.

나는 리아에게 함께 기도하자고 말했어. 나는 무릎을 꿇고 하느님이 레비를 도우시기를, 특히 이 아기에 대한 하느님의 뜻이 이루어지기를 간구했어. 리아는 놀란 눈으로 나를 보더니 이내 고개를 숙여 하느님의 뜻대로 이루어지기를 함께 빌었지. 내 옆에서 무릎을 꿇고 함께 기도하는 그녀의 품 안에서 어린 아들은 계속 울며 보챘단다. 그녀는 침묵 속에서 내가 무엇인가 말해 주기를 기다리고 있었지만, 사실 나는 무척 막막했지. 만일 아버지가 그 자리에 계셨다면 오래된 시편 한 구절이나 예언서라도 낭독하셨겠지만, 나는 암송하는 부분이 혹시 틀리기라도 할까 걱정되어 아무 말도 할 수 없었어.

그렇게 몇 분이 흘렀어. 리아는 보채는 레비를 흔들며 달래고 있었고, 나는 목청을 돋우어 더 큰 소리로 전지전능하신 하느님께 이 아기를 치유해 주시기를 간청했지. 그리고 이 부부가 하느님의 뜻을 모든 순간마다 받아들일 수 있도록 도와주시기를 빌었어. 나는 기도를 모두 마친 후에 레비의 이마에 입을 맞추었어.

그때 엄청난 일이 일어났단다! 요한아, 레비가 갑자기 울음을 그치더니 미소를 지었단다! 그러고는 두 눈을 크게 뜨고 어머니를 힘껏 떠밀더니 깊은 잠에 빠져들었어. 아기의 얼굴 전체에 나타난 반점들도 갑자기 사라졌지. 리아가 나를 올려다보았고, 나는 내 기도가 이루어졌음을 알았단다.

리아는 레비가 깨지 않도록 하인에게 조용히 건네주고 나서 나를 힘껏 끌어안으며 온갖 감사의 말을 쏟아 냈어. 그러나 정작 놀란 것은 바로 나였단다. 사실 나는 단 한 번도 기도가 필요하지 않다거나 하느님이 내 기도를 들어주지 않으실지도 모른다는 의혹을 가진 적이 없었어. 오히려 지금까지 내 기도가 이루어지는 체험을 여러 번 했기에, 나는 오직 중요한 일들만 주님께 청원했단다. 하느님은 마치 내가 청하기를 기다렸다가 바로 들어주시는 듯한 착각까지 들 정도여서, 나는 하느님의 이러한 은혜를 남용하고 싶지 않았지. 하지만 이제까지 이처럼 즉각적으로 이루어지는 경우는 없었어.

그런데 리아가 기쁜 나머지 온 집을 구석구석 돌아다니며 아기에게 일어난 일을 사람들에게 전하기 시작했어. 집주인인 마나세스와 아버지 요아킴이 함께 나타났고, 모든 이가 레비의 치유에 찬미와 감사를 표했어.

심각한 표정으로 나를 찬찬히 바라보시던 아버지의 모습을 지금도 기억한단다. 아버지는 많은 이들이 모여들지 않았다면, 전처럼 내 앞에 무릎을 꿇으시고 손등에 입을 맞추셨겠지. 그러나 그 당시에는 아무 말씀도 하지 않으셨어. 다만 집주인 마나세스에게 내 여행을 잘 돌봐 달라고 부탁하시고, 나자렛으로 돌아갈 채비를 서두르셨을 따름이었지.

아버지를 배웅하러 나간 길에는 무성한 올리브 나무들이 죽 늘어서 있었어. 나는 그 길을 따라 걸으시는 아버지의 뒷모습을 바라보았단다. 그분 어깨 위에 놓인 무거운 짐을 생각하니, 가슴이 메는 슬픔이 느껴졌지. 이제 돌아가 약혼자 요셉에게 어떻게 이야기하실지! 아직 혼인도 하지 않은 딸이 임신했다는 소식을 어떻게 전하실지!

나는 떠나시는 아버지의 뒷모습을 바라보면서 전능하신 하느님께 아버지를 도와주시기를 간절히 기도했어. 부모님에 대한 걱정이 끊임없이 솟아났기에, 나는 하느님께 두 분을 자비롭게 굽어보시기를, 그리고 이 일에 대한 출구와 방책을 마련해 주시기를 바라며 간절한 기도를 올렸어.

나 역시 그 시기에 새로운 국면을 맞았단다. 지금까지는 늘 부모님의 보살핌과 사랑을 받으며 살아왔지만, 집을 떠나온 이곳에 내 혈육은 아무도 없었어. 나는 단지 열다섯 살의 소녀였지만, 나는 내 안에 큰 군대가 있는 것 같은 힘을 느꼈단다. 어느 여인이라도 자신의 태중에 있는 생명을 낳기 위해서는 힘을 내야 했지. 나는 내 아들을 위해, 하느님의 보살핌을 받으며 앞으로 나아가야 했어.

나는 다시 마나세스의 집으로 들어섰어. 리아는 아버지와 나의 작별을 방해하고 싶지 않아서 레비를 품에 안은 채 집 안에서 나를 기다리고 있었지. 그녀는 내가 고통받고 있음을 느꼈단다. 레비는 나를 보자마자 양팔을 버둥거리며 나를 반겼어. 나는 아기를 끌어안으며 하느님 은총으로 다시 살아난 것에 대해 감사의 기도를 올렸어. 이 아기를 위해 무엇인가 할 수 있었던 것에 감사드리며!

이것 또한 하나의 상징이었단다. 나와 내 아들은 우리를 위해서가 아니라, 스스로를 포기함으로써 모든 이를 위해 헌신해야 한다는 것을 깨닫게 되었지. 나는 다시 하느님께 "네."라고 말씀드렸어.

레비에게 입을 맞추면서 나는 리아에게 미소를 보냈어. 그러나 내 눈에는 어느새 눈물이 맺혔지. 아버지를 떠올릴수록 그분의 가슴에 예리한 칼을 꽂은 것만 같은 아픔을 드렸다는 생각을 떨칠 수가 없었단다.

약혼자 요셉의 눈물

요한아, 오늘 네게 말하고자 하는 것은 나조차도 오랫동안 몰랐던 사실이란다.

아버지의 편지가 도착한 것은 거의 한 달 넘게 엘리사벳의 집에서 머물던 때였어. 나는 그때쯤에야 모든 것이 순조롭게 해결되고 있다는 것을 알게 되었단다.

나는 아버지의 그 편지를 오랫동안 소중히 간직해 왔지. 아들아, 여기에 아버지의 편지를 옮겨 보겠다. 이 편지를 읽으면 네가 그 당시의 정황을 좀 더 이해할 수 있을 거야. 내가 나자렛으로 귀향한 후 이 모든 것을 더 자세히 알게 되었지만 말이야.

"샬롬, 사랑하는 딸아, 하느님이 항상 너를 지켜 주시고 거룩한 당신의 얼굴을 늘 보여 주시길!

우리는 잘 지낸단다. 하지만 네가 빨리 집으로 돌아오기를 학수고대하고 있단다. 너의 빈자리가 너무나 크구나. 오로지 하느님의 위로에 의지해 이 괴로움을 인내하고 있단다.

딸아, 너 역시 무사히 잘 지내기를 바란다. 엘리사벳의 집에 잘 도착했다는 전갈을 받았단다. 그들 부부에게 우리 안부를 전해 주렴. 너를 환대한 그들에게 감사를 전한다.

오늘 이 편지를 보내는 이유는 이제 안심하고 언제든지 네가 원하는 때에 집으로 돌아올 수 있다는 것을 알리기 위해서란다. 모든 일이 잘 해결되었단다. 사실 처음에는 좀 복잡했지. 네가 집에 돌아오면 모든 것을 상세히 말해 주마. 단지 한 가지만 알려 주자면, 사실 너는 거의 버림받을 뻔했단다. 그러나 하느님이 손수 개입하시어 모든 장애를 치워 주셨지. 하느님이 요셉의 마음을 돌려놓으셨고, 이제 그는 너를 기다리고 있단다. 그에 더해, 요셉은 자신이 행운아라고 생각하고 있어. 두 팔을 벌려 너와 아기를 자신의 집에 맞이하기 위한 만반의 채비를 갖추었단다.

이미 마나세스와는 말을 마쳤다. 그의 상인들 무리가 2주 전에 예루살렘을 향해 출발했단다. 즈카르야에게 교차로까지 함께 동행해 달라고 부탁하렴. 절대 혼자서 여행해서는 안 된다. 딸아, 조심하거라. 너는 우리 눈동자의 빛과 같은 존재란다. 하느님이 항상 네게 평화를 주시기를 바란다. 네 엄마와 내 안부를 전한다. 아버지, 요아킴."

드디어 내가 집으로 돌아왔을 때, 아버지가 모든 사실을 내게 자세히 말씀해 주셨어. 딸 앞에서는 걱정스러운 모습을 보이지 않으시려고 애썼지만, 정작 나와 작별하고 돌아서자마자 슬픔에 잠겨 눈물을 쏟으셨다고 했지.

당신 친구들과 이웃들에게 아직 혼례도 올리지 않은 어린 딸의 임신을 어떻게 말할 수 있을까?

혼인하지 않고 아이를 낳는 경우가 있기는 했지만, 남의 이야기를 하기 좋아하는 수다쟁이 아낙네들의 입에 심심찮게 오를 것이 틀림없었지. 설령 요셉이 아기를 자기 자식으로 받아들인다 해도 마찬가지였어. 아낙네들은 불과 몇 달 남지 않은 혼인을 기다리지 못하고 동침해 아기가 생겼다며 비웃고 험담할 것이 뻔했단다. 신혼부부는 혼인 잔치를 치른 후에 합방하는 것이 상례였기 때문이지.

아버지에게 내 명예는 신성한 것이었어. 의혹에 찬 사람들의 구설수에 오르내리는 것은 명예에 흠이 가는 것이기에, 아버지에게는 견딜 수 없는 모욕이었지.

나는 내 또래 아이들과 좀 달랐는데, 이런 나를 아버지는 언제나 자랑스러워하셨어. 나는 당시 처녀 총각들이 심심풀이로 하는 장난이나 희롱조차도 받아들이지 않았단다. 그런데 이 모든 것이 땅에 떨어질 위기에 처했던 것이지. 아버지는 나자렛 마을 아낙네들의 비웃음이 자신에게 쏟아지는 듯한 착각에 휩싸였어.

"어머나! 마리아 좀 봐. 그렇게 착한 성녀처럼 굴더니, 맙소사, 위선자였네! 임신한 모습 좀 봐!"

아버지는 한편으로 친구들의 짓궂은 이야기를 생각하며 걱정하셨어.

"요아킴, 자네 어린 딸은 어떻게 지내고 있나? 참 요즘 젊은 것들이란! 쯧쯧, 자네들도 조심하시게! 조금만 방심하면 곧 할아버지가 된다네!"

이런 생각들로 근심과 두려움에 휩싸여 있던 그 순간, 아버지는 갑자기 이상한 현상을 목격하셨어. 태양이 점점 위쪽으로 오르며 순식간에 하늘 높이 이른 것이지. 땅에 떨어진 아버지의 기운을 돋우는 희망의 표지는 또 있었어. 바로 아버지의 내면에 거룩하신 분의 현존이 나타난 것이지. 하느님과 친밀한 내적인 교제를 나누는 데 익숙하셨던 아버지는, 내면에 계신 하느님을 감지하셨어.

앞서 말했듯이, 아버지는 진실한 신앙인이셨단다. 단지 입에

발린 얄팍한 신앙심을 가진 분이 아니셨어. 아버지는 바리사이도, 사교邪敎를 신봉하는 사람도 아니었고, 폭력을 선동하는 세력에 속하지도 않으셨지. 오직 하느님만이 당신의 은신처인 가난한 분이셨어. 이사야서에서는 메시아가 가난한 지파에서 탄생할 것이라고 했지.

아버지는 이스라엘 민족 중 지극히 작은 지파에 지나지 않는 사람, 진정한 이스라엘 선민이라고 불릴 수 있는 사람들 중 한 명이셨어. 율법의 문자보다 그 정신에 몰두하는 분이셨고, 율법이 지시하는 세세한 규칙보다는 당신의 양심에 따라 하느님을 섬기는 분이셨지.

아버지는 하느님을 섬기기 위해 어떤 특별한 계시나 발현을 필요로 하지 않으셨어. 하느님을 흠숭하면서 동시에 내면에서 이루어지는 친교가 그분에게는 이미 일상이었지. 하느님은 아버지와 친교를 나누던 이 방법으로 이 사건을 설명하기 시작하셨단다.

"아들아, 네게 참으로 큰 짐을 지웠구나. 네가 지금 슬픔에 잠긴 것을 잘 알고 있다. 이번 일이 네게는 짊어지기 힘들다고 느껴질 것이다. 그러나 그것은 사실이 아니다. 네가 이 무게를 견딜 수 없는 사람이었다면, 나는 이 일을 결코 네게 맡기지 않았을 것이다. 네가 아니면 누가 이 일을 감당하겠느냐? 너는 오랫동안 기도를 통해 내게 이렇게 청하지 않았느냐? '제 동의는 필요 없습니다.

그냥 저를 써 주십시오.'라고 말이다. 오늘날까지 너와 내가 나눈 친교는 한갓 물거품과 같은 것이었다는 말이냐? 천사의 발현을 통해 너의 마음가짐을 시험해야겠느냐?

요아킴아, 기뻐해라. 정말 기뻐해야만 한다. 너의 가문에서 메시아가 탄생하는 것이 작은 일이냐? 이는 모든 이스라엘 백성이 절실히 바라는 것이 아니냐? 지금은 네 친구들의 비난을 두려워할지 모르지만, 그들이 네게 일어난 일을 알게 된다면 진정 너를 선망하고 부러워할 것이다."

이에 아버지가 하느님께 말씀드리기 시작하셨지.

"전지전능하신 하느님, 당신의 이름은 거룩하시고 그 자비는 영원하십니다. 당신 종이 한순간이라도 제 힘에 부치는 일을 받았다고 당신의 능력을 의심했다면, 부디 용서해 주시길 바랍니다. 사실 저는 지금 고통을 받고 있습니다. 그러나 제가 이 큰 사건 앞에 두려워하거나 받아들이는 것을 망설이고 있다고 생각하지는 말아 주소서.

하느님이 저희 집안에 하신 일들은 진정 잘하신 일이고, 물론 제 동의도 필요 없습니다. 저의 집은 바로 당신 집이고, 저는 당신의 종이며, 당신은 저의 하느님이시기 때문입니다. 당신은 저의 가련한 여식에게 손수 허락을 청하셨고, 그 아이야말로 당신께 응답을 드려야 하는 주인공이었습니다. 과연 그 아이는 당신의 요청에 응답을 드렸습니다. 그렇기에 사실 저는 당신께 드릴 말씀이 아무것도 없습니다.

당신께서 저희의 가난함을 주목하시고 이 작은 집에 이토록 큰 영예를 주셨음을 잘 알고 있습니다. 저의 근심은 딸과, 딸의 태중에 있는 아기에 대한 것입니다. 딸아이와 작별하면서 저는 이러한 생각들이 떠올랐습니다.

'요셉은 어떻게 할까? 만일 딸을 아내로 받아들이지 않는다면 어떻게 하지? 미리 딸을 다른 곳으로 보내기를 잘했지! 생명이 위태로운 것을 방치할 수는 없는 일이니까……. 이제 집에서 점점 멀어지고 있겠구나! 딸이 만일 고향 나자렛으로 다시 돌아올 수 없다면……. 그리고 집을 멀리 떠난 채 떠돌이로, 아무런 보호도 없이 홀로 살아가야 한다면……. 가난한 우리는 그에게 살아갈 방편을 강구해 줄 힘이 없는데…….'

이때 하느님이 아버지의 독백을 끊고 말씀하셨어.

"요아킴아, 요아킴아, 어쩌면 너는 이토록 나를 조금밖에 알지 못하느냐? 나는 우주 만물을 창조했다. 내 말이 홍해를 갈라놓지 않았더냐? 그러한 내가 너의 근심과 같은 작은 일을 해결하지 못하리라 생각하느냐? 아들아, 너는 오직 나를 믿기만 해라. 두려워하지 마라. 결코 믿음을 잃지 않도록 해라. 그 믿음이 네게 힘을 줄 것이다. 비록 네 앞에 거대한 심연이 입을 벌리고 있다는 생각이 들더라도, 모든 것을 내게 맡기고 내가 이끄는 대로 행하여라."

아버지가 하느님께 이런 말씀을 들으시는 동안, 어느새 마을에 당도하셨지. 아버지는 언덕 위에 있는 우리 집으로 천천히 오르시면서, 다른 사람들이 눈치채지 않도록 조심하셨어.

어머니는 홀로 집을 지키고 계셨단다. 어머니는 아버지를 반갑게 맞이하시며 내 소식을 물으셨고, 아버지는 여행 중에 일어난 일을 어머니에게 모두 말씀하셨어. 특히 내 기도로 마나세스의 아들이 치유된 기적과, 집으로 오는 길에 하느님과 만난 일, 하느님이 말씀해 주신 것들을 전하셨어.

어머니는 우리 부녀가 아인 카렘으로 떠나던 날 아침, 요셉이 우리 집에 들렀던 일을 아버지께 말씀드렸어. 그는 내가 자신에게 작별 인사조차 하지 않고 황급히 떠난 일을 의아하게 생각했다는 것이었지. 그러면서 요셉은 내가 얼마 동안이나 여행을 하고 올 것인지 궁금해하며, 혼인 잔치 준비를 위해 남은 일들을 서둘러 처리하고 싶어 했어. 어머니는 혼인 생각에 들뜬 요셉을 보며 앞으로 그가 받게 될 고통에 심장이 찢어지는 듯한 아픔을 느끼셨어.

아버지는 어머니의 말을 듣고 마른침을 삼키셨지만, 하느님을 신뢰하시면서 이 큰 사명을 결코 포기하지 않기로 거듭 다짐하셨단다. 하느님의 손길에 의탁하면 모든 것이 잘 해결되리라 의심치 않으셨던 것이지. 그리하여 아버지는 그날 오후에 요셉을 만나기로 하셨고, 이에 관해 어머니도 동의하셨어. 아버지는 그 누구보다 먼저 요셉에게 이 사건에 대해 말하고 싶어 하셨지. 점심을 먹은 후, 어머니가 부엌에서 남은 일을 하실 동안 아버지는 잠시 쉬러 가셨어.

해가 저물기 시작하자 아버지는 요셉의 집으로 가셨지. 요셉의 집은 우리 집에서 그다지 멀지 않았는데, 구조 또한 우리 집과 거의 비슷했어. 요셉의 부모님은 몇 해 전에 세상을 떠나셨고, 출가한 누이 하나가 같은 마을에 살고 있었지. 요셉의 집에는 목수 일을 할 수 있는 작업장도 갖추어져 있었어.

요셉의 집에 도착하신 아버지가 잠시 들어가기를 청하시자, 요셉은 아버지께 손 씻을 물을 공손하게 올리고 나서, 가장 좋은 자리에 앉기를 권했어. 그는 아버지의 심각한 표정을 보며 무엇인가 긴박한 상황이 벌어졌음을 알아챘지. 아버지는 거두절미하고 바로 본론부터 말씀하셨어.

"요셉, 자네도 알고 있듯이 마리아는 지금 아인 카렘을 향해 가고 있다네. 자네도 즈카르야와 혼인한 친척 엘리사벳을 기억하지? 나이가 아주 많은데도 아직까지 자녀를 보지 못해 우리 모두가 무척 애석하게 생각했는데, 하느님이 그녀와 그 가정을 돌보아 지금 임신한 지 여섯 달이 지났지. 마리아는 만산을 맞게 된 엘리사벳을 돌보기 위해 떠났다네. 그러나 이것만을 말하기 위해 자네를 찾은 것은 아니네."

아버지는 잠시 말을 멈추시고 이 믿기 어려운 사건을 요셉에게 모두 고백하기 위해 숨을 깊이 들이마셨어.

"사실…… 마리아가 임신을 했다네. 딸의 임신에 자네가 개입하지 않았다는 것은 잘 알고 있네. 동시에 자네에게 확실히 말하고 싶은 것은 마리아는 완전히 무죄하며 여전히 자네를 사랑하고 있다는 것일세.

하지만 더 이상은 자네에게 말해 줄 수가 없네. 그리고 이 사실을 아는 사람은 아무도 없으며, 이 일에 대한 처분은 온전히 자네의 손에 달려 있다네."

아버지는 자신의 말이 끝나자마자 요셉이 울기 시작했다고 나에게 전해 주셨지. 그는 나를 온 마음을 다해 사랑했고, 나 역시 그를 사랑했어. 우리는 서로에게 큰 애정을 가지고 있었지.

요셉은 정말로 좋은 사람이었고 신심도 매우 깊었어. 또한 우리 부모님처럼 조용한 사람이었어. 호들갑스럽지 않았고 속임수를 쓸 줄도 몰랐지. 하느님을 경외하고 하느님과의 약속을 충실히 지켰으며, 하느님의 뜻에 따라 항상 기쁘고 성실하게 일상을 살아갔어. 겉으로만 법규를 지키거나 자신의 양심을 위해 최소한으로 신앙을 유지하는 그런 사람이 아니었지.

요셉은 눈물을 그치고 조금 진정한 후, 눈을 들어 아버지를 바라보았어. 아버지는 그가 거칠게 뿌리칠까 두려운 나머지, 요셉의 어깨에 손을 얹지도 못하셨다고 했지. 요셉은 아버지에게 설명을 요구했어.

"무슨 일이 일어났습니까? 혹시 나쁜 일을 당했나요? 아니면 우리 마을의 어느 청년에게 마음이 끌려 몸을 허락한 것입니까? 저뿐만 아니라 마을의 모든 사람이 마리아가 아주 작은 실수조차 범하지 않는 사람이라고 알고 있는데, 이 무슨 청천벽력 같은 소식입니까?"

아버지는 그 이상 어떤 말씀도 하지 않으셨고, 내 무죄함만을 강조하셨어. 이 일에 그 어떤 인간의 개입도 없었으며 몹쓸 일을 당한 것은 더욱 아니라고 단언하셨지. 그러면서 말로는 다 설명할 수 없는 이 극한 상황을 요셉이 이해하기를 바라셨단다. 또한 내가 한 점 부끄러움이 없기 때문에 누구도 나를 비난할 수 없다는 것도 강조하셨지.

요셉은 크나큰 충격에서 헤어날 수가 없었어.

'마리아가 남자의 개입 없이 무슨 방법으로 임신을 했단 말일까? 그녀가 무죄하다면 누가 그녀를 범했단 말일까?'

결국 수많은 의문에 대해 진실 외에 다른 대답이 있을 수 없었지만, 아버지는 그 이상 아무런 말씀도 하지 않으셨어. 어떤 말을 하든 부질없는 변명이나 속임수로 보일 것을 염려하셨기 때문이지. 아버지는 오로지 하느님을 믿으시고 그분의 손에 모든 것을 의탁하셨어. 하느님이 손수 이 모든 의혹의 빗장을 푸실 것이니!

요셉은 어느 정도 진정이 되자, 아버지를 바라보며 결코 나를 고발하지 않겠다고 약속했단다. 자신의 명예를 지키기 위해 또한 내가 간음죄로 처벌받지 않게 하기 위해 임신 사실은 숨기겠다고 했어. 동시에 나를 버리겠다고 랍비 앞에서 공언하겠다고 말했지. 단, 내가 마을로 돌아와서는 안 된다고 덧붙였어. 임신한 사실도, 또 내가 아이를 낳았다는 것도 극비에 부쳐야 한다고 아버지에게 요구했지. 그리고 이 모든 일이 지나간 후에, 아마 자신은 마을의 다른 처녀와 혼인하게 될 것이라고 말했어.

요셉의 말에 아버지는 깊은 감사를 표했어. 이러한 상황에서 요셉처럼 처신할 수 있는 남자는 이 마을에서 얼마 되지 않을 것이 분명했기 때문이지. 요셉은 내 삶과 새로운 생명에 대해 용서한 것이었단다. 사실 나는 판결을 받은 수인과 같은 처지였어. 내 가족과 친지들에게 버림받고, 떠돌이가 되어 일생을 보내야 할 처지였지. 아버지가 없는 자식을 키우는 여인으로서, 부모님이 살아 있는 동안에야 그분들의 도움을 작게나마 받겠지만, 그 후에는 어떻게 살아가야 할지……. 그러나 지금만은! 아버지는 고비를 넘겼다는 생각에 작게 한숨을 쉬셨어.

평소에 작별할 때와 달리, 아버지는 요셉과 포옹하지도 않으셨고, 평화의 인사를 나누지도 않으셨어. 이 착한 청년, 마치 아들처럼 사랑했던 이 젊은이에게 너무나 큰 고통을 주었다는 생각에 가슴이 저렸다고 하셨지.

요셉의 깊은 고통, 그럼에도 전혀 질책하지 않는 그의 태도를 보면서 아버지는 내내 기적을 청하고 계셨어. 그러나 아무런 기적도 일어나지 않았지. 아버지는 고개를 떨구고 가슴 가득한 고통과, 요셉의 결정으로 인한 안도감을 함께 안고 요셉의 집을 떠나셨어. 가슴이 무너지고 고통에 젖어 든 가엾은 젊은이를 뒤로하고서!

나자렛 하늘에 어둠이 몰려오고 있었어. 이 밤은 부모님과 요셉 모두에게 매우 고통스러운 시간이었지. 무심한 달만 휘영청 떠올라 모든 거리와 나자렛 마을을 밝게 비추었지.

나중에 요셉은 내게 그날 밤의 모든 정황을 일러 주었어. 아버지가 떠난 후, 그는 두 팔로 무릎을 끌어안고 몇 시간이고 울었다고 하더구나. 나를 미워할 수도 있었지만, 그럴 수가 없었다고 해. 그런 생각이 들수록 오히려 나에 대한 애정과 나에 대한 생각을 지워 버릴 수가 없어서 더욱 고통스러웠다고 했지. 다만, 무슨 일이 일어난 것인지 알고 싶어서 미칠 것만 같았다고 하더구나. 왜?

왜? 그러다가 요셉은 자신을 처절하게 저주하며 생각했어.

'어리석은 자존심 때문에 마리아를 버린다고? 비록 마리아의 생명을 지킨다 하더라도……. 왜 나는 그녀를 버려야만 하는 것일까? 왜 나는 그녀를 받아들이지 못하고, 왜 그녀의 아이를 내 아이로 받아들이지 못하는 것일까? 왜 그저 과거의 일로 묻어 버리지 못할까? 무엇 때문에 부부로서 살아갈 수많은 계획을 수포로 돌리는 것일까?'

그러나 아무리 애를 써도 이 모든 것을 아무 일도 아닌 것으로 되돌릴 수는 없었어. 그처럼 처신하는 건 요셉에게 너무나 힘에 부치는 일이었기 때문이야.

하지만 나에 대한 사랑이 깊은 만큼, 앞으로의 삶을 나와 함께 할 수 없다는 사실이 엄청난 절망과 좌절로 다가왔어. 나와 누구의 아이인지 알 수 없는 내 아이를 받아들일 힘이 없었기 때문이지. 아버지는 요셉에게 아이의 아버지가 누구인지 결코 말씀해 주시지 않았어. 그렇게 밤은 깊어 갔지만, 밤이 늦도록 요셉은 잠을 청할 수 없었어. 그는 한참 동안 눈물을 흘리다가 겨우 잠들었지만, 바로 깨어났어. 방 안에서 누군가의 기척을 느꼈기 때문이지. 요셉은 깜짝 놀라 자리에서 벌떡 몸을 일으켰어. 양심의 가책 탓에 자신이 악몽을 꾸고 있는 건 아닌가 생각하면서 말이야. 그러나 방 안에 분명히 누군가가 있었어. 그 누군가로부터 부드러운 빛이 흘러나와 방 안을 가득 비추었지. 그는 침묵 속에서 조용하고 평화로운 모습으로 요셉을 바라보았어. 나중에 요셉은 내게 그때의 일을 설명해 주었단다.

"평화로 가득한 그 모습이 내가 평정을 되찾도록 해 주었소. 그 존재로부터 더할 나위 없는 평화가 흘러나왔기에, 나는 그 존재가 내게 아무런 해를 미치지 않으리라 확신했다오. 하지만 나는 그와 가능한 한 거리를 두고자 애썼소.

드디어 나는 그에게 '당신은 누구이며 내게 무엇을 원하는 것입니까?' 하고 물었다오. 그러자 그가 이렇게 말했소. '요셉, 다윗의 아들이여, 나는 하느님의 천사로 당신에게 기쁜 소식을 전하러 왔습니다. 하느님이 당신에게 내리신 명령을 전합니다. 마리아를 아내로 맞는 것을 두려워하지 마십시오. 마리아는 성령으로 인해 아들을 잉태했습니다.'"

요셉은 놀라움으로 굳어 버렸단다. 만일 나의 일을 인간이 중재하려고 했다면 일은 더 복잡해졌겠지. 그러나 이 전달자는 하느님의 천사였어. 요셉은 비로소 나의 아버지 요아킴의 수수께끼 같은 말을 온전히 이해하게 되었어. 나의 일 뒤에 무언가 알 수 없는 것이 있다는 느낌은 들었지만, 이제야 분명하게 자신의 약혼녀에게 존엄하신 하느님의 개입이 있었다는 것을 알게 된 것이지.

요셉의 가슴은 기쁨으로 터질 듯했어. 이것이 혹시 터무니없는 허위는 아닐까 하는 생각도 들었지만, 천사의 출현은 나의 아버지의 말을 완전히 수긍하게 했지. 요셉은 천사의 출현이 이 어두운 터널을 빠져나갈 수 있는 유일한 출구라는 생각이 들었어. 그래서 그는 단도직입적으로 천사에게 질문을 했단다.

"도대체 이 일은 무엇입니까? 왜 하느님이 우리의 삶에 개입하시어 우리의 삶을 완전히 바꾸어 놓으시는 것인지요? 이처럼 이례적이고 특별한 개입 뒤에 무엇이 기다리는 것입니까? 무엇보다 당신이 하느님의 메시지를 가지고 온 천사라는 걸 어떻게 믿을 수 있나요?"

하느님의 천사에게는 길고 장황한 설명은 필요 없었어. 단지 요셉에게 예언서의 일부를 인용하여 그를 일깨울 따름이었지.

"보십시오, 젊은 여인이 잉태하여 아들을 낳고 그 이름을 임마누엘이라 할 것입니다."(이사 7,14)

천사는 지난번에 아삽이 회당에서 낭독하다 중단한 이사야서를 들어 메시아 출현이 임박했으며, 내가 구세주의 강림을 위해 선택되었음을 상기시켰단다. 또한 하느님이 내게 동의를 청하셨으며, 이에 내가 응답을 했다는 사실도 알려 주었어.

"이제 요셉 당신은 하느님의 구원의 역사, 구세주의 강생을 위해 마리아가 아기를 무사히 낳을 수 있도록 도와야 합니다. 이 역할을 충실히 수행하는 것이 당신의 몫입니다."

천사는 차분한 음성으로 말을 이어 갔어.

"아기의 이름은 예수라고 하십시오. 그분은 당신 백성을 죄에서 구원하실 것입니다."

비로소 요셉이 이 모든 것이 지극히 높으신 분에게서 온 메시지임을 깨닫자, 천사는 조금 나무라는 듯한 어투로 말했어.

"그토록 오랫동안 하느님의 벗이던 당신이 그분으로부터 온 이 전언을 마음에서 식별하지 못했습니까? 물론 당신이 원한다면 여러 표지로 이를 증명할 수 있습니다. 하지만 거룩하신 하느님을 시험하기보다, 마음속에서 울려오는 음성에 귀를 기울여 당신의 의혹과 한계를 물리치도록 하십시오."

요셉은 부끄러움에 고개를 숙였어. 천사의 메시지를 의심할 이유는 이미 모두 사라졌기 때문이지. 이토록 모든 것이 명백한데, 더 이상 그 무엇을 시험하려 들 것인지!

이러한 요셉의 모습을 본 천사는 미소를 띠며 그에게서 사라졌단다. 나에게 왔을 때와 마찬가지로.

이로써 요셉의 모든 의혹이 말끔히 사라져 버렸어. 혹시 천사의 출현이 꿈이라고 해도 이 크나큰 사건은 진실이라고 확신했지. 문을 굳게 잠가 놓았음에도 불구하고 방 안에 출현한 전달자에 관해, 요셉은 시간이 흐른 뒤에도 방금 전에 있었던 일처럼 생생하게 기억했단다.

사랑하는 요한아, 그때 요셉은 마음이 몹시 아팠다고 하더구나. 나를 의심한 것, 그리고 지난날 단 한 번도 이 같은 의심의 빌미를 주지 않았던 나에게 미안함과 죄책감을 동시에 느꼈던 것이지. 나의 아버지가 아무리 받아들이기 어려운 말을 했더라도 아버지의 말을 믿었어야 했어. 신뢰할 수 있는 사람은 많은 말을 하지 않아도 신빙성이 있고, 반대로 많은 증인과 문서를 가지고 있다고 해도, 거짓과 조작에 능숙한 사람일 수도 있으니까.

요셉은 재빨리 옷을 입고 거리로 나섰어. 어둠이 채 가시지 않아 거리는 어둑어둑했지만, 새벽빛이 어슴푸레하게 밝아 오고 있었지.

우리 집에 도착한 요셉은 이웃을 깨우지 않으려고 조심스럽게 대문을 두드렸어. 새벽을 알리는 닭의 첫 울음소리가 들렸지. 요셉은, 기쁜 얼굴로 문을 열어 주는 아버지가 의복을 갖춘 채 자신을 기다렸다는 것을 알고 놀랐어. 집으로 들어가자, 어머니 역시 손님을 맞이할 준비를 하고 그를 기다리고 계셨지.

사실 요셉을 방문한 직후, 아버지는 무거운 짐을 벗은 기분이 들었다고 하셨어. 아버지가 해야 할 가장 힘든 일을 치른 셈이었으니까. 비록 요셉이 깊은 비탄에 빠졌지만, 하느님이 장차 모든 일을 잘 해결해 주실 거라고 아버지는 믿으셨어.

집으로 돌아온 아버지는 어머니와 말씀을 나누셨어. 그리고 두

분이 해야 할 일은 오직 기도뿐임을 깨달았지. 하느님께 이 일에 관여하시고 해결해 주셔야 할 시기에 이르렀으며, 지체할 시간이 별로 없다고 말씀드리며 청원하셨어. 부모님은 밤새워 기도하셨단다.

요셉이 우리 집에 도착하기 바로 직전에, 부모님은 당신들의 바람이 이루어졌다는 확신이 들었단다. 그래서 부모님은 하느님께 감사의 기도를 드린 후에 요셉을 기다리기로 하셨어. 부모님은 무한히 선하신 하느님이 당신들의 마음의 짐을 덜어 주시리라 믿었던 것이지. 얼마 지나지 않아, 요셉이 자신에게 일어난 일을 설명하기 위해 우리 집에 나타났어.

세 사람은 서로 얼싸안았고, 입에서는 찬미의 노래가 터져 나왔지. 그리고 온 이스라엘 백성이 갈망하는 메시아가 우리 가문에서 탄생한다는 영광과 영예에 대해 하느님께 감사드렸단다.

그러고 나서, 세 사람은 앞으로의 일을 계획했어. 마을 사람들에게 나의 임신 사실과 아기의 아버지가 요셉이라는 사실을 알리는 일이었지. 또한 아이가 합법적인 가정에서 태어날 수 있도록 먼저 혼인을 해야 한다는 것에 뜻을 같이했어. 모든 일이 해결되었으니, 무엇보다 급한 것은 내가 서둘러 나자렛으로 오는 일이었지.

요한아, 이미 네게 말한 대로 아버지는 그 즉시 내게 편지를 보냈단다. 그러나 부모님은 내가 아인 카렘에서 하느님께 받은 또 다른 선물은 알지 못했어. 우리 가족은 내가 빨리 귀향하기를 바랐지만, 당시 나는 엘리사벳을 두고 돌아갈 형편이 아니었단다.

주님을 향한 찬미가

요한아, 길고 긴 여행 끝에 나는 드디어 아인 카렘에 도착했단다. 나의 기도로 마나세스와 리아의 아들 레비가 기적적으로 치유된 후에 나를 향해 마음을 연 건 그들 부부만이 아니었어. 그 집안의 모든 사람, 심지어 일꾼까지도 내가 신비로운 후광에 둘러싸여 있는 듯 나를 대했단다.

사실 나는 우리 마을 주변을 벗어난 적이 거의 없었기 때문에, 이 이례적인 여행을 앞두고 몹시 긴장하고 있었지. 그래서 그들의 섬세하고 자상한 보살핌에 큰 감동을 받았단다.

아버지가 말씀하신 교차로에서 예루살렘까지는 그다지 멀지 않았어. 엘리사벳의 남편인 즈카르야는 그 당시 갑자기 말을 하지 못하는 처지였어. 이상하게도 즈카르야는 엘리사벳이 임신한 순간부터 말을 할 수 없게 되었지. 그는 하인 두 명을 데리고 나타나 자신의 집까지 나를 인도해 주었어.

나는 엘리사벳이 늦은 나이에 낳게 될 아기가 호기심 많고 남이야기하기 좋아하는 이들의 관심거리가 되지 않도록 즈카르야가 각별히 조심하고 있다는 걸 알아챘어. 나중에 하인들을 통해 하느님이 그들을 돌보아 기적과 같은 임신을 하게 되었다는 것과, 하느님의 자비를 의심했던 즈카르야가 그 벌로 일시적으로 벙어리가 되었다는 것을 알게 되었지.

내가 도착한 곳은 너무나도 아름다운 산악 지방에 위치한 작은 마을이었어. 숲과 산을 따라 펼쳐진 아름다운 자연 풍경에 나는 넋을 잃었지. 그곳이 성도聖都 예루살렘과 가깝기 때문에 더 좋았는지도 모르겠구나.

우리 일행은 드디어 즈카르야의 집에 도착했어. 그때 엘리사벳은 마침 출타 중이었지. 그녀는 풀베기와 타작 등을 지휘하기 위해 집에서 그다지 멀지 않은 들판에 나가 있었어. 즈카르야의 집에 도착한 나는 그다지 피곤하지 않았어. 그래서 엘리사벳을 만나기 위해 하녀 한 사람과 함께 그녀가 일하는 곳으로 갔단다.

사실 가파른 언덕을 오르자니 조금 힘이 들더구나. 엘리사벳은 무거운 몸을 이끌고 열정적으로 작업을 지시하고 있었어. 그동안 고생을 많이 했는지, 그녀는 내가 생각했던 것보다 훨씬 더 나이가 들어 보이더구나. 나는 오랜만에 엘리사벳을 만난 기쁨으로 "엘리사벳! 나 여기 있어요."라고 소리쳤어.

그녀가 고개를 돌려 나를 바라보았지. 내가 올 것을 이미 알고 있었을 텐데도 그녀는 놀란 듯이 보였어. 내 쪽으로 달려오는 그녀의 얼굴에는 무슨 특별한 일이라도 일어난 듯 홍조가 떠올랐지. 엘리사벳이 나를 안았고, 이어서 내 앞에 무릎을 꿇으려고 했기에 나는 온 힘을 다해 막아야 했단다.

"여인 중에 복되신 이여!"

엘리사벳이 큰 소리로 외치자, 사람들이 하던 일을 멈추고 우리를 돌아보았어.

"태중의 아드님 또한 복되십니다. 주님의 어머니께서 저에게 오시다니 무슨 일입니까? 보십시오, 당신의 인사를 들은 제 아이가 태 안에서 즐겁게 뜁니다. 행복하십니다, 주님께서 하신 말씀이 이루어지리라고 믿으신 분!"

요한아, 나는 이 말에 몹시 놀랐단다. 내가 태중에 구세주를 잉태한 지 2주가 채 지나지 않았고, 그 사이 대부분의 날들은 이곳을 향한 여행을 하며 보내지 않았니? 임신한 사실을 아는 사람은 이 세상에서 나와 부모님뿐인데! 우리 마을 나자렛에 내 임신 소식이 퍼져, 이곳까지 닿을 수도 없는 일이었어. 어쩌면 이 일 뒤에는 눈에 보이지 않는 다른 힘이 있었는지도 모르겠구나. 그래, 하느님의 손길이 한 번 더 미쳤던 것이지.

엘리사벳의 찬사를 듣고 난 후, 나는 나도 모르는 어떤 힘으로 충만해져서, 여행 내내 생각한 찬미가 흘러나왔단다.

"내 영혼이 주님을 찬송하고, 내 마음이 나의 구원자 하느님 안에서 기뻐 뛰니, 그분께서 당신 종의 비천함을 굽어보셨기 때문입니다. 이제부터 과연 모든 세대가 나를 행복하다 하리니, 전능하신 분께서 나에게 큰일을 하셨기 때문입니다. 그분의 이름은 거룩하고, 그분의 자비는 대대로 당신을 경외하는 이들에게 미칩니다.

그분은 당신 팔로 권능을 떨치시어 마음속 생각이 교만한 자들을 흩으셨습니다. 통치자들을 왕좌에서 끌어내리시고 비천한 이들을 들어 높이셨으며, 굶주린 이들을 좋은 것으로 배불리시고 부유한 자들을 빈손으로 내치셨습니다. 당신의 자비를 기억하시어 당신 종 이스라엘을 거두어 주셨으니 우리 조상들에게 말씀하신 대로 그 자비가 아브라함과 그 후손에게 영원히 미칠 것입니다."

엘리사벳과 나는 경이로움을 느끼며 서로를 마주 보았어. 우리는 그 순간에 역사서와 예언서를 통해 드러났던 하느님의 메시지를 선포하기 위해 우리가 선택을 받았다는 걸 알았단다. 구세주의 어머니에 대한 엘리사벳의 경의와 나의 찬미가(마니피캇)는 모든 인류가 대대로 영원히 기억해야 할 메시지이기 때문이었지.

요한아, 나는 그 당시 어린 내가 감당하기에는 너무 큰 사건 앞에 있었단다. 하지만 나는 이 일에 대해 이미 인식을 했었다는 생각이 드는구나. 거대한 홍수처럼 나를 에워싸는 이 사건 앞에서 평온을 유지하기 위해서는 오랫동안 기도하고 묵상하는 시간이 필요했지만 말이야.

엘리사벳의 "복되신 이여!"라는 말은 내 임신을 암시하는 것이어서, 나는 몹시 놀랐단다. 그리고 이에 내가 찬미가로 응답한 것도 놀라웠지.

사실 우리 두 사람은 성령의 도구이자 예언자였어. 내가 부른 찬미가는 가브리엘 대천사의 방문을 받은 저 은혜로운 밤, 크나큰 사건이 시작될 때 드렸던 나의 응답과 흡사했단다.

아들아, 사실 우리 부모님과 나는 열혈당원을 지지하는 부류의 사람들이 아니었어. 비록 친척 중에 열혈당원인 사람이 한 명 있기는 했지만 말이야. 그는 밤낮을 가리지 않고 산속에 숨어 다니며 로마 군인을 공격하기 위해 혈안이 되어 있었지.

이미 오래전부터 시작된 열혈당원의 행동에는 전쟁과 폭력이 뒤따랐단다. 비록 그들은 이스라엘을 구원하기 위해서라는 그럴듯한 명분을 갖고 있었지만, 이는 하느님을 거스르는 일이었지.

하지만 내 마음 그 어느 구석에도 그들을 미워하는 마음은 전혀 없었단다. 이 또한 하느님의 은총 때문이었는지도 모르겠구나.

요한아, 너에게 이렇게 세세하게 말하는 이유는, 엘리사벳의 찬사나 내 응답이 지금까지 잘못 전해지는 것을 방관하고 싶지 않아서란다.

엘리사벳은 성령에 충만하여 내 잉태를 알아챘고, 내가 미처 알지 못하던 일까지 암시했어. 그러한 신비를 인간의 언어로 설명하고 싶지는 않구나. 나는 항상 은총의 지위에 머물렀으므로 이에 반하는 말들은 피하고 싶기 때문이란다.

내게 내린 하느님의 은총은, 나 자신을 위한 것이 아니라 장차 우리 가정에서 태어날 구세주, 내 몸에서 강생의 신비를 시작할 구세주에게 바칠 선물이었지.

요한아, 이것이 내 공로라고 생각하지는 말아 다오. 이 모든 것은 하느님의 작품이고, 그분의 은총이란다. 나 역시 내 아들로 인해 구원된 영혼이고, 이 성업聖業을 완수하기 위해 원죄로부터 보호되었단다.

사실 이러한 신비를 이해하기까지 나에게도 시간이 필요했어. 그러나 이해하기 어려울 때에도 하느님의 은총으로 말미암아 결국은 이해할 수 있게 될 것이라 믿었단다.

하느님은 홀로 위대하신 분이고, 사람들이 영광을 돌려야 할

분은 오직 그분뿐이야. 하느님으로 인해 우리 인간 역시 큰일을 할 수 있는 것이지. 즉 내가 메시아의 어머니가 될 수 있었던 것도 내 덕행으로 인한 것이 아니라, 하느님의 업적이었어. 이것이 바로 엘리사벳의 인사에 대한 내 응답이었단다.

그렇다고 해서 아인 카렘에서의 생활이 특별한 영웅적 활동이나 예언적인 사건으로 이어지지는 않았어. 지극히 평범한 나날이었다는 것을 말하고 싶구나.

엘리사벳은 나를 무척 사랑했단다. 나 역시 해산일이 다가온 그녀를 위해 가사를 돕고 싶었지. 하지만 나는 일하러 온 하인이 아니라 손님이었기에, 그녀는 내가 일을 돕는 것을 원치 않더구나. 그저 내가 옆에 함께 머물면서 하느님과 그분의 일에 대해 서로 대화하기를 원했어.

이렇게 우리는 여러 달을 함께 보냈단다. 그러던 중에 아버지의 편지가 내게 도착했지. 모든 일이 순조롭게 진행된다는 것과 가족들이 내 귀향을 기다린다는 것을 알았지만, 나는 마나세스의 첫 번째 상인 행렬에 합류하지는 않았어.

아인 카렘에서 보내는 나날이 무척 행복하기도 했고, 엘리사벳에게도 내가 필요하기 때문이기도 했지. 하지만 가장 중요한 이유는 앞으로 태어날 내 아들을 위해 어머니로서만이 아닌 교육자로서의 역할을 그녀에게서 배우기 위해서였어.

잘 알고 있듯이 엘리사벳에게는 자녀가 없었고, 가브리엘 대천사가 나타나 그녀의 임신 사실을 즈카르야에게 알렸을 때 그녀는 이미 나이가 많았지. 주님의 천사는 그녀가 그 나이에 이르도록 아이를 낳지 못했음에도 불구하고, 주님께서 돌보아 주셔서 그녀가 아기를 가지게 되었다고 알렸어. 그러나 즈카르야는 이를 믿지 않았을 뿐더러, 천사에게 증거까지 요구했단다. 하느님을 시험할 수는 없는 일 아니니? 즈카르야의 행동은 마치 하느님께 대항하는 것과 같았지.

즈카르야는 권위 있는 사제이며, 세도 있는 아비아스 가문의 출중한 사람이었어. 하지만 하느님의 천사를 믿지 않았고, 오히려 천사를 시험하려 든 탓에 아들이 태어날 때까지 벙어리가 되는 불운한 신세에 처했지. 당시에는 엘리사벳이나 즈카르야 그리고 나 역시 앞으로의 일이 어떻게 전개될지 예측할 수 없었단다. 그러나 엘리사벳 안에는 무한한 예지가 숨어 있음을 나는 감지했지. 요한아, 그녀는 아기를 낳아 키우지는 못했기 때문에 아기 양육에 대한 지식을 내게 전해 줄 수는 없었어. 그러나 그녀는 이 세상 전체를 포용할 만한 넓은 마음을 가진 사람이었단다. 과연 훌륭한 사제의 아내답게 말이다. 엘리사벳의 마음에는 하느님과의 일치를 방해할 그 어떤 것도 존재하지 않았어. 이러한 이유로 하느님이 나를 이곳 아인 카렘으로 부르셨을 거야. 나는 이곳에서 무언가를 배우기 위해 좀 더 머물기로 결심했어. 앞으로 내 아기를 가르치기 위해서 나는 배워야 했지.

아들아, 어머니가 된다는 것은 단지 아기를 낳는 일에서 그치는 것이 아니라, 큰 사명들을 갖는 일이란다. 사실 아기를 낳는 일보다 가르치는 일이 더욱더 어렵고 중요하다고 말하고 싶구나.

그곳에서 엘리사벳과 함께한 몇 달은 내 생애에서 가장 아름답고 감미로운 시절이었어. 결코 그곳을 잊지 못할 것 같구나. 그녀의 집에서는 끝없이 펼쳐지는 산맥과 골짜기들이 보였어. 그리고 우뚝 솟은 소나무는 이곳 에페소[4]에서 자라는 것과 비슷하게 보이더구나. 바닷가 연안에 부드럽게 입맞춤하기 위해 점점 더 가지를 뻗어 나가는 것만 같았지.

뜨거운 태양이 기승을 부리는 오후에 사람들이 잠시 쉴 때가 되면, 우리는 집 테라스에 앉아 많은 대화를 나누었지. 그녀가 이야기 대부분을 주도했는데, 나는 거대한 지혜의 보따리에서 쏟아지는 그녀의 말을 놓치지 않으려고 정신을 집중했단다. 그녀의 말은 내게 언제나 경탄을 자아냈어.

엘리사벳은 갈릴래아 출신이었고, 그녀는 이 점을 잊지 않았지. 엘리사벳은 매우 훌륭한 여인이었어. 여인들 대부분이 수동적이며 남편의 부속품이나 하녀와 같은 삶을 살고 있었지만, 그녀는 자신만의 고유한 삶을 살아가며 하느님의 부르심을 준비했단다. 엘리사벳은 부덕婦德을 갖춘 훌륭한 아내로, 가정을 이끌어 나가는 데 조금의 부족함도 없었어. 또한 그녀는 자녀를 낳지 못하는 것에 대해 하느님을 원망하거나 마지못해 체념하기보다 그것이 하느님의 뜻이라고 온전히 믿었지. 그리고 항상 이스라엘 백성과 하느님과의 관계를 묵상했어. 모든 율법의 정신을 정확히 이해하는 사제의 아내답게 말이야.

엘리사벳은 집에서 남편의 동료 사제들에게 자주 식사를 대접했는데, 그때마다 그들에게서 이스라엘 백성이 성전에 봉헌하는 돈의 중요성에 관해 수없이 들었어. 하지만 엘리사벳이 오랫동안 그들을 관찰한 결과, 그들은 봉헌금에 대한 집착 탓에 하느님과의 진정한 관계와 그분에 대한 참된 예배에서 점점 멀어지고 있다는 것을 알았지. 그녀는 예루살렘의 정통성을 자신하는 사제들의 언행에서 겉치레에만 치중하는 모순을 발견했단다.

그 당시 대사제, 율법 학자, 바리사이들은 무겁고 힘겨운 짐을 다른 사람들의 어깨에 올려놓고, 그것을 나르는 일에 손가락 하나 까딱하지 않았어. 특히 그들의 마음은 완고하게 굳어서 이웃의 고통에 대해 완전히 외면했지. 사람들에게 존경받기를 원하며 안식일을 지키라고 외치면서도, 정작 자신에게 이익이 돌아오지 않을 경우에는 도움이 필요한 사람들의 요구를 외면했단다. 그리고 극히 최소한으로, 겉치레로만 계명을 준수했고, 꼭 준수하도록 명시된 사항이 아니면 행하려 들지 않았지.

이에 관해 엘리사벳은 아모스서를 봉독하면서 하느님이 위선적인 예배와 지도자들을 통렬히 비판하셨다고 말했어.

"나는 너희의 축제들을 싫어한다. 배척한다. 너희의 그 거룩한 집회를 반길 수 없다. 너희가 나에게 번제물과 곡식 제물을 바친다 하여도 받지 않고 살진 짐승들을 바치는 너희의 그 친교 제물도 거들떠보지 않으리라."(아모 5,21-22)

그렇다고 그녀가 율법을 경시했다고 생각하지는 말아 다오. 오히려 정반대였단다. 엘리사벳은 사제의 아내로서 율법의 가장 중요한 정신과 세세한 준수 사항을 내가 잘 이해할 수 있도록 해 주었어. 부모님은 내가 율법의 정신을 마음속에 간직하게 해 주셨다면, 그녀는 내가 이해를 하도록 애썼던 것이지.

엘리사벳으로 인해 율법에서 가장 중요한 것은 바로 사랑이라는 것을 알게 되었어. 특히 그녀는 수차례에 걸쳐 '사랑'을 강조했어. 그녀가 가장 좋아하는 성경 구절은 호세아서의 "이스라엘이 아이였을 때에 나는 그를 사랑하여 이집트에서 불러내었다."(호세 11,1)라는 부분이었어. 엘리사벳이 내게 말하기를, 이스라엘 백성은 하느님을 거듭 배신하여 하느님의 사랑을 받을 자격이 없었지만, 진실하신 하느님은 그들에 대한 사랑을 결코 저버리지 않으셨다고 했지.

또한 엘리사벳은 남자들에 관해서도 내게 이야기해 주었는데, 그녀의 이야기를 들으며, 요셉과 같은 약혼자를 만난 것은 큰 행운이었다는 생각이 들었단다. 그녀는 일반적인 남성의 삶에 관해 내게 주의를 주었어. 남자들은 주로 거대한 포부에 파묻히는 경향이 있으며, 세밀하고 구체적인 일들은 쉽게 잊어버린다는 것이었지.

"남자들은 세상일을 한꺼번에 해결하려 들지만, 우리 여인들은 매일 일어나는 작은 일들을 끊임없이 해결해야만 하지. 하지만 여인들의 이러한 헌신 없이는 그들은 자신들의 삶을 유지할 수 없을 거야."

나는 그녀의 이야기를 통해 남의 눈에 띄지 않는 부엌일처럼 소박하고 비천한 일을 통해서도 하느님께 봉사하는 것이 가능하다는 사실을 배웠어.

가장 중요한 것은 '사랑'이었단다. 하느님을 위해 사랑으로 준비한 식탁은 긴 시편을 완벽하게 암기하는 것이나 예언서를 봉독하는 것, 혹은 단식하는 것과 마찬가지로 하느님께 드리는 큰 선물이라고 했지. 또한 이웃에게 한 끼의 식사를 대접하는 일이 어떤 경우에는 시편을 암송하는 것보다 하느님을 더 흡족하게 해 드린다는 것도 알게 되었어. 물론 하느님과의 친교를 위해 우리는 일정한 시간을 따로 내어야 하지만.

어느 날인가 엘리사벳은 내게 이렇게 말했어.

"남자란 어떤 때 보면 마치 어린아이 같아. 무엇이든 잘했다고 칭찬하는 어머니의 말을 기다리는 어린아이 말이야. 또 일이 일어나게 된 이유를 항상 탐색하려는 것 같기도 해. 내 생각에, 그보다는 일어난 일에 어떻게 대처하여 살아야 하는지를 모색하는 게 더 중요한 일인데 말이지.

신비神祕 앞에서도 그렇단다. 남자들은 머리로 모든 것을 생각하고, 그 생각이 자로 잰 듯 분명하기를 바라지. 스스로를 거인으로 착각해서 세상을 창조하신 하느님에게조차 자신의 생각을 적용하려 드는 어리석음을 범하기도 하고 말이야. 자주 계획을 세우고, 계획을 세워 한 일에 만족을 느낀단다. 비록 그것들이 아무런 득이 되지 않더라도 말이지. 그들은 전쟁도 두려워하지 않아. 그러나 남자들은 여인들이 겪는 괴로움에 대해서는 아무것도 모르지. 전쟁에 남편과 아들을 내보낸 여인이 겪는 고통은 망각한 채 오로지 전리품에만 온 신경을 쏟거든.

사랑하는 마리아, 그래서 우리는 특별한 사명을 갖고 있는 것 같아. 우리가 낳게 될 아기가 남자라면 그들의 마음에 섬세한 여성의 마음도 남아 있도록 가르쳐야 할 테지.

너의 아들은 장차 메시아가 될 분이야. 너는 그분이 오직 평화만을 추구하도록 작은 일의 위대함을 가르쳐야 해. 해야 할 일보다, 그 행하는 일 안에 사랑을 심도록 가르치길 바란다.

또한 여인들을 존중하도록 이끌어 주어야 해. 우리 여인들은 일만 하는 소나 나귀가 아니라는 것, 단지 자녀를 생산하기 위한 존재도 아니며, 심지어 어떤 면에서는 남자보다 더욱 충실한 마음과 끈기를 지녔다는 것을 알게 했으면 좋겠어.

우리 여인들은, 모든 일이 순조로울 때는 수많은 언약을 쏟아 놓고 정작 일이 어긋날 때는 쉽사리 그 모든 것을 망각하는 남자보다 훨씬 충실하거든."

엘리사벳이 득남한 후, 나는 그녀를 돌보며 며칠 동안 자리를 지켰단다. 아기는 무척 튼튼하고 활기찼지. 요한아, 너는 그 아기가 장차 메시아의 강생을 광야에서 외칠 요한임을 예견할 수 있을 테지.

주위 사람들이 즈카르야에게 아기의 이름을 뭐라고 붙일지 묻자, 드디어 그의 말문이 터졌단다. 하느님은 즈카르야가 깨우쳐 회개하도록 손수 큰 가르침을 주신 것이었어. 모든 이가 놀라워하는 가운데, 혀가 풀린 즈카르야가 아기를 바라보며 말했단다.

"아기야, 너는 지극히 높으신 분의 예언자라 불리고 주님보다 앞서 가 그분의 길을 준비하리니, 이는 죄를 용서받아 구원됨을 주님의 백성에게 깨우쳐 주려는 것이다. 우리 하느님의 크신 자비로, 별이 높은 곳에서 우리를 찾아와 어둠과 죽음의 그늘에 앉아 있는 이들을 비추고 평화의 길로 우리를 이끌 것이다."

요한아, 좋은 날들은 금세 지나가고, 엘리사벳과 내가 아쉬운 작별을 해야 할 시간이 되었단다. "여인 중에 복되신 이여!", "태중의 아드님 또한 복되십니다."라고 나와 태중의 아기를 환영하던 엘리사벳의 집을 떠나게 된 것이지. 나는 하느님의 사제인 즈카르야가 이제 안식일과 율법을 지키는 일에만 얽매이고, 외적인 것을 지키기에만 급급해하던 과거에서 벗어났으리라 생각했단다. 또한 죄에 대한 용서, 하느님의 무한한 자비, 엘리사벳의 내조에 힘입어 하느님의 백성을 평화의 길로 이끌어 가리라 믿었지.

추억이 가득 담긴 아인 카렘을 떠나는 날, 엘리사벳과 즈카르야, 그리고 엘리사벳의 팔에 안긴 요한이 나를 배웅했어. 그곳을 나서자마자 나는 바로 마나세스의 상인들과 합류하여 예루살렘을 거쳐 가나안에 도착했지.

내 고장 나자렛을 떠나올 때 나는, 놀란 가슴을 안은 어린 소녀였지만, 이제는 삶에 눈뜨고, 삶의 매 순간마다 중요한 의미를 발견하게 되었지. 무엇보다 앞으로 주어질 막중한 소명을 조금씩 깨닫게 되었어.

평화! 하느님이 주시는 평화와 자비가 나를 감싸고 있었지. 장차 세상에 올 내 아들, 그를 내 두 팔에 안을 때 전하고 싶은 두 가지 메시지가 바로 이것이었단다. 주님의 평화와 자비!

요한아, 지난 일을 회상하려니 가슴이 벅차고 심신이 몹시 지치는구나. 지난날의 추억은 너무나 감미로워서 내 눈시울을 적시게 하지. 오늘은 그 회상 속에 깊이 잠기도록 나를 그냥 이대로 두렴. 그날들이 손에 잡힐 듯이 느껴지고, 내 가슴에 아직도 그날들의 빛이 눈부시게 퍼지는구나.

다시 집으로

요한아, 집으로 돌아가는 일주일간의 여행은 기도의 여정이었단다. 내가 마나세스의 상인 무리에 도착하자, 그곳의 일꾼들은 몇 달 전 그곳을 떠날 때와 똑같은 존경과 경의로 나를 반겼어.

아무도 내 임신을 눈치채지 못하도록 나는 무척 조심스럽게 행동했지. 그들은 곧 있을 나와 요셉의 혼인도 이미 소문으로 전해 들어 잘 알고 있더구나.

긴 여행이었지만 가나안의 목적지에 도착하기까지 아인 카렘에서 체류한 동안의 일을 떠올리며 조용히 묵상할 수 있었단다. 특히 내 마음속에 깊이 새긴 일을 다시금 떠올려 보았지.

그곳에서 얻은 귀한 체험, 그 모든 일을 당장에 이해하기는 힘들었지만, 그 보화들을 잃어버리지 않도록 나는 온 마음을 쏟았단다. 또한 모든 어머니가 그렇게 하듯이 나 역시 아기와 대화를 나누었지.

요한아, 그때 나는 이미 엘리사벳의 인사와 즈카르야의 노래를 들은 후여서, 내 아기, 메시아의 사명을 위해 하느님의 영이 함께 숨 쉬고 있다는 걸 좀 더 깊이 느끼고 있었단다.

하지만 나는 태중의 아들에게 사랑의 말 이외에는 할 수 있는 것이 없었어. 그렇다고 구세주에 대한 내 경외가 부족했다고는 생각하지 말아 다오. 나의 넘치는 사랑에 그분의 신성神性이 가려진 탓에, 나는 오직 모정에 넘친 사랑의 언어를 쏟을 수밖에 없었단다.

내 안에서 작고 미약한 태동을 하는 아기의 신비 앞에서 나 역시 작은 존재라는 것을 실감했어. 나는 단지 아기의 어머니였지. 바로 이 아기를 돌봐야 한다는 것, 무한하고 강렬한 사랑을 아기에게 쏟아야 한다는 것이 내게 가장 중요한 일처럼 느껴졌어.

잉태를 안 그 순간부터 생긴 아기에 대한 뜨거운 애정에 나 스스로도 놀랐단다. 그 누구에게도 이러한 사랑을 지녀 본 적이 없었지. 심지어 부모님에게도 약혼자에게도 이와 같은 강한 사랑을 지닌 적은 없었단다.

하느님은 아기에 대한 이러한 나의 사랑을 질투하실까? 계명에도 하느님을 만유 위에 사랑하라고 써 있지 않니? 아기에 대한 사랑으로 인해 하느님을 뒷전으로 하게 되는 것은 아닐까?

묵상 끝에 내가 이해한 것은 내 아들이 바로 하느님이시라는 것이었어. 따라서 하느님이 내 사랑을 조금도 질투하지 않으실 것임을 알게 되었지. 오히려 아기를 사랑하는 것이 바로 하느님을 사랑하는 것이며, 하느님을 사랑하는 것이 바로 내 이웃을 사랑하는 것과 같음을 깨달았단다.

이러한 묵상을 계속하는 동안 어느덧 가나안에 도착했어. 아버지는 마나세스의 집에서 나를 기다리고 계셨지. 아버지는 당장 우리 고장 나자렛으로 떠나길 원하셨어. 나는 긴 여행에 지쳤지만, 한시 바삐 나를 만나고 싶어 애타게 기다리시는 어머니를 위해 길을 재촉했단다.

아버지는 길을 나서자마자, 바로 모든 정황을 상세히 말씀해 주셨어. 먼저 내가 서둘러 귀가하지 않은 것을 나무라셨지. 내가 지체하는 동안, 혼인보다 임신 소식이 먼저 알려질까 하는 걱정 때문이었어.

나는 엘리사벳에게 내가 꼭 필요했다고 아버지께 말씀드렸어. 그에 더해, 엘리사벳과 함께한 시간은 그녀의 마음에 있는 진정한 배움터에서 많은 가르침을 얻은 매우 유익한 시간이었다고 했지. 그리고 확고한 태도로 아버지께 말씀드렸어.

"아버지, 이제 우리는 인간적인 동기로만 움직여서는 안 돼요. 우리가 운신하며 살아야 하나요? 만일 그러하다면 천사가 방문했을 때 '네.'라고 응답하는 대신 '아니요.'라고 고개를 내저으며 다른 처녀를 찾으라고 해야 했어요. 우리는 항상 하느님 편에 있기를 선택했고, 그분이 예비하신 길에 모든 것을 의탁하기로 했으니, 그 외의 생각은 모두 부질없어요."

아버지는 미소를 지으며 나를 바라보셨어. 비로소 안정을 되찾고 내 말이 옳다고 수긍하셨지. 아버지도 이제는 내가 소녀가 아닌 여인으로서 성장하고 있음을 아신 것이었어. 선하시고, 자신의 이익이나 생각만을 고집하시는 분이 아니었기에 내 말이 옳다는 걸 금방 인정하신 것이란다.

아버지는 당신이 조금 흥분했다고 사과하시며, 내 일을 서둘러 원만하게 해결하고자 나를 몹시 기다렸다고 말씀해 주셨어.

더불어 혼인 잔치는 바로 다음 주에 있을 것이라고 하셨지. 아직 임신한 티가 나지 않을 때 서두르는 것이 뒷말이 나오는 것을 막을 수 있기 때문이었단다. 마지막으로 아버지는 내가 요셉과 만나 직접 대화하기를 바란다고 말씀하셨어.

"안심하렴. 하느님이 적절한 시기에 개입해 주셨단다. 네가 가서 요셉과 이야기하며 그를 안심시키고 혼인에 대한 여러 세부 사항도 서로 상의하는 것이 좋을 듯하구나. 너희 부부의 삶이 과연 어떤 방향으로 나아갈지 우리는 전혀 예측할 수가 없구나. 요셉이 너를 얼마나 사랑하는지 말로 다 설명할 수가 없단다. 그래서 그는 엄청난 고통을 받았지. 비록 지금은 전보다 훨씬 안정된 상태이긴 하지만 말이야."

마침내 우리가 집에 무사히 도착했을 때는 이미 날이 어두워졌단다. 어머니는 소박한 저녁상을 준비한 채 우리를 기다리고 계셨지. 내가 집으로 들어서자마자 어머니는 즉시 알아채고 달려 나오셨어. 그리고 나를 끌어안고 눈물을 쏟으셨단다. 하지만 흐느낌 중에도 내 안부와 태중 아기의 상태를 끊임없이 물으셨지.

내 마음은 평온했단다. 나는 어머니를 꼭 안으며 모든 것이 잘될 거라고 안심시켜 드렸어. 특히 우리가 평온을 되찾아야 한다고 말씀드렸지. 그리고 하느님을 신뢰하지 않는다면 모든 것을 잃을 것이며, 우리에게 이 일을 시작하신 하느님이 손수 모든 일을 잘 처리하실 것이라고 말씀드렸어. 우리가 불안하고 초조해야 할 이유는 없었던 것이지.

우리는 식탁에 모여 저녁을 들었단다. 올리브 열매와 아버지가 기르시는 염소의 젖으로 만든 치즈와 빵을 먹으며 아인 카렘에서 보낸 나날들에 대해, 특히 찬미가와 같은 그곳에서 본 하느님의 표지 등에 대해 말씀드렸단다.

다음 날 아침, 동이 트자마자 요셉이 우리 집으로 달려왔어. 요셉은 아버지와 함께 가나안으로 나를 마중 나오고 싶어 했지만, 부모님이 내가 도착한 다음 날 오도록 만류한 것이었지. 요셉은 내가 보고 싶어 몸살이 날 지경이었다고 했어.

요셉이 집에 오자, 부모님은 우리만 남겨 두고 자리를 비켜 주었어. 우리 사이에는 식탁이 가로놓여 있었지. 나는 얼굴을 붉히지도 않았고, 두려움도 느끼지 않았어. 나는 요셉이 모든 사실을 알게 되었고, 이를 받아들이기로 결심한 것을 잘 알고 있었단다.

요셉이 처음부터 나를 믿었더라면 훨씬 더 기뻤겠지. 하지만 나를 고발해 내가 돌팔매질을 당하지 않도록 배려해 준 요셉은 실로 관대한 마음을 가진 사람이었어. 비록 그가 나를 아내로 맞아들일 결심을 굳힌 건 천사의 출현 덕분이기는 했지만, 그래도 요셉은 이와 같은 특별한 역사, 믿기 어려운 이 큰 사건을 자신의 어깨에 짊어지기로 작정했지.

아무튼 우리는 거기에 함께 자리하고 있었어. 지금은 약혼한 사이였지만 곧 혼인을 치를 부부였고, 내 태중에는 성령으로 잉태된 메시아가 있었지. 요셉은 자신이 무엇을 해야 하는지, 나와 아기에게 자신이 어떤 역할을 해야 하는지 전혀 감을 잡지 못하는 듯했어. 나는 조용히 요셉이 말하기를 기다렸지. 한참을 생각한 끝에 요셉이 입을 열었어.

"마리아, 나를 용서해 주길 바라오. 결코 당신을 의심해서는 안 되었는데……. 당신의 마음을 상하게 한 것도 용서하시오. 변명처럼 들리겠지만, 장인은 내게 아무런 설명도 해 주지 않았소. 설사 그렇다 하더라도 나는 그 불가능한 일까지도 믿어야 했지만 말이오.

나는 이 일 뒤에 하느님이 계시다는 건 상상조차 하지 못했고, 그저 믿음 없이 절망에 휩싸였을 뿐이오. 더 나쁜 건, 당신을 버리기로 결심한 것이라오. 아무도 모르게 비밀로 하리라고 생각했지만, 실은 내 자존심을 지키기 위함이었소. 나의 내면에서는 그런 나의 부족함을 나무라는 음성이 들렸소. 왜 마리아와 아기를 받아들이지 않느냐는 준엄한 꾸지람 말이오.

당신은 항상 내 삶의 큰 보람이며 희망이었으니, 실상 가장 큰 벌을 받은 것은 나 자신이었소. 끝이 보이지 않는 어둠, 그 심연의 나락으로 떨어졌으니. 약하게 보이고 싶지 않아서 울지도 못하고 사과도 못하는 남자들의 어리석은 습성을 당신도 잘 알지 않소?

그런데 이런 상황에서 천사가 나타났다오. 다행히 그 천사는 당신을 버리려 했던 내게 벌을 내리는 대신 내 어리석음을 깨우쳐 주었소."

말을 마친 요셉이 손을 뻗어 식탁 위에 놓인 내 손을 잡으려 했단다. 나는 고통과 부끄러움으로 젖은 요셉의 눈을 마주했어. 그때까지 우리는 서로의 몸을 만진 적이 없었지. 나는 그의 손을 끌어당겨 부드럽게 입을 맞추었단다.

"요셉."

나는 그의 이름을 부르고 나서 잠시 숨을 내쉬었어. 그에게 말을 꺼내기가 쉬운 일은 아니었지.

"나도 당신을 사랑해요. 나는 당신의 아내가 되기로 결심했고, 그 어느 때보다 지금 당신을 사랑하고 있어요. 내가 당신 집의 하녀나 가구의 일부가 되겠다는 말이 아니에요. 나는 당신의 아내가 될 거예요. 하지만 우리 부부는 이 세상 여느 부부들과 다른 점이 있어요. 우리가 더 이상 자녀를 갖지 않을 것이란 점이지요. 또한 부부 관계도 맺지 않을 것이고요. 이 모든 것을 당신이 알고 있어야 해요. 만약 동의할 수 없다면, 지금이라도 늦지 않았으니, 우리의 관계를 정리하는 것이 좋을 것 같아요.

이는 내가 줄곧 숙고하고 내린 결정이랍니다. 이 결정을 당신에게 어떻게 설명할 수 있을지 고심해 왔어요. 그리고 내 결정을 당신에게 요구하는 것이 과연 합당한지조차 모르겠어요. 하지만 부모님이 당신과의 혼인을 결정했을 때도 나는 모든 것을 하느님께 드리고 싶다는 원의를 항상 품고 있었답니다. 그 당시에는 어떤 방법으로 하느님의 부르심에 나를 봉헌할 수 있는지 몰랐으니까요. 나도 당신과 혼인이 결정되었을 때 기뻤어요. 나 역시 당신에게 호감이 있었고, 또한 우리 이스라엘 민족은 동정녀의 삶을 허용하지 않으니까요. 당신이 동정에 대한 요구를 받아들이기 힘들겠지만, 우리는 십계명 중 가장 으뜸인 하느님을 만유 위에 사랑해야 해요.

사랑하는 요셉, 하느님이 이 세상에서 우리 외에 그 누구에게 이 일을 부탁할 수 있을지 생각해 보세요. 당신이 나를 의심했을 때……."

나는 잠시 말을 멈추었다가 요셉의 손을 꼭 쥐며 말을 이어 갔다.

"사실 천사의 개입 없이, 당신이 부모님처럼 나를 의심하지 않고 믿었다면 더 좋았겠지만, 당신이 부모님보다 나를 더 잘 알 수는 없었겠지요. 나를 공개적으로 고발하지 않고 은밀히 버리기로 한 것 역시 쉽게 할 수 있는 결정은 아니었고요.

이제 가장 중요한 것은 우리 두 사람이 함께 완수해야 할 막중한 사명이에요. 하느님을 제외하고는 그 누구도 아기의 탄생이 어떻게 이루어질지 짐작할 수 없어요. 그러나 분명한 것은 당신은 메시아의 아버지가 될 것이고, 나는 어머니가 될 것이라는 사실입니다.

당신과 나는 아버지와 어머니의 역할이라는 중요한 임무를 맡았어요. 부모의 역할은 단지 아기를 탄생시키는 것만이 아니지요. 우리는 태어날 아기를 양육하고 가르쳐야 할 의무가 있어요. 이 일을 내가 혼자 하도록 내버려 두지 마세요."

내 말이 계속되는 동안 요셉은 과연 하느님의 사람답게 처신했단다. 그는 매우 진중한 자세로 내 말을 경청했어. 그리고 나는 요셉이 내 결정, 즉 일반적인 부부의 삶이 되지 않을 것이라는 결정을 받아들이기 힘들어하는 것 또한 알 수 있었지. 그러나 이 모든 것은 하느님이 그에게 바라는 것이었단다. 나는 요셉이 그 결정을 받아들일 것임을 알았어.

내가 말을 마치자, 요셉이 자리에서 일어나 내게 다가왔단다. 그러고는 내 이마에 입을 맞추기 위해 허락을 청했지. 내가 허락하자, 그는 나를 얼싸안으며 이렇게 말했어.

"내 비둘기, 내 연인이여! 당신은 내가 꼭 들어야 할 가장 중요한 말을 들려주었소. 비록 하느님과 당신에 대한 내 사랑이 변함없다고 하지만, 당신이 지금 내게 한 말, 나를 사랑하고 내 아내가 되기로 결심했다는 말을 듣지 못했다면 한평생 고통스러웠을 것이오. 그 외의 다른 모든 것은 필요하지 않다오.

사랑! 당신이 없는 동안 나는 사랑이 무엇인지 알게 되었소. 사랑이란 단지 신체 접촉이 아니오. 나는 당신의 동정을 존중하고 내 동정도 하느님께 봉헌하겠소. 우리의 가정에는 오직 사랑만이 존재할 것이오. 당신 말대로 내 아들이기도 한 이 아기를 사랑으로 가르치겠소. 아기와 당신을 위해 나는 세상에 사자처럼 뛰어들 것이며, 가장으로서 가족을 위해 할 수 있는 최선의 헌신과 희생을 바치겠다고 약속하겠소.

이 모든 것이 바로 하느님이 내게 요구하시는 것이니, 나는 이로써 충분하다오. 내가 삶에서 하느님께 받은 가장 큰 선물은 나를 사랑하는 당신이기 때문이오."

요한아, 과연 우리 삶에서 이 이상의 것은 아무것도 필요하지 않다는 것을 네게 확언할 수 있단다. 우리가 서로 부부로서 사랑을 표현하기는 했지만, 그 이상은 없었다는 것을 말하고 싶구나. 누구도 우리의 이 삶, 동정 부부의 삶을 쉽게 이해할 수 없을 것이다. 보통의 부부 사이에서는 사랑하는 두 사람이 한 처마 밑에서 동정을 지키면서 살아간다는 것이 납득하기 어려운 일이겠지.

요셉과 나는 하느님의 손에 우리를 맡겼어. 우리의 주인이신 그분은 바위같이 단단하시지. 결코 그분의 은총이 부족한 적은 없었단다. 특히 아기가 탄생했을 때 그분의 현존은 더할 나위 없이 컸지. 아기의 탄생과 함께 일상의 모든 일들이 거룩하게 변화했단다. 아들이 성장하는 모습을 지켜보면서 우리 부부는 하느님의 현존으로 충만했지.

요셉과 긴 대화를 나눈 다음, 우리는 부모님을 식탁으로 모셨어. 두 분은 우리가 모든 일에 서로 완전히 동의한 것을 아시고, 얼굴 가득 미소를 띠고 오셨지.

요셉은 이미 부모님을 여읜 후였고, 게다가 자신이 일가의 우두머리였기에 그의 친지들에게 장황한 설명을 할 필요가 없었어.

우리는 혼인 잔치를 위한 마지막 준비를 마쳤단다. 우리는 유다의 법규에 따른 엄숙한 예식을 거행하기로 했어. 우선 신랑은 신부의 가정에 예물을 선물해야 했는데, 요셉이 보낸 함 속에는 은전 50세켈과 의복이 들어 있었어. 우리 고장에서 서민들이 혼인 때 통상적으로 하는 선물이었지. 부모님은 지참금과 혼인 예물을 준비하셨어. 어머니와 내가 이날을 위해 수년간 수놓은 수예품들도 있었단다.

우리 고장의 풍습대로 혼인 잔치는 일주일 동안 열렸지. 나는 이 축제를 위한 지출에 가슴이 무거웠어. 이 경비를 태어날 아기를 위해 쓴다면 얼마나 좋을까? 장차 태어날 메시아에게 세상에서 가장 좋은 것을 주고 싶은 바람 외에 다른 것은 없었으니 말이다. 하지만 혼인 잔치를 일주일 동안 치르지 않는다면 주변 사람들이 의아해했을 것이고, 그들에게 비난받을 수도 있었단다.

그때부터 나는 내 안에서 태동을 시작한 아기를 가르쳤단다. 비록 주변에서 비난을 받더라도 어떤 경우에는 답습되는 전통이나 습관을 과감히 떨쳐야 한다고 말이다.

하지만 마을 광장에서 열린 우리의 혼인 잔치는 다른 마을 사람들의 잔치와 다르지 않게 거행되었지. 나는 일가친척들과 친구들에게 둘러싸여 요셉의 집까지 걸어갔어. 나는 화장하는 것을 좋아하지 않았지만, 친구들의 극성에 조금은 화장을 해야 했어. 이는 마음에 들지 않았지만, 머리에 씌워 준 화관은 무척 마음에 들었단다.

부모님 집에서부터 요셉의 집까지 가는 길목마다 사람들이 환호성을 질러서 머리가 아플 정도였지만, 우리가 랍비 앞에서 혼인 서약을 할 때는 바늘 하나 떨어지는 소리까지 들릴 정도로 조용했단다. 요셉이 내 손을 꼭 잡은 채 랍비 앞에서 "마리아는 내 아내요, 나는 그의 남편입니다. 우리는 오늘부터 영원할 것입니다."라고 맹세를 하자, 내 마음은 두 갈래로 나뉘는 것 같았단다.

사실 요셉을 사랑해서 올리는 혼인이었지만, 다른 한편으로는 하느님이 가브리엘 대천사를 통해 전한 메시지에 내가 응답한 후, 하느님의 뜻을 이루기 위해 진행되는 일이기도 했지. 나는 하느님의 정배이며 장차 태어날 메시아의 어머니이기 때문이란다.

더불어 나는 요셉의 아내이기도 했지. 하느님과 요셉 모두에게 충실할 것을 맹세하자, 내가 지닌 소명이 주는 엄청난 무게에 나는 온몸에 소름이 돋았어. 그러나 마음을 다잡고 하느님께 아무것도 두려워하지 않겠다고 말씀드렸단다. 나는 그분 손안에 있고, 그분을 의심할 그 어떤 동기도 없었으며, 나를 이 미로에 초대한 그분이 손수 인도하시리라 굳게 믿었기 때문이지. 하느님을 신뢰하는 만큼, 그분의 사랑과 섭리에 대한 의구심은 품어서는 안 되었어.

이 모든 것을 요셉도 느끼는 듯했지. 내 뺨에 눈물 한 방울이 흘러내리자 그는 재빨리 닦아 주고 내 턱을 가만히 쓰다듬으며 말했어.

"마리아, 두려워하지 마시오. 모든 것이 다 잘될 것이니! 하느님이 우리와 함께하시지 않소! 난 오로지 당신을 지키기 위해 살아갈 것이며, 최선을 다해 당신과의 언약을 지키겠소. 당신을 사랑하고 항상 당신 곁에 머물며 당신의 힘이 되겠소. 당신을 사랑하는 마음 하나만으로 나는 충분하다오."

고난의 길

요한아, 우리 부부는 가시밭길을 가는 듯한 비난을 감내해야만 했어. 이 모두가 장차 태어날 아기를 위해서였지. 사랑하는 아들아, 장차 일어날 일에 관해 먼저 마음을 대비하는 것이 일어날 문제들을 감당할 수 있게 하고, 그러한 문제로 인한 고통 속에서 허우적거리지 않게 해 준단다.

사람들은 자주, 일단 결혼을 하면 모든 일이 잘될 거라고 착각하지. 하지만 우리는 삶에서 크고 작은 수많은 어려움을 만나고, 이는 피할 수 없는 사실이란다. 다만, 그로 인해 당황하거나 좌절하지 않아야 하는 것이지.

우리 부부는 이를 예견했고, 마음의 준비를 단단히 했어. 요셉이나 부모님 역시 마을 사람들의 매서운 비난 앞에 좀 더 의연할 수 있었지. 어머니는 장을 보러 가실 때 내 정결함에 대한 이웃들의 비난이나 모욕 앞에 대범하실 수 있었어. 비아냥거림에도 그들에게 대응하거나 성내지 않으셨고, "하느님, 당신을 위해, 오직 당신을 위해"라는 기도를 멈추지 않으셨지. 이 기도를 반복하며 모든 것을 인내하셨어.

사실 나보다 가족들이 더 견디기 어려웠을 거야. 특히 요셉은 짓궂고 집요한 친구들의 농담을 피하기 힘들었지만, 나를 위해 이 모든 것을 묵묵히 감수했단다.

요한아, 너도 잘 알듯이 사랑은 모든 것을 인내하지 않니? 또한 사랑하는 이를 위해서라면 고통도 대신 즐겨 받지 않니? 우리는 모두 가시에 찔리는 듯한 아픔을 겪을 때마다 "오직 하느님을 위해"를 반복하며 인내했단다.

우리 가족은 그와 같은 고통을 통해 영적으로도 부쩍 성장했어. 이 체험을 통해 나중에 예수에게도 고통 중에 침묵하는 것을 가르칠 수 있었지. 훗날 예수는 모욕을 당할 때에도 예언서의 말씀과 같이 '묵묵히 침묵하고 입을 열지 않았단다.'

요한아, 내 아들은 이미 태중에서부터 이사야서의 고통받는 종의 삶을 실현하고 있었어. 기적처럼 온 내 아들, 인간이 상상조차 할 수 없는 순결하고 고결한 아기가 감수해야 했던 수많은 모욕들……. 하느님께 봉헌한 침묵은, 강생의 신비를 시작하기 위해 나에게 온 날부터 십자가에서 매달린 순간까지, 그의 삶으로 보여 준 가장 중요한 가르침이자 교훈이었단다. 그러나 침묵만이 아들을 위한 가장 좋은 교육은 아니었지. 하느님은 어긋난 길에서도 당신의 계획을 훌륭히 이끌어 내는 분이시니까.

내가 임신한 지 8개월로 접어들 때의 일이란다. 어머니와 나는 곧 태어날 아기를 맞이할 준비에 전념하고 있었지. 우리의 침묵은 다른 사람에 관해 말하기 좋아하는 마을 사람들의 입을 무료하게 만들었어. 하지만 우리가 그 누구에게도 원한을 살 만한 일을 한 적이 없었기에 만사는 순리대로 조용하게 진행되었지. 만일 우리가 적의에 차서 그들에게 대항할 일에 골몰했다면 일은 시끄럽게 되었을 거야.

마침내 평온을 되찾았을 무렵, 로마 군인들이 우리 마을에 나타나 평화를 짓밟았단다. 그들은 우리 마을의 모든 남자들을 회당에 모이도록 했어. 그러고는 문서 한 장을 읽었지. 처음에는 라틴어로 읽었고, 그다음에는 우리 모두가 알아들을 수 있도록 그들과 함께 온 한 학자가 아람어로 통역했어. 그 문서의 내용에 모두가 경악했단다.

그것은 로마의 아우구스투스 황제가 내린 칙령이었는데, 모든 로마 제국과 그에 속한 나라들의 백성, 즉 이스라엘 백성은 호적 등록을 위해 의무적으로 자기 본향으로 가야만 한다는 내용이었어. 우리는 로마 속국의 백성이라는 비참한 신세를 새삼 깨달았지. 사실 이 칙령의 목적은 한 사람도 빠뜨리지 않고 이스라엘 백성에게 세금을 부과하기 위한 것이었어. 이를 모르는 이는 없었지. 이스라엘 민족은 세금 부과보다는 속국의 백성이라는 사실에 더 고통받았단다.

게다가 요셉은 다윗 임금의 후손이었기 때문에 우리는 예루살렘 남쪽 베들레헴까지 기나긴 길을 떠나야만 했단다. 나는 출산이 얼마 남지 않은 몸을 이끌고 일주일간의 여행을 감수해야 했어. 이는 엘리사벳을 방문했던 여행과 그 거리가 비슷했단다. 장거리 여행에 따르는 위험은 한둘이 아니었지. 여독으로 유산할 위험과 강도를 만나 약탈을 당할 위험 등 신변의 위험을 무릅써야만 했어. 하지만 가장 큰 문제는 열혈당원들이었단다. 그들은 호적 등록을 하러 가는 이스라엘 백성 모두가 로마에 협력하는 배신자라며, 자신들에게 죽임을 당할 것이라고 공공연히 위협하고 있었어.

우리가 과연 베들레헴에 무사히 도착할 수 있을까 하는 의구심이 들었단다. 본향으로 가는 다윗 자손의 무리가 적지 않을 텐데, 그곳에서 묵을 곳을 찾을 수 있을까 하는 걱정도 들었지. 그럼에도 우리는 이 로마 황제의 칙령에 복종해야만 하는 가련한 민족이었어.

우리는 고통스러운 시선으로 서로를 바라보며 두 손을 꼭 맞잡았단다. 그런 와중에도 아기는 태중에서 뛰놀았지. 아기의 이러한 태동이 나의 근심을 더해 주었단다. 출산일이 가까워지면서 배가 몹시 불러서 숨쉬기조차 힘겨운 상태였지. 출산 경험이 없던 나는 점점 지쳐 갔어. 손가락 하나 움직이는 것도 버거웠단다. 그런 나를 요셉이 걱정스럽게 바라보며 말했어.

"우리는 어떻게 하면 좋겠소? 떠나지 않으면 로마 군인들이 우리를 가만히 두지 않을 것 같고, 또 떠나자니 열혈당원의 위협 또한 만만치 않소. 그리고 이 장기간의 여행으로 인해 당신과 태중의 아이가 위험해질 수도 있다오."

나는 그를 진정시키기 위해 애써 미소를 지으며 말했단다.

"여보, 우리는 놀라움에 익숙해져야 해요. 나는 이런 놀라움을 이미 여덟 달 동안 태중에 모시고 있지요. 아마 앞으로도 우리 삶에 놀라움은 끝이 없을 거예요. 우리는 그분이 이 모든 일 뒤에 계시다는 것을 믿어야 해요. 비록 우리가 이를 받아들이기 힘든 상황에 놓인다고 해도 말이지요. 만일 우리가 믿지 않고 의심한다면 초조하고 불안해질 따름이에요. 어려운 문제들을 그저 우리의 생각과 계획대로만 처리하려 든다면 분명히 일을 그르치고 말 것이고요.

단지 로마 황제의 칙령 때문에 우리에게 맡겨진 이 일을 하느님이 그르치실 거라고 생각하나요? 하느님은 이 세상 그 어떤 군주보다 강하고 전능하신 분이 아닌가요? 요셉, 사랑하는 당신에게 아버지가 자주 하셨던 말씀을 전하고 싶어요. 우리는 이 말씀을 결코 잊어서는 안 돼요. '우리의 힘은 바로 믿음에 있다.'라는 것이지요. 자! 우리 이제 서둘러 출발하기로 해요."

그로부터 며칠이 지나, 우리는 등록을 위해 떠나는 수많은 무리 안에 있었어. 길이란 길은 모두 인파로 넘쳐 났지. 거기에 여러 지역으로 떠나는 상인들까지 더해져 모든 길이 북새통이었단다. 상인들의 행렬에 합류하는 건, 강도의 위험에서 벗어나 보다 안전하게 갈 수 있다는 장점이 있었어. 요셉은 그가 지극 정성으로 돌보는 우리 집 당나귀에 안장을 얹었어. 그는 여행 내내 당나귀의 고삐를 손에 쥐고 걸었는데, 온순한 이 짐승은 긴 여행길을 가는 동안 단 한 번도 우리를 실망시키지 않았단다.

이 여행에서는 아인 카렘을 경유하지 않았어. 베들레헴에 서둘러 도착해야 했기 때문이지. 물론 예루살렘에 입성하지도 않았어. 성 안으로 들어가기 위해 성곽을 둘러싼 군중을 먼 곳에서 보는 것만으로도 현기증이 일었지.

단지, 여행을 시작한 첫날 가나안에 들른 적은 있었단다. 마나세스의 집에 잠시 머물렀는데, 마나세스와 그의 아내 리아는 우리를 환대하고, 여행이 순조롭도록 도와주었어. 마나세스는 상인들을 통해 우리처럼 황제의 칙령 때문에 고향으로 돌아가야 하는 수많은 사람들을 도왔지.

리아는 그동안 많이 자란 아이 레비가 내게 와 입 맞추게 했단다. 또한 내가 아이를 위해 기도해 주기를 청했지. 육체적 건강뿐만 아니라 영혼의 건강을 위해서도 말이야. 우리가 다시 여행을 떠날 때 그들 내외는 요셉의 손에 약간의 돈을 쥐어 주었지만, 그는 이를 사양했어. 결국 그들의 계속된 호의를 뿌리칠 수 없던 내가 대신 받아야 했지.

요한아, 그들이 주는 돈을 받는 것에 그다지 거부감은 없었어. 우리 부부는 살아가기 위해 무엇이든 해야 하는 가난한 이들이었고, 가난한 이들은 자신들에게 주어지는 것을 마냥 거부할 수 없기 때문이지. 다만, 가난한 우리가 경계해야 할 한 가지는, 자선에만 의탁하며 살려는 마음의 자세였단다.

나는 마나세스와 리아의 자선이 이스라엘의 모든 백성을 위해 오실 메시아에 대한 경배로 느껴졌어. 그래서 그들의 호의를 거절할 수 없었지. 비록 그들이 내가 어떤 아기를 잉태했는지 짐작하지는 못했겠지만……. 그러다가 성전에 바치는 봉헌금에 생각이 미쳤단다.

'세상에 올 구세주의 사명을 위해 그 돈이 쓰이게 할 수는 없을까? 하느님 사업을 위해 봉헌금을 바치는 일은 우리에게도 큰 기쁨이지 않나? 기부할 마음을 불러일으키시는 분 또한 하느님이시니, 이 돈은 바로 하느님께서 주시는 것이 아닐까?'

이와 같은 생각에 미치자, 그들의 희사금을 기꺼이 받을 수 있었지. 사실 우리 형편에는 그것이 무척 필요했단다.

드디어 우리는 베들레헴에 도착했어. 우리는 당분간 그곳에 머물러야 했지. 호적 등록을 해야 했을 뿐만 아니라 곧 아기가 태어날 예정이어서, 다시 긴 여행길에 오를 수는 없었단다. 우리는 몇 달간 묵을 장소를 찾아야 했어. 하지만 우리보다 먼저 이곳에 도착해 묵고 있는 여행객들로 인해 묵을 곳이 없었어. 도시는 그 많은 사람들을 수용할 능력이 없었지.

사람들 대부분은 인근에 있는 예루살렘이나 베들레헴 주변 마을에 숙소를 정하고 로마 칙령에 따른 호적 등록을 마칠 계획이었어. 그러나 요셉은 곧 해산할 나를 홀로 두고 주변 마을에서 베들레헴으로 오고 가길 원하지 않았어. 그래서 우리는 그곳에서 묵을 만한 여관이나 가정집을 찾아 나섰단다.

사랑하는 요한아, 요셉은 베들레헴에 아는 사람이 없었어. 마나세스의 소개장도 아무런 효과가 없었지. 여관은 딱 두 군데가 있었는데, 그곳 또한 사람으로 넘쳐 났단다. 게다가 난잡하고 불온한 분위기가 흐르고 있어서, 오히려 그곳에 묵지 않은 것을 기뻐했을 정도였어. 요셉은 초조함을 감추지 못하더구나. 그는 당나귀 고삐를 쥐고 집집마다 문을 두드리며 묵을 만한 곳이 있는지 물었어. 특히 여인들을 만나면 내 만삭의 몸을 가리키며 곧 출산할 것을 들어 동정을 구했으나, 모든 집들이 그야말로 초만원이었어. 그들이 우리 부부를 냉대하지는 않았지만, 집집마다 들어찬 손님들로 인해 도무지 몸을 쉴 곳이 없었단다.

대신 여인들은 내가 출산할 때 도와주겠다고 약속해 주었어. 어느덧 해가 뉘엿뉘엿 지고 있었지. 한 여인이 우리의 어려운 상황이 안타까웠는지 마을로 들어서는 어귀에 동굴이 있다고 알려주었어. 그곳은 비록 가축들을 두는 곳이지만, 밤의 찬 이슬을 피할 수 있으리라는 것이었지. 그때는 무거운 몸을 이끌고 여기저기를 방문한 데다가 어둠이 몰려오기 시작해서 그 동굴을 찾아가는 것 외에 다른 방법이 없었단다. 이 사람 저 사람에게 물어 겨우 동굴을 발견했지. 과연 마을에서 그다지 멀지 않은 곳에 있더구나. 다행히도 동굴 안에는 아무도 없었고, 마을 사람들이 모는 양떼들은 다른 골짜기에 머물고 있었어.

요한아, 참으로 기가 막히고 참담한 상황이었단다. 그 동굴은 가축을 가두는 우리와 같은 곳이었어. 가축 배설물로 뒤덮여 있었고 견디기 힘든 냄새가 났지. 구석구석 시커먼 천장은 들여다보기도 무서웠고, 그 속에서 독충이 튀어나오지는 않을까 하는 걱정이 들었단다.

요셉은 횃불을 밝히고 동굴 안으로 들어가 샅샅이 살펴보았어. 동굴은 꽤 넓었는데, 요셉은 내게 안쪽까지 비어 있다고 말했지. 지금까지 겪은 일들에 이미 기진맥진해진 우리는 가축의 배설물 냄새가 그나마 덜한 입구 쪽에 자리를 잡았어. 그러고는 하룻밤 잘 자리를 마련하기 위해 주변을 대충 치우고 땅에 담요를 깔았지. 우리의 당나귀도 옆에 함께 있었는데, 그 기특한 동물은 우리를 보호하며 따뜻한 입김을 뿜어냈단다.

요한아, 그날 밤에는 나 역시 누군가의 위로가 필요했지만, 나는 우선 요셉을 위로해야만 했어. 우리 여인들의 중요한 역할 중 하나는 다른 사람을 위로하고 보듬어 주는 것 아니겠니? 가련한 요셉! 그는 동굴에서 밤을 지새워야 하는 비참한 현실에 용기를 잃고 어찌할 바를 모르고 있었단다. 그가 비탄에 젖어 말했어.

"여보, 마리아, 이러한 장소에서 아기가 태어나야겠소? 당장 내일 아침에 여기를 떠납시다. 어떤 값을 치르더라도 당신과 곧 태어날 아기의 영예에 걸맞은 곳을 찾아내겠소. 나는 참으로 부족한 사람이구려! 아기가 곧 태어날 텐데 적절한 장소 하나 구하지 못하고……. 게다가 이 아기는 하느님이 이 세상을 구원하기 위해 보내신 메시아가 아니오?"

요셉이 자신의 머리카락을 움켜쥐며 고통스러워했어.

"사랑하는 여보, 제발 자책하지 마세요. 다윗 임금이 어떻게 했는지 잊지 마세요. 우리는 구원 사업을 위해 오늘밤 이 자리, 이곳에 있는 거예요. 다윗 임금이 하느님을 위해 그분의 신전을 세우시고자 했을 때 하느님은 이를 허락하지 않았지요. 아마 이를 통해 우리에게 교훈을 주시는 듯하지 않나요? 오늘밤 우리가 이토록 미천하게 밤을 지새워야 하는 것이 우리와 또 다른 많은 이에게 교훈이 될지 모르지요. 사실 예루살렘의 그 어떤 궁전도 메시아를 모시기에 합당하지 않을 거예요. 그렇다면 이것 또한 지극히 높으신 하느님의 뜻이 아니겠어요? 거대하고 호화찬란한 궁전에서 태어난 사람이 이처럼 초라한 동굴에서 태어난 사람을 어떻게 이해할 수 있을까요? 태어나면서부터 모든 것을 가진 사람이 어떻게 초라한 곳에서 태어나 살아가는 사람들의 삶을 이해할 수 있을까요? 삶에 대한 절실한 체험 없이 어떻게 사랑을 이해할 수 있을까요?

사랑이 충만하다면 이 모든 상황이 덜 고통스럽게 느껴질 거예요. 당신 역시 이 크나큰 일에 들어와 있고, 이 구원 사업의 많은 부분이 당신에게 달려 있어요. 하느님이 영광에 가득 찬 거룩한 메시아를 우리에게 보내신다면 우리는 경외해야 하지요. 그러나 반대로 겸손하고 비천하게 보내신다면 우리는 당연히 그 메시아를 도와야 해요. 이렇게 겸허하게 오시는 구세주를 우리는 더 사랑해야 하지 않겠어요?

사랑하는 요셉, 이해하겠지요? 메시아가 곧 오실 거예요. 하느님은 이를 위해 우리에게 가르침을 주고 계세요. 우리는 이 가르침을 이제 태어날 아기에게 그리고 장차 모든 이에게 전해야 해요. 여보, 이것이 아기에게 줄 우리의 첫 번째 가르침일 것 같네요."

"아기야, 우리는 왕궁이나 대궐 같은 곳에서 너의 탄생을 맞고 싶었다. 그러나 이 작은 동굴, 마구간밖에 마련할 수가 없구나. 마음으로는 좋은 장소를 준비하고 싶었지만……. 하지만 아가야, 가난한 이들을 내치지도, 그들로부터 도망치지도 말아 다오. 마구간 같은 곳밖에 마련할 수 없는 사람들, 그곳에서 살아가는 사람들을 거부하지도 말아 다오. 그리고 그들의 선한 의지를 받아 주기를 바란다.

아가야, 너는 동물들의 피신처인 동굴의 구유에서 태어나게 될 거야. 비단과 대리석으로 둘러싸인 곳에서 태어나는 것이 아니란다."

아기에게 이렇게 속삭이고 나서, 나는 깊은 잠에 빠져들었단다. 온순한 당나귀가 우리에게 따뜻한 온기를 주려고 했지만, 무척 한기가 들더구나. 그러나 나는 이 역시도 하느님께 봉헌했지.

'하느님, 이 모든 것을 오직 당신을 위해!'
나는 오로지 그분에 대한 사랑으로 이런 희생을 더욱 크게 봉헌할 수 있었단다. 좌절하거나 절망하는 대신에 말이지.
'사랑으로!'

다음 날 아침, 요셉은 다시 마을로 들어가서 우리가 묵을 숙소를 찾아 헤맸어. 나는 이 모든 것이 우연이 아니라 전지전능하신 하느님의 계획이란 것을 알았고, 요셉의 시도가 소용없을 것임을 예감했단다. 그러나 요셉이 이러한 시도라도 하지 않고서는 마음의 평정을 찾지 못할 듯해서, 그가 마을로 내려가는 것을 그대로 두었어. 나는 동굴에서 좀 더 쾌적하게 지내기 위해 그곳을 부지런히 청소하기 시작했지. 마침내 그가 실의에 빠진 채 돌아왔을 때 동굴은 좀 더 안락한 곳이 되어 있었단다.
우리가 작은 빵 조각과 치즈 한 조각으로 주린 배를 채우고 있을 때 갑자기 농부 한 사람이 동굴에 들어왔어. 젖소 한 마리를 데리고 들어온 그는, 우리를 보자 무척 놀라면서 화를 냈어. 그는 언성을 높이면서 누구의 허락으로 자신이 젖소를 두는 동굴에 들어와 있느냐고 따져 물었지. 어젯밤에는 우유를 짠 뒤에 시간이 없어서 다시 동굴로 젖소를 데려오지 못했는데, 지금은 이 동굴에 젖소를 두어야 하니 어서 떠나 달라며 우리를 채근했어. 나는 농부의 성난 음성을 들으며 마음속으로 하느님께 하소연했지.

'하느님, 이것 역시 당신을 위해서입니까? 당신을 위해 이 일도 받아들여야 합니까? 곧 오실 메시아가 젖소보다 못하단 말입니까? 동물 한 마리가 하룻밤을 편히 쉬기 위해 메시아는 저 들판에서 추위와 두려움에 떨며 탄생해야 합니까? 짐승이 메시아보다 더 대접받아야 한다는 말입니까?

하오나 하느님, 이것 역시 당신의 뜻이라면 당신 뜻대로 하소서. 저희는 당신 손안에 있고, 저의 아기 역시 당신 손안에 있습니다. 제가 어떻게 당신의 섭리를 의심하겠습니까?'

나는 요셉의 손을 가만히 잡고 떠나자며 끌어당겼어. 요셉은 흥분해서 내가 만삭인 것과 곧 출산을 앞두고 있는 상황을 설명했지만, 나는 그저 어서 떠나자고 말했지. 우리가 동굴을 떠날 때, 내 눈에는 눈물이 맺혔어. 나는 내 마음속에 이는 분노와 언짢음이 사랑하는 아기에게 영향을 미칠까 두려웠단다. 그럴 바에는 차라리 빈 겨울 들판에서 이를 악물고 추위를 견디는 것이 낫겠다고 생각했지.

우리는 동굴 밖으로 나왔단다. 입구에는 우리 당나귀가 있었는데, 그 옆에는 농부의 젖소도 함께 있었어. 젖소는 조금 놀란 듯 우리 부부를 바라보다가 땅에 얼마 남지 않은 풀을 열심히 먹어 댔지. 나는 힘겹게 당나귀 위에 몸을 실었고 떠날 채비를 갖추었어.

그때 동굴에 있던 농부가 우리가 깔았던 담요를 밖으로 집어던졌어. 그러면서 갖은 인상을 다 쓰며 젖소의 고삐를 거머쥐고 동굴 안으로 넣으려고 했지. 그런데 희한하게도 젖소가 꿈쩍도 하지 않았어. 정작 놀란 것은 그 농부였단다. 농부는 온갖 악담을 짐승에게 퍼부었지.

"이제까지 한 번도 내 말을 안 들은 적이 없더니 갑자기 왜 이 모양이냐? 몽둥이를 맞아 봐야 움직일 테냐? 어서 들어가! 움직여!"

농부가 고래고래 소리를 질렀어. 요셉과 나는 의아한 표정으로 서로를 바라보았어. 젖소는 작은 미동도 없이 네 발을 곧추세우고 주인의 명령에 저항하고 있었어. 그러자 화가 머리끝까지 난 농부는 막대기를 거머쥐고 젖소를 인정사정없이 후려치기 시작했어. 자신의 모든 분을 매질로 푸는 듯했지. 그러나 가엾은 그 소는 작은 신음 소리도 내지 않고 머리를 땅에 처박은 채 모든 매질을 참았어. 간혹 슬픈 눈으로 우리를 올려다볼 뿐이었지.

그때 갑자기 내가 올라탄 당나귀가 미친 듯이 울부짖으며 괴로워했어. 떨어질 듯 위태로워진 나는 바닥으로 내려서야만 했단다. 매질에 지친 농부가 우리를 쳐다보았는데, 그가 지닌 분노와 폭력에서 비애가 느껴졌지. 그의 격노가 자칫 우리를 향할 수도 있었기 때문에 우리는 잠자코 입을 다물었어.

마침내 땀으로 범벅이 된 사내가 매질을 멈췄어. 소는 피투성

이가 되어 있었지. 농부는 씩씩거리며 우리에게 말했어.

"동굴을 쓰시오. 젖소도 두고 갈 테니 맘대로 쓰시오. 왜 내 젖소가 동굴에 들어가지 않으려 하는지 신이나 아시겠지. 어쩌면 이 젖소가 나보다 마음이 더 좋은 것일 수도 있겠지만. 뭐, 어쨌거나 편히 쉬시오. 동굴과 젖소 사용료는 나중에 계산해 주시오."

농부는 지친 음성으로 자리를 떨치고 나갔어. 떠나는 그에게 나는 감사의 말을 하고 싶었지만, 요셉이 이를 막았어. 그 순간에는 침묵이 가장 좋은 약이기 때문이지. 나중에 시간이 흐른 후, 우리는 삶의 거듭된 불행으로 지친 그의 마음을 이해했고, 그와 친구가 되었단다.

이렇게 우리는 다시 동굴로 들어갈 수 있었어. 요셉은 내가 넘어지지 않도록 내 손을 잡고 동굴로 안내하며 말했어.

"마리아, 이 젖소는 메시아를 보호하기 위해 이토록 매질을 당했으니 우리가 잘 간호해야겠소."

이렇게 우리는 저 축복받은 동굴에 머물 수 있게 되었단다. 그 동굴을 생각하자니 수많은 추억들이 따라오는구나.

우리는 황제의 칙령으로 인해 베들레헴에 왔고, 그곳에서 성경에 쓰인 다윗 임금의 자손, 메시아의 강생을 실현해야 했어. 미카서에 나온 말씀에 따라서 말이야.

"너 에프라타의 베들레헴아 너는 유다 부족들 가운데에서 보

잘것없지만 나를 위하여 이스라엘을 다스릴 이가 너에게서 나오리라."(미카 5,1)

요한아, 하느님은 옛 예언자를 통해 우리 혈통을 중요하게 만드시고, 그 어떤 줄기도 쳐 버리지 않으신다. 하느님은 우리의 과거, 현재 그리고 미래도 굽어보시지 않니? 하지만 우리는 한 치 앞도 제대로 못 보면서도 모든 것을 아는 척, 지혜로운 척하지. 그러다가 삶에서 이해할 수 없는 상황에 처하면 초조하고 불안해하면서 말이야. 심지어 하느님이 계신가 하는 의구심을 품기도 하고.

어떤 노인이 이런 말을 하더라. "하느님을 신뢰하면 하늘에 빛나는 그분의 광채를 보게 될 것이다. 너를 둘러싼 검은 구름이 모두 사라져 버릴 것이다."

다음에는 예수의 탄생에 대해 네게 상세히 말해 주마. 지금은 잠시 쉬고 싶구나. 그날의 감미로운 추억이 이 세상 어떤 보화보다 더욱 값지게 느껴진단다. 그 추억에 나를 잠시 맡겨 두고 싶구나.

가슴 아픈 예언

그다지 오래 지나지 않아 우리는 동굴 생활을 접고, 비록 누추했지만 초막에 들 수 있었어. 하지만 예수의 탄생은 우리가 아직 동굴에서 생활할 때에 맞이하게 되었단다.

어떻게 너에게 이것을 잘 설명할 수 있을까? 아이를 낳지 않는 남성이 탄생의 신비를 이해할 수 있을까? 여성일지라도 이를 실감하기는 쉽지 않을 것 같구나. 내가 해산하던 그날은 데벳월(히브리력으로 열 번째 달)이었다.

우리 전통에는 아내가 해산할 때 남편이 곁에 머물지 않지만, 요셉은 옆에서 나의 출산을 도왔어. 그가 마을까지 뛰어가 동네 아낙들에게 도움을 요청했고, 이에 착한 세 아낙이 와서 해산을 도왔단다. 요셉은 동굴에 피운 모닥불의 불씨가 꺼지지 않도록 계속 불길을 살폈고, 내가 두른 담요가 땅에 떨어지지 않도록 신경을 썼지.

아기는 번갯불이 유리창을 꿰뚫듯 한순간에 태어났어. 그 순간, 난 무엇인가 이상한 힘을 느꼈단다. 아기를 받아 내던 바로 옆의 여인들조차 느끼지 못한 듯했고, 요셉조차 알아채지 못한 것 같았지만 말이야. 그것을 구체적으로 설명하기는 힘들 것 같구나. 하지만 나는 분명히 분만할 때 통증을 거의 느끼지 않았고, 다른 고통이나 초조함도 느끼지 않았어.

요한아, 이를 두고 이상하게 생각하지는 말아 다오. 하느님께 불가능이란 없으니까. 그 어떤 이성과의 접촉 없이 한 생명이 태어나게 하신 하느님의 신비야말로 더욱 경이로운 것이 아니겠니? 나는 이 신비를 수차례 묵상했단다. 하느님은 어떤 일이든 우리 인간의 한계를 넘는 방법을 쓰실 수 있는 분이시니, 출산에 있어서도 그리하셨을 것이라는 데 생각이 미쳤지.

그토록 평온한 해산은 바로 하느님이 원하신 것 같아. 당신의 부성애를 그와 같이 특별히 표현하신 것이 아닐까 하는 생각이 들더구나. 메시아는 이 세상 모든 사람을 구원하고 훼손된 인간상을 다시 회복하기 위해 오신 분이시고, 출산의 순간조차 이를 지키신 것이지.

죄는 하느님께 대항하고, 그분을 거스르는 것이기에 하느님의 계획에 들어설 수 없었단다. 메시아는 인간의 죄로 인해 그토록 모진 수난을 겪으셔야만 했어. 이것은 결코 무죄하신 메시아의 잘못이 아니란다. 죄를 범한 인간의 탓이며, 그 죄의 무서운 굴레가 자기 자신과 타인을 다치게 하는 것이지.

출산의 순간, 정말 기뻐하고 축하해야 할 일은 내 아들이 바로 여기 내 품 안에 있다는 것이었단다.

기쁨과 감동 속에 만난 내 아들은 세상에 갓 태어난 다른 아기들처럼 그저 작은 아기일 뿐이었어. 그러나 샛별처럼 돋보이더구나. 샛별이라기보다 차라리 태양 그 자체였다고 말하는 게 더 옳을 듯하다.

나는 아기를 품에 안고 가만히 보았어. 그토록 작고 부드러우며 온통 주름진 몸, 감은 두 눈, 엄마 젖을 찾는 앙증스러운 입……. 젖을 달라고 보채며 우는 내 사랑스러운 아기!

요셉 역시 눈을 빛내며 흥분을 감추지 못하고 아기를 들여다보았어. 그리고 세상의 모든 아버지들이 그러하듯, 아기를 안았을 때 두려움을 느끼는 듯했어. 혹시나 아기를 떨어뜨리지는 않을까, 지나치게 꼭 안아서 아프게 하지는 않을까, 혹시 약한 팔목을 세게 쥐어 다치게 하지는 않을까 하는 두려움일 테지.

한편으로는 의문도 들었단다. 태어난 아기에게 특별한 표지가 있거나 다른 아기에게는 없는 어떤 초인적인 힘을 가지고 있지는 않을까? 그러나 여느 아기와 다른 점이라고는 전혀 없었단다.

출산을 도운 여인들이 내 순산을 축하하며 마을로 돌아간 뒤에, 요셉과 나는 아기와 함께 동굴에 남았어. 출산 후 지치기는 했지만 벅찬 마음에 도무지 잠을 이룰 수가 없더구나. 작은 포대기에 싸인 아기가 내 품에서 젖을 먹으며 엄마의 온기를 느끼고 있다니……. 우리 모자와 그다지 멀지 않은 곳에서는 젖소와 당나귀가 동굴 안으로 한겨울의 맹추위가 들어오지 못하도록 막고 있었지.

밖은 이미 깊은 어둠이 내렸고, 동굴 안에는 요셉이 지펴 둔 작은 불길이 타고 있었단다. 지나치게 연기가 나지 않도록 나뭇가지들을 조금만 모아서 태웠지만, 동굴은 마치 찬란한 빛에 뒤덮인 것처럼 보였어. 아기에게서 빛이 흘러나와서가 아니라, 아기가 바로 빛이었기 때문이었지.

아기를 보며 이토록 큰 신비를 다시금 묵상하지 않을 수 없었단다. 아기를 보고 있으면, 누추한 동굴이 그분의 영예에 걸맞은 거대한 왕궁으로 변모하는 듯한 착각에 젖어 들었지. 예전에는 전혀 느끼지 못했던 감정, 희열이 내게 밀물처럼 몰려와 저절로 아기에게 경배하게 되었단다.

나도 내 안에서 솟아오르는 감정에 스스로도 놀랐어. 해산으로 지친 몸이 잠 속으로 이끌려 가는데도 자꾸만 의문들이 생겼지. 이 아기는 누구일까? 물론 이 아기는 구세주였지. 그렇다면 어떤 구세주일까? 지극히 높으신 분이 이 세상에서 인간을 구원하기 위해 보내셨다면, 판관이나 임금이 되기 위해 온 것일까?

왜 한 남자와 한 여자의 사랑으로 탄생하지 않았을까? 특별한 방법으로 왔다면 이 아기의 근본은 무엇이고, 누가 이 아기의 진정한 아버지일까? 내가 이 아기의 어머니인 건 틀림없지만, 하느님이 부권父權을 요구하실 수 있는 것일까?

요한아, 이는 막 출산을 마친 한 여인의 지나친 생각만은 아니었단다. 이것은 그 복된 밤에 내가 가질 만한 의문들이었지. 미약한 육신을 취해 온 아기에게 젖을 물리며, 하느님이 이룩하신 이 강생의 신비를 묵상하고 오직 경탄을 올릴 수밖에 없었어. 그리고 이 일이 앞으로 어떻게 전개될지 바라볼 수밖에 없더구나.

나는 아기의 이마에 입을 맞추며 "사랑한다."라고 고백하지 않을 수 없었어.

"아가야, 너를 이 세상에 보내신 하느님께 감사드린다. 그동안의 일들이 결코 쉽지는 않았고, 두려움도 컸단다. 그렇지만 지금 너는 내 곁에 있지. 나는 너를 위해 모든 것을 헌신할 거란다. 사랑하는 내 작은 아가야, 천사가 예고한 그날부터 지금까지 겪은 모든 일이 아무것도 아니었다고 말하고 싶구나. 내 평생 단 한 번도 내 능력을 넘는 것을 바라지도 청하지도 않았다. 그런데 지금은 메시아의 어머니가 되었구나. 나는 이 모든 것이 너무나 놀랍단다.

아가야, 너는 어떤 구세주일까? 양들이 묵는 마구간에서 젖소와 당나귀 옆에서 태어나고, 부모라고 하는 우리는 비천하고 부족한 사람들인데……. 아가야, 너의 큰 위용은 도대체 어디에 있는 것이니? 그럼에도 불구하고 난 전혀 실망스럽지 않다. 너는 이 세상 그 어떤 것보다 소중하니까! 장차 성장해서 완수할 너의 사명을 위해 태어난 메시아니까! 모든 이가 네게서 배우길 소망한단다. 나는 너의 어머니이기에 이 모든 것을 좀 더 잘 알 것만 같구나.

아마 사람들은 네가 자신들에게 주는 것, 예를 들어 너의 영광, 메시지, 승리, 기적 등을 보고 너를 좋아할지도 모른다. 그러나 사랑하는 내 아가야, 나는 오로지 너 그 자체를 사랑한단다. 네가 할 모든 일에 관해 내가 무관심하다는 것은 아니야. 그렇다면 하느님의 계획을 과소평가하는 것이 되겠지.

그러나 아가야, 나는 너의 어머니란다. 이해해 다오, 네가 언제까지나 내 가슴에서 순수한 사랑만을 발견할 것을 바라지. 너를 향한 사랑! 내 사랑은 네가 장차 가져올 무언가 때문만은 아니란다.

네가 바로 선물이고 네가 바로 보화란다. 그 이외에는 아무것도 원하지 않는다. 나는 너 하나만으로 충분하단다."

요셉은 내 곁에 앉아 불씨가 꺼지지 않았는지 조심스럽게 살폈어. 잠자코 내 독백을 듣던 요셉이 갑자기 평온하게 잠든 아기를 보여 달라고 청했지.

요셉은 출산 직후, 아낙네들이 사내아이라고 환성을 지르며 피도 닦지 않은 아기를 보여 주었을 때 손으로 아기를 받아 들어 안았어. 그러나 곧바로 내게 아기를 넘겨주었단다. 떨어뜨릴까 봐 두려웠기 때문이었지.

그런 요셉이 내게 아기를 보여 달라고 다시 청했어. 나는 깊이 잠든 아기가 깨지 않도록 조심스럽게 그에게 안겨 주었지. 아기는 마을의 아낙들이 준비해 준 얇고 부드러운 천에 싸여 무쇠처럼 튼튼한 요셉의 팔에 안겼어.

내가 그토록 사랑한 남자, 아버지가 되기 위해 모든 것을 감수한 사람, 양부養父로서 새로운 소명의 길을 기꺼이 가기 위해 친부親父가 되는 것조차 포기한 사람!

지금 그 요셉의 품에, 그 따뜻한 양부의 품에서 내 아기가 곤히 잠들어 있었지. 항상 과묵한 요셉은 그날도 거의 말을 하지 않았어. 그저 오랫동안 아기를 바라보다가 아기의 이마에 부드럽게 입을 맞추며 말했지.

"아들아, 나도 너를 사랑한다. 네 안에 네 어머니의 피 이외에 어떤 피가 흐르고 있는지는 모르겠구나. 또한 네가 누구인지, 또 이토록 소박한 출현으로 장차 어떠한 인물이 될 것인지, 메시아인 너에게 경배해야 하는지, 잘 모르겠다.

지금 이 순간 내가 아는 오직 한 가지는, 너에게 내가 필요하다는 것이다. 그리고 내 모든 것을 네게 쏟겠다고 약속하마. 당신의 거대한 사업에 나를 도구로 쓰신 지극히 높으신 하느님께 감사드릴 따름이다. 전지전능하신 그분을 돕는다는 것은 인간이 입을 수 있는 최대의 영예이자 축복이 아니겠니?

너를 따르는 이들은 장차 뭐라고 말할까? 너의 사명을 따르는 일을 부담스러운 짐이라고 할까? 혹시 그렇게 말하는 사람이 있다면 아무것도 이해하지 못한 사람이겠지. 왜냐하면 하느님의 도구로 쓰인다는 건 무거운 짐이나 부담이 아니라 크나큰 축복이기 때문이란다.

하느님의 은총과 너를 위해 내 삶 전체를 헌신한다는 것은 이 세상 그 누구도 상상할 수 없는 커다란 행운이란다. 그래서 지금 이 자리에서 너를 내 아들이라고 부르고 너를 위해 내 삶 전체를 내놓을 거야. 그리고 나는 네가 너의 꿈과 사명을 완수할 수 있도록 너와 마리아를 지킬 거야. 장차 하느님이 너를 부르실 때까지! 나는 이 사명을 완수하기 위해 세상에 왔으니까."

말을 마친 요셉은 다시 아기의 이마에 입을 맞추고 내게 돌려주었어. 그날 밤은 잠을 이룰 수가 없었지. 요셉은 우리 모자에게 온기를 전하기 위해 곁에 누웠지만, 불이 꺼지지 않도록 수시로 일어나 살펴야 했단다.

날이 밝아 오자 젖소가 신선한 우유를 넉넉하게 내주었어. 주인에게 흠씬 두들겨 맞은 이후에, 한동안 단 한 방울의 젖도 나오지 않았는데 말이야.

요셉이 우유를 따뜻하게 데우고, 그 속에 빵 조각과 꿀을 넣어 나에게 마시게 했어. 그는 모든 것이 순조롭다고 나를 안심시키고는 마을로 향했지. 로마의 칙령에 따른 호적 등록을 서둘러야 했기 때문이었어. 그 일이 마무리되지 않은 이상, 우리는 큰 짐을 짊어진 것처럼 홀가분하지 않았지.

한참을 마을에서 머물던 요셉이 돌아와 우리의 호적 등록이 완료되었다고 알렸어. 그리고 마나세스와 리아 부부가 호의로 준 돈으로 우리 가족에 대한 세금도 모두 납부했다고 말했지.

보다시피 요한아, 이처럼 선한 사람들의 도움으로 내 아들의 구속救贖 사업이 시작될 수 있었단다.

첫날, 나는 요셉이 짚으로 만든 엉성한 침대 위에서 거의 몸을 움직이지 못했어. 그래도 따뜻하고 견딜 만하더구나. 요셉은 마을을 왔다 갔다 하면서 음식과 내게 필요한 물건을 쉼 없이 날랐단다.

 솜씨 좋은 목수인 그는 옆 동굴에 있던 낡은 구유에 아기의 잠자리를 재빨리 만들어, 아기가 태어난 다음 날부터 아기를 그곳에 눕힐 수 있게 했지. 태양이 높이 뜬 정오가 되자, 내 출산을 도왔던 두 여인이 다시 왔단다. 그들은 진흙으로 빚은 큰 냄비에 닭고기 스프와 삶은 계란, 밀가루에 꿀을 넣어 만든 밀병을 담아 왔어.

 이윽고 밤이 이슥해졌고, 요셉은 내게 자신의 온기를 전할 수 있도록 내 곁에 누워 잠들었어. 그때 동굴 어귀에서 사람들의 발자국 소리가 들렸단다. 인기척에 놀란 당나귀가 제일 먼저 울더구나. 젖소도 침입자들에게 머리를 들이밀며 위협했지. 그 소리에 놀란 요셉은 동굴 밖으로 달려갔어.

 그때 목이 쉰 듯한 컬컬한 목소리가 들려왔어. 처음에는 놀라서, 아기를 안고 동굴의 다른 쪽으로 몸을 피하려고 했지. 그러나 요셉이 다가가 보니, 그들은 마을의 양 떼를 지키는 목자들이었어. 요셉은 마음을 놓았고, 동굴 안에서 귀를 기울이던 나도 조금은 안심했단다. 그런데 그들이 기이한 말을 전했어.

 이때는 가장 추운 시기였어. 양 떼를 맹수나 도둑으로부터 지키기 위해 골짜기 아래에서 목자 두 사람이 밤새우며 보초를 섰고, 다른 목자들은 동굴 안에서 잠을 잤단다. 양 떼를 지키는 이들은 추위를 피하려고 큰 모닥불을 피워 두었지. 그들이 피운 모닥

불은 희미하게 떨고 있는 별빛 같았어. 우리도 며칠 전부터 동굴 아래 골짜기에 그들이 있는 것을 알고 있었지.

우리 동굴 안으로 들어온 목자들은 여덟에서 아홉 명 정도 되었는데, 그들 중에 나이가 가장 지긋한 사람이 입을 뗐어. 그는 요셉에게 자신들이 겪은 기이한 일을 이야기했지. 그의 말에 따르면, 천사가 그들에게 나타나 이런 말을 했다고 하더구나.

"나는 온 백성에게 큰 기쁨이 될 소식을 너희에게 전한다. 오늘 너희를 위해 다윗 고을에서 구원자가 태어났으니, 그분은 주 그리스도이시다. 너희는 포대기에 싸여 구유에 누운 아기를 보게 될 터인데, 그것이 너희를 위한 표징이다."

자신을 목자들의 우두머리라고 밝힌 '라손'이라는 사람의 말에 따르면, 천사의 말이 끝나자 하늘에서 천사들의 노랫소리가 들려왔다는구나.

"지극히 높은 곳에서는 하느님께 영광, 땅에서는 그분 마음에 드는 사람들에게 평화!"

막 저녁이 깊어질 무렵의 일이었지. 천사의 말을 들은 목자들은 마을로 달려가서 이곳에서 아기가 탄생한 일이 있는지 물었어. 하지만 아무도 아는 사람이 없어 무척 낙심했단다. 그때 베들레헴에서 호적 등록을 돕던 한 유다인이 그날 아침 일찍, 아기의 출생을 신고하고 세금을 납부한 가족이 있었다는 사실을 알려 주었어. 그러나 정작 그들이 어디에 묵는지는 알 수 없었지. 그런데 목자 중에 한 사람이 자신의 아내가 동굴로 가서 한 아기의 출산을 도왔다고 말한 것을 기억해 냈어. 그들은 더 이상 지체할 것 없이 단숨에 우리가 묵고 있는 동굴로 달려 왔단다. 그리고 요셉에게 천사가 말한 이스라엘을 구원할 아기를 뵙게 해 달라고 간청했어. 목자들은 메시아가 이런 누추한 곳에서 태어났다는 사실에 무척이나 의아해했지만, 천사의 말을 조금도 의심하지 않았단다.

요셉은 무척이나 망설였어. 그는 이것이 혹시 무슨 계략은 아닌지 의심하는 것 같았지. 동굴 안에서 이 모든 대화를 들은 나는 아기의 사명이 바로 지금부터 시작되는 것이 아닐까 하는 생각이 들었단다. 나는 몸을 일으켜 요셉에게 그들을 데려오라고 했어.

그러자 목자들은 요셉을 앞세우고 차례차례 들어왔어. 모자를 벗어 손에 쥔 그들은, 먼저 나를 찬찬히 바라보고 이어서 아기를 보더니, 다시 우리 모자를 주의 깊게 바라보았어. 그들은 매우 놀란 듯했단다. 그것은 짧은 순간이었지만 마치 영원처럼 길게 느껴졌지. 그때 갑자기 목자 한 사람이 소리쳤어.

"이것은 가짜요! 우리가 늘 양들을 몰아넣던 이 동굴에 극히 평범한 아기가 있을 뿐이오. 난 이곳 어디에서도 메시아를 발견할 수 없소. 아마 우리가 착각한 모양이니, 베들레헴의 다른 곳에서 태어났을 그 아기를 찾아봅시다. 이 사람들이 메시아의 부모라면, 난 예언자요."

그때 라손이 마치 뱀에게나 물린 듯이 펄쩍 뛰며 그 목자의 뺨을 때렸다.

"조용히 해라, 이 짐승 같은 놈아. 누가 너에게 메시아가 진짜인지 아닌지 그 진위를 가리라고 했느냐? 다윗 임금 역시 미천한 가문에서 나지 않았느냐? 사무엘조차도 하느님께서 손수 '사람들은 눈에 들어오는 대로 보지만 나는 마음을 본다.'라고 알려 주기 전까지 실수하지 않았느냐?

우리가 다윗 임금의 자손들을 고귀한 자들이라고만 여긴다면, 이 가문에서 임금이 탄생했다는 교훈을 제대로 배운 것이 아니다. 이 아기가 장차 기드온이나 삼손이 되어 이스라엘을 구할지 누가 알겠느냐? 도대체 우리가 무엇이기에 그러한 의심을 품는 것이냐? 천사의 말뿐만이 아니다. 이 동굴에는 내가 단 한 번도 느끼지 못한 거룩함이 넘쳐흐르고 있다. 이는 내가 예루살렘 성전이나 회당에서조차 느끼지 못한 것이다.

나도 잘 모르겠지만, 이 아기와 모친을 바라보면 내 마음에서 무언가가 꿈틀거리는 것이 느껴진다. 좀 더 나은 인간이 되라고 나를 재촉하는 것만 같은 그런 기운 말이야."

말을 마친 그는 군주와 권력가에게 하듯이 무릎을 꿇고 아기를 경배했단다. 그러자 다른 이들도 묵묵히 라손을 따라 경배했지.

그들은 자신과 가족을 위해 기도해 달라고 청하면서 가지고 온 작은 선물들을 내 침상 옆에 놓았단다. 그리고 갓 출산한 산모와 포대기에 싸여 깊은 잠에 빠진 아기를 오랫동안 마주하는 것은 도리가 아니라며 작별을 고하고 떠날 채비를 서둘렀지. 그러자 요셉이 그들을 막고 말했어.

"당신들에게 한 가지 청이 있습니다. 천사의 발현은 비밀에 부쳐 주십시오. 이런 소문이 널리 퍼지면 아기가 위험해질 수도 있기 때문입니다. 메시아의 출현에 위협을 느낄 사람도 있을 것입니다. 부탁컨대 이 일을 아무도 알지 못하게 해 주십시오. 우리는 이미 황제의 칙령에 따른 호적 등록을 모두 마쳤습니다. 우리가 며칠간 몸을 추스른 후 베들레헴을 무사히 빠져나가 고향으로 갈 수 있도록 도와주십시오."

그들이 모두 떠나간 후, 나는 요셉에게 말했어.

"자, 보세요. 그 누구의 보호도 없이 홀로 이곳에 떨어져 있다 하더라도 주님은 신비한 손길을 우리에게서 떼어 놓지 않으셨지요? 하느님은 당신께서 계획하신 것이 이루어지도록, 또 하느님에 대한 믿음을 확고히 갖도록 그 목자들을 통해 돕지 않으셨나요?

여보, 당신은 이제 좀 쉬도록 해요. 나는 목자들의 선물을 한쪽에 잘 정리해 둘게요. 아마 내일은 우리가 좀 더 편히 쉴 곳을 구할 수 있을 거예요. 우리가 다시 길을 떠나기 전에 당신이 좀 더

편한 곳에서 쉬면서 건강을 되찾았으면 좋겠어요."

이러한 내 바람에도 불구하고, 베들레헴으로 몰려드는 인파 때문에 우리는 그 동굴에서 2주 동안 더 머물러야 했단다. 그러다가 우리를 찾았던 목자들 중 한 사람의 도움을 받아 마을 외곽에 있는 낡고 허름한 초막으로 거처를 옮길 수 있었단다.

그 목자들은 가난했지만 우리를 위해 큰 사랑을 베풀어 주었어. 또한 값진 선물은 아니었지만, 꼭 필요한 작은 물건들을 우리가 잠든 사이에 동굴 입구에 살며시 두고 떠나곤 했지. 그들은 자신들의 모습을 잘 드러내지 않았어.

간혹 아주 드물게 아기를 보여 달라고 청하고는 품에 잠시 안아 보는 사람도 있었어. 그들은 장차 자신의 아들과 손자에게 메시아를 위해 작은 일이라도 할 수 있었던 것을 자랑스럽게 말할 날이 오기를 고대한다고 했지. 이토록 작은 일이라도 메시아를 도울 수 있었던 것은 하늘의 축복이라고 하면서 말이야. 나는 이 순박한 목자들 덕분에 이런 교훈을 얻었단다.

그것은 바로 우리가 자주 가장 중요한 것을 잊는다는 깨달음이었어. 가난한 이들은 그 어떤 것에도 감사하고 행복해하지만, 모든 것을 가진 이들은 감사하는 마음도 만족감도 없지.

가난하고 미천한 이들은 하느님을 돕는 것이 큰 축복이라고 생각한단다. 전지전능하신 분께 유익한 일을 했다는 자부심에 하느님을 더욱 찬미하게 되는 것이지. 이와 반대로, 부자들은 남을 돕는 것이 재물을 축내는 일이라고 생각해. 가난한 이를 도우면 오히려 그들의 의타심을 키울 수 있으므로, 결코 좋은 일이 아니라고 생각하는 것이지. 또한 부자들은 자신의 자선에 하느님이 감사해야 한다는 교만한 마음을 갖기도 한단다.

교만은 하느님의 은총과 우리를 갈라놓고, 오직 하느님만이 가치가 있다는 것을 알지 못하게 하지. 또한 재물을 움켜쥐고 그것이 모두 자신의 것인 양 잘난 체하게 하고, 인색함을 키워 하느님이 주신 것을 이웃과 나누어야 한다는 의무를 망각하게 한단다. 나는 이 목자들을 통해 이 세상에서 가장 큰 죄악은 교만이라는 우리 선조들의 가르침을 새삼 깨달았어.

아기가 태어난 지 여드레가 지나 율법에 정해진 대로 할례를 받게 되었어. 우리는 동굴에서 할례식을 치르기로 했지만, 우리나 우리의 가난한 친구 목자들 그 누구도 이를 부끄럽게 여기지 않았어. 게으름으로 인한 가난이 아니라면, 가난은 부끄러운 것이 아니었지.

아게오라는 사람이 할례를 베풀면서 "아기의 이름을 무엇이라 할 것이오?"라고 물었어. 요셉은 천사가 일러 준 대로 "예수입니다."라고 답했어. 모두가 의아하게 생각하자, 요셉은 "이 아기는 예수라 불릴 것이며, 백성을 죄에서 해방시킬 것입니다."라고 덧붙였어.

아게오는 능숙하게 단칼에 할례를 베풀었어. 이로써 아기는 우리 민족이 대대로 행하는 할례를 받은 것이지.

"하느님, 찬미받으소서! 당신의 율법으로 우리를 거룩하게 하시고 할례를 명하셨나이다."

예식에 참석한 요셉과 증인 열 명이 이에 응답했어.

"복되어라. 할례를 받고 선택받은 이여!"

이때 아기가 크게 울음을 터뜨렸어. 이 예식이 아기에게 고통을 주었던 것이지. 아기의 피가 쏟아져 흰 아마포를 붉게 물들였단다.

그때 나는 불길한 조짐, 예견이라고 할 만한 것이 내 마음에 어두운 구름처럼 몰려오는 것을 느꼈어. 나는 이를 떨치기라도 하듯, 아기를 내 품에 꼭 안고 젖을 먹이기 시작했어. 그러자 아기는 비로소 울음을 그치고 젖을 빨았단다.

그 후 다시 여러 날이 흘렀고, 요셉은 우리의 생계를 위해 바쁘게 일했지. 그가 소박한 일들을 한 대가로 빵이나 술, 늙은 닭이나 스프, 야채나 옷가지를 받기도 했지. 무엇보다 우리는 항상 젖소의 신선한 우유를 얻을 수 있었기에 그럭저럭 살 수 있었단다. 드디어 출산한 지 40일이 지나 모세 율법에 따라 정결례를 치러야 하는 날이 되었단다. 나는 하느님의 뜻에 따라 메시아를 낳았고, 이 예식을 치러야 할 어떤 필요도 느끼지 않았지만, 우리 민족이 철저히 지키는 율법 또한 거스르고 싶지 않았어.

우리는 신중하게 행동해야 했단다. 이것은 비겁함이 아니라, 가난한 이들, 약한 이들이 삶에서 체득한 지혜란다. 불필요하게 타인의 이목을 끌 필요는 없지. 진정으로 중요한 것이 무엇인지, 율법의 근본정신이 무엇인지는 앞으로 내 아들이 고통에 처한 사람을 안식일에 치유한 것으로 드러날 것이었어. 우리는 한 소년이 잡은 산비둘기 한 쌍을 동전 다섯 푼에 사서 성전에 제물로 바쳤단다.

그런데 성전에는 '한나'라는 예언자가 있었어. 과부인 그녀는 밤낮없이 성전을 지키며 단식하고 기도했어. 그곳에서 그녀는 나처럼 정결례를 치르는 여인들을 돌봐 주고, 사람들이 성전 안에서 질서를 지키게 했지.

그런 그녀가 어느새 내 곁에 다가와 있었어. 그녀는 언제나 무엇인가 찾고 있는 사람 같았기에 어떤 사람들은 그녀가 정신이 온전치 못하다고 생각했고, 또 어떤 사람들은 외롭게 사는 그녀가 사람들을 만나 말을 건네고 싶어 하는 것뿐이라고 생각했단다.

그런데 한나는 아기 예수를 보자마자 다른 아기들에게 했던 덕

담과는 비교조차 할 수 없을 정도로 엄청난 찬사를 퍼붓기 시작했어. 그녀는 자신의 찬사와 축복에 대해 우리가 하느님께 감사드릴 여유조차 주지 않았어. 한나는 우리에게 떠나지 말고 그대로 머물러 달라고 청하더니 '시메온'이라는 이름의 노인을 데리고 돌아왔단다. 그는 예루살렘에 사는 의롭고 독실한 사람이었지. 한나가 그에게 말했어.

"이 아기의 눈동자와 머리카락 좀 보세요! 당신도 느껴지지요? 우리가 기다리던 그분이 드디어 나타난 것이에요!"

시메온이 우리 곁으로 천천히 다가오자, 나는 놀라 아기를 가슴에 꼭 안고 자리를 피하려고 했지.

나는 항상 이 연약한 아기를 누군가가 해치려 들지는 않을까 하는 두려움을 지니고 있었어. 인간을 구원하기 위해 오는 메시아의 탄생을 참을 수 없는 악령이 어딘가에 숨어 있다가 아기를 덮치는 건 아닐까 늘 마음을 졸였지.

그런데 시메온의 말은 나를 더욱 놀라게 했단다. 시메온은 마치 엘리사벳이 했던 것처럼 나를 부르더구나.

"은총이 가득하신 여인이여!"

그의 목소리는 투박해서, 아이들이 듣는다면 겁을 먹을 만한 소리였지.

"여인이여, 청하오니 아기를 보여 주십시오."

나는 요셉을 바라보며 아기를 덮은 포대기를 조금 풀어 시메온이 볼 수 있도록 했어. 아기는 이미 잠에서 깨어나 미소 짓고 있었단다. 아기는 항상 가까이 오는 모든 사람에게 따뜻한 미소를 보냈는데, 시메온이 가까이 왔을 때도 아기는 사랑스러운 미소를 짓고 있었던 것이지.

시메온은 주름이 가득한 얼굴로 몸을 굽혀 아기를 들여다봤어. 그러더니 하늘을 우러러 양팔을 높게 들고는 한참 동안 침묵했단다. 그러자 성전에 있던 사람들이 호기심에 차 우리와 한나의 주위를 둘러쌌지. 그때 시메온이 큰 소리로 부르짖기 시작했어.

"주님, 이제야 말씀하신 대로 당신 종을 평화로이 떠나게 해 주셨습니다. 제 눈이 당신의 구원을 본 것입니다. 이는 당신께서 모든 민족들 앞에서 마련하신 것으로 다른 민족에게는 계시의 빛이며 당신 백성 이스라엘에게는 영광입니다."

그의 말은 매우 아름다웠고, 그 자리에 있던 모든 사람이 기쁨과 경이로 이를 받아들였단다. 우리는 그의 말을 듣고 이 평범하게 보이는 아기에게 구원의 신비가 깃들어 있다는 것과, 거룩한 의인들의 예언을 다시금 확인했지.

시메온은 아기를 안고 싶어 했어. 혹시 아기를 떨어뜨리지 않을까 염려되었지만, 요셉이 허락해 주었지. 시메온의 팔은 흔들렸지만 아주 조심스럽게 아기를 품에 안았단다. 그리고 아기의 이마에 입을 맞추고 내게 돌려주었어. 이때 시메온이 갑자기 놀라운 행동을 했어. 내가 예수를 다시 품에 안자, 아기에게 무릎을 꿇는 것이 아니겠니?

요한아, 사실 우리 종교가 인간 앞에 무릎을 꿇는 일을 엄하게 금지하고 있다는 것을 너도 알고 있을 거야. 놀란 요셉이 그가 일어나도록 부축했단다. 사제나 다른 사람들의 눈에 띄면 불경죄로 고발될 수도 있는 위험한 행동이었으니까. 우리는 한나와 시메온과 헤어져, 서둘러 성전에서 나왔단다. 호기심에 가득 차 우리를 둘러싼 많은 이들로부터 아기를 보호하려 한 것이지.

그런데 갑자기 우리 등 뒤에서 시메온의 외침이 들려, 다급히 몸을 돌렸단다. 혹시 쓰러진 건 아닌지, 다른 사람의 도움이 필요하지는 않은지 걱정하면서 말이야. 그런데 시메온은 놀랍게도 땅 위에 당당히 서서 지금까지 의지하던 지팡이마저 옆에 두고 두 손을 하늘을 향해 펼치고 있었어. 그에게 깊은 감화를 받은 사람들이 그의 곁으로 몰려들었지. 그들 중 대부분은 그를 잘 알고 있고, 그의 삶을 존경했단다. 그 자리에 몰려든 사람들은 시메온이 하늘로부터 어떠한 영감이나 계시를 받았다고 생각했지.

시간이 좀 지난 후에 시메온은 어깨를 내려뜨렸어. 그러고 나서 우리를 바라보며 이쪽으로 천천히 걸어왔지. 요셉과 나는 그가 몸을 가누지 못한다면 바로 부축할 생각으로 그를 지켜보고 있었어. 그의 숨소리가 내 얼굴에 느껴질 정도로 가깝게 다가왔을 때, 그는 낮은 음성으로 이렇게 말했어.

"이 아기는 이스라엘에서 많은 사람을 쓰러지게도 하고 일어나게도 할 것입니다. 또 이 아기는 반대를 받는 표징이 될 것입니다. 그리하여 당신의 영혼이 칼에 꿰찔리는 가운데, 많은 사람의 마음속 생각이 드러날 것입니다."

요셉은 팔을 뻗어 자신의 가슴으로 나를 끌어당겼지만, 나는 시메온의 얼굴에서 눈을 뗄 수가 없었어. 그는 천천히 눈을 감았는데, 감은 눈가에 눈물이 흥건히 고여 있었단다.

놀란 우리는 목석처럼 굳었어. 주변에 있던 사람들은 이해할 수 없는 노인의 예언이 과연 우리 모자에 대한 축복인지 아니면 저주인지 알 수 없어 당황스러워했지.

그런데 갑자기 시메온이 몸을 돌려 자리를 떠났단다. 그는 흐느끼고 있었지. 한나는 그를 따르면서, 과연 그가 본 환시가 무엇이며 내 마음이 칼에 찔리는 듯하다는 것이 무슨 뜻인지 묻고 있었어. 사람들은 바위처럼 꼼짝도 않고 있다가 두 사람이 성전 뜰을 지나도록 길을 열어 주었어.

온갖 의혹에 찬 사람들은 우리가 꼼짝도 못할 만큼 집요하게 질문을 퍼부었어. 우리가 그 자리에서 겨우 벗어났을 때, 우리의 영혼과 육신은 매우 지쳐 버렸단다.

베들레헴으로 돌아가는 길에 나는 이 모든 일을 깊이 생각해 보았어. 요셉은 시메온의 말을 잊게 하기 위해 내 생각을 다른 곳으로 돌리게 하려고 애썼지만, 소용없는 일이었지. 서로 말은 하지 않았지만, 우리 모두 이 예언의 중요성을 깊이 새겼단다. 이는 하늘에서 온 새로운 통보였기 때문이야.

시메온의 예언이 무엇을 말하는지 알 수 없었다는 것이 안타까웠어. 그때 문득, 천사의 부드러운 손길이 고통에 휩싸인 내 마음을 보듬어 주는 듯한 느낌을 받았단다.

겨울의 태양은 빨리 저물어서, 어느덧 어둠이 몰려왔어. 구름도 점차 그 어둠 속으로 빨려 들어갔지. 우리는 점차 평온을 되찾고 있었어. 손에 잡힐 듯한 하느님의 현존이 우리의 마음에 어둠을 몰아내고 평화를 내려 주었단다.

나는 조용히 요셉을 불렀어.

"여보, 우리 모든 일에서 긍정적인 일만을 생각하기로 해요. 오늘 만난 이들에게서 훌륭한 교훈을 얻지 않았나요? 그들의 전언은 바로 하느님에게서 오는 것이 아닐까요? 우리는 메시아인 아기를 잘 돌봐야 해요. 메시아의 사명은 백성을 구원하는 것이지요. 이 구원 사업에 수많은 장애와 어려움이 있다는 걸 의아하게 생각해서는 안 돼요.

그리고 이 일 뒤에 전지전능하신 하느님이 계시다는 것 또한 잊어서는 안 돼요. 그분이 손수 당신의 아들을 돌보실 거예요. 지금까지 우리에게 하신 것처럼!

여보, 나 역시 시메온이 말한, 내 마음을 찌르는 '칼'이라는 말이 두려워요. 그러나 이는 모든 어머니들이 공통적으로 지닌 소명이겠지요. 항상 자녀를 생각하고, 그들에게 혹시 불상사가 일어나지는 않을까 불안해하며 전전긍긍해하는 것 말이에요.

사실 가브리엘 대천사의 방문을 받고 하느님께 응답했을 때, 장차 메시아의 어머니로서 누릴 영광이나 이스라엘 여인들 중 간택된 자의 특은을 생각했던 건 아니랍니다. 나는 오직 하느님을 위해, 그분께서 나를 도구로 쓰시기만을 원했어요.

하느님께 오직 한 가지 청이 있다면, 내 아들이 짊어져야 할 그 짐을 내게도 지게 하여 그의 고통을 덜게 해 달라는 것뿐이에요. 아들의 고통을 내가 대신 지어, 저 예언자의 말처럼 내가 칼로 찔리는 아픔을 겪을 때 아들은 그 고통에서 벗어나 있기를 바랄 뿐이지요. 또한 하느님께 내가 이 모든 것을 견딜 수 있는 힘을 주시길 청하고 싶어요."

이렇게 성전에서의 이례적인 하루가 지났고, 우리는 마을 외곽에 있는 초막으로 돌아왔단다. 그리고 며칠 후에 그리운 고향 나자렛으로 돌아갈 것을 계획하며 여장을 꾸렸어. 그런데 우리 삶에 또다시 하느님의 신비가 개입하게 되었단다.

특별한 표지들

요한아, 그 일은 우리가 나자렛으로 돌아가기 위해 준비하던 어느 날 벌어졌단다.

그날 아침에 눈을 떠 보니, 아기는 벌써 잠에서 깨어나 우리 부부를 바라보고 있더구나. 아직은 시야가 완전히 열리지 않은 시기여서, 우리는 여러 물건들을 아기의 눈 가까이로 가져와 보여 주었어. 아기는 갈릴래아 호수의 석양이나 둥근 보름달처럼 평온했단다.

우리는 고향 나자렛으로 돌아가는 길에 아인 카렘에 들러 엘리사벳과 즈카르야와 그들의 아들 요한을 만나 그곳에서 며칠 묵으려고 했단다. 이렇게 결정한 것이 그날 정오였어.

그때 마을에서 웅성거리는 소리가 크게 들렸단다. 우리가 묵던 언덕 위의 초막은 예루살렘과 베들레헴으로 가는 길의 반대 방향에 있었지. 나는 마을에서 들리는 큰 소리에 무슨 일인가 일어났다는 것을 알아챘단다. 마침 요셉이 일거리를 찾아 마을로 떠난 후라 우리 모자만이 집에 남아 있었지.

그때 갑자기 요셉이 입구의 거적을 들치며 허겁지겁 뛰어 들어왔어. 그는 매우 흥분해 있었어.

"여보, 마을에 신비로운 사람들이 나타났소. 낙타와 말을 타고 상인들과 함께 왔는데 메시아가 어디에서 탄생했는지를 묻고 있다오. 베들레헴 사람이 모두 나와 그들을 맞이했는데 아무도 대답할 수가 없었소. 우리를 방문했던 목자 두 사람도 그 자리에 있었는데, 근심스럽게 나를 쳐다보기에 내가 아무 말도 하지 말라고 눈짓을 했소. 그들 중 한 사람이 자신들의 우두머리를 찾으러 간 사이에 나는 죽어라 이곳으로 달려왔소. 여보, 우리가 그들을 피하는 것이 좋은지, 맞이하는 것이 좋은지, 어떻게 해야 할지 모르겠소."

요셉이 말을 마치기도 전에 화려한 옷을 입은 사람이 우리 초막 앞에 당도했어. 그의 뒤를 따라 목자 한 사람이 나타났는데, 지난번에 동굴에서 메시아를 발견할 수 없다며 우리를 거짓말쟁이로 몰던 그 사람이었지. 다른 사람들이 그를 말렸지만, 그는 뒷돈까지 받고는 우리의 거처를 그들에게 알려 주었을 뿐만 아니라, 그들을 직접 데리고 우리 거처까지 왔단다. 오로지 돈에 눈이 멀어서 말이야. 훗날 저 가련한 유다 이스카리옷도 같은 길을 가지 않았니? 그렇지만 하느님이 이 모든 일을 허락하신 것이겠지. 어긋난 길! 하느님은 그 비뚤어진 길, 죄악에서도 결국 승리를 이끌어 내는 분이시지. 하느님의 뜻은 모든 일에 들어맞지 않니?

우리 앞에 제일 먼저 주인의 시중을 드는 아이가 섰고, 이어 그의 주인인 세 사람이 도착했어. 그들이 입은 옷은 서로 매우 다르더구나. 그중 한 사람은 예전에 보았던 노예처럼 검은 피부색을 갖고 있었지만, 그 역시 같이 온 두 사람처럼 훌륭한 옷을 입고 있었단다.

요셉은 혹시 우리 모자에게 어떤 위험이라도 있을까 걱정하며, 그들을 막으며 한가운데로 나섰지. 그러고는 누구인지, 무엇을 원하는지를 나지막하면서도 단호한 어조로 물었어. 그들은 이렇게 대답했단다.

"우리는 동방에서 온 박사들이오. 어느 날 별을 관측하다가 선택된 이 민족 위에 뜬 큰 별을 발견했소. 우리는 비록 당신 민족에 속하지 않지만, 지극히 높으신 하느님을 알며, 오직 그분만을 경배하는 사람들이오. 그런데 몇 달 전에 하느님으로부터 메시지를 받았소. 바로 당신들의 조상 아브라함처럼 이 세상에서 가장 완전한 지혜를 보일 분을 찾아 떠나라는 명령이었소.

그분은 유다의 임금이시기에 다윗의 지파, 즉 위대한 솔로몬의 지파에서 태어나신 분일 것이오. 그리하여 우리는 예루살렘의 헤로데 임금의 왕궁으로 달려갔소. 그곳이 유다의 임금이 태어난 곳이라 믿었기 때문이오. 그러나 헤로데 임금은 이에 대해 전혀 아는 바가 없었소. 오히려 아이를 찾거든 자신도 경배를 할 수 있도록 알려 달라고 우리에게 부탁했지.

수석 사제들과 율법 학자들이 메시아가 탄생할 곳은 다윗 임금의 성읍 유다의 베들레헴이라고 알려 주었다오. 그리하여 우리가 이곳으로 오게 되었소. 지금 문밖에 있는 저 목자가 천사의 발현을 우리에게 알려 주며 이곳으로 인도했소. 이리로 오는 내내 저 자는 당신들이 헛된 거짓말을 꾸며 낸 사기꾼이라고 떠들었지만 말이오. 우리는 과연 구세주가 탄생했는지를 알고 싶소. 만일 사실이라면 우리에게 아기를 보여 주시오."

요셉은 여전히 그들 앞을 가로막은 채 마음을 정하지 못하고 있었어. 나는 줄곧 품에 넣어 감추고 있던 아기를 동방 박사들에게 보이며 말했단다.

"여기 있으니 보십시오. 당신들을 이곳으로 인도한 저 목자처럼 당신들도 누추한 집과 우리의 가난함에 실망할 건가요? 이는 당신들이 결정할 몫이지요. 당신들을 납득시킬 마음은 추호도 없답니다. 우리는 이곳으로 당신들을 부르지도 않았고, 또 당신들이 필요하지도 않아요. 다만, 오직 한 가지, 이 아기가 구세주입니다. 믿든지 믿지 않든지, 그것은 당신들의 자유이지요."

바로 그 순간, 아기가 눈을 뜨고 그들을 바라보았어. 요한아, 바로 이 순간이었다.

아기는 어떤 특별한 표지도 보이지 않았어. 그러나 아기가 단 한 번 그들을 바라보자, 동방 박사 세 사람은 동시에 고개를 숙이고 엎드려 눈물을 흘리기 시작했단다.

그들 중에 멜키오르[5]라는 이름을 가진 이가 감격한 목소리로 나에게 말하더구나.

"이스라엘과 세상 모든 나라를 구원하실 분의 모친이시여! 당신은 지금 저희의 마음을 짐작하지 못하실 것입니다. 저희는 한평생 지혜를 찾아다녔습니다. 그를 위해서 청춘을 즐기길 포기했고, 언젠가 그 지혜를 만날 날을 기대하면서 긴 세월을 기다렸지요. 우리의 명성은 비단 우리 나라뿐만 아니라 그리스, 로마, 저 멀리 인도에까지 알려졌습니다. 우리는 사람들에게 이 세상에서 가장 뛰어난 현자라는 평을 듣습니다. 사람들은 우리를 빼어난 현인으로 대접해 주지요.

그러나 지금 우리는 우리가 가진 지혜가 송두리째 무너지는 것을 봅니다. 경애하는 분이시여! 지혜라는 것은 이상이나 사상이 아니며, 어떠한 개념도 아닐 뿐더러, 손에 잡히는 형태는 더더욱 아닙니다. 지혜란 거대한 강물에서 쉼 없이 흐르는 물에 갈고 닦여 부드러운 돌맹이로 바뀌는 것입니다.

여인이시여! 지혜란 삶이자 생명입니다. 지혜란 하느님이 사람들을 기억하시고 다시 그들을 돕기 위해 인간들의 삶에 관여하시는 것입니다.

또한 지혜는 사랑입니다. 사랑은 바로 이 아기 안에 있습니다. 힘주어 안으면 바스라질 것 같은 이토록 연약한 아기, 동시에 그토록 연약함 속에 존재하는 거대한 힘, 이 아기에게서 그 어떤 무력이나 폭력 없이 이 세상 전부를 변화시킬 수 있는 힘을 봅니다.

존귀하신 여인이시여! 사랑은 모든 지식을 다 합쳐 놓은 것과 같습니다. 모든 지혜의 요약입니다. 이 아이를 품 안에서 지키시고 보호하시는 일은, 그 어떤 일보다 중요한 의미를 갖습니다."

말을 마친 뒤, 동방 박사 세 사람은 아기에게 상징적인 선물을 바쳤단다. 황금과 유향 그리고 몰약이었어. 나는 동방 박사의 이 심오한 말을 이해하기 위해 오랫동안 생각하고 묵상해야 했지. 그리고 그들이 아기를 경배할 때 왜 그토록 눈물을 흘렸는지를 생각했단다.

요셉은 동방 박사들에게 자신이 직접 만든 식탁에 앉기를 권했단다. 그들은 아기에 대한 모든 것을 알고자 했고, 우리 부부는 일어난 모든 일을 사실대로 말해 주었어. 우리의 이야기를 들을수록 그들은 점점 더 감복하더구나. 그리고 그들은 아기를 잠깐이라도 안아 보고 싶어 했어. 마침내 아기를 품에 안은 그들은 이 세상에서 가장 경외하는 존재를 보는 듯한 표정을 지었단다.

"아기를 잘 돌보십시오. 이 아기는 세상에서 가장 큰 선물입니다. 온 일생을 바친 저희의 모든 행보는 아기를 경배한 이 순간으로 다 보상받았습니다."

더불어 그들은 헤로데 임금이 메시아의 존재를 두려워한다는 것을 알려 주었어. 왕궁을 떠나기 전, 그곳에 사는 한 경건한 노인이 그들에게 메시아를 발견하면 그를 잘 숨겨 두어 장차 이스라엘의 임금이 되도록 도우라고 은밀히 말했다고 해.

동방 박사들은 베들레헴 사람들의 의심을 사지 않도록 이 아기가 그들이 찾던 메시아가 아니라고 알리고 떠나겠다고 약속했단다. 그리고 우리에게도 속히 이곳을 떠나는 것이 좋겠다고 진심 어린 조언을 했지.

그들은 우리의 식탁에서 소박한 식사를 재빨리 마치고는 서둘러 길을 떠났어. 알아듣기 어려운 이국의 언어를 쓰는 그들의 하인들과 그들을 따라온 베들레헴 사람들 대부분도 함께 떠났지. 사람들이 웅성거리는 소리가 한동안 우리 초막 주위를 맴돌았단다. 하지만 여전히 우리 집 주변을 떠나지 않는 이들이 있었기에 요셉과 목자들이 입구에 서서 그들의 침입을 막아야 했단다.

짧은 겨울 해가 지고 다시 어둠이 몰려왔어. 사람들이 모두 가고 난 뒤, 우리는 다시 일상의 조용한 리듬을 되찾았지. 아기 예수는 요셉이 만든 낡은 구유에 평안히 잠들어 있었단다. 화롯불 옆에 있던 요셉이 내 곁으로 다가오며 말을 건넸어.

"마리아, 우린 이제 어떻게 하는 것이 좋겠소? 하느님의 특별한 전언자들이 우리에게 이곳을 속히 떠나라고 충고하지 않았소? 그들이 헤로데 임금의 시선을 다른 곳으로 끌려고 해도, 헤로데 임금에게는 많은 첩자들이 있을 것이고, 우리가 있는 곳을 알아내는 것도 그다지 힘든 일이 아닐 것이오. 그러니 서둘러 이곳을 뜨는 것이 가장 좋을 것 같소. 게다가 우리는 이미 떠날 채비를 갖추지 않았소? 엘리사벳을 방문하는 것도 일단 미루고, 바로 고향 나자렛으로 돌아갑시다."

나는 마음이 급해진 요셉을 진정시키려고 애썼어. 한 치 앞도 알 수 없어서 혼란스러웠고, 또 엘리사벳과 그녀의 가족을 만나지 못한다는 건 참으로 안타까웠지. 마음의 결정을 내리지 못한 채, 나는 요셉에게 지금은 일단 잠자리에 들자고 권했어.

그런데 일이 이상하게 되더구나. 피곤한 탓인지 다음 날 아침 해가 높이 뜰 때까지 우리는 깊은 잠에 취해 있었단다. 늦잠을 잤다는 것에 놀라 후다닥 자리에서 일어났는데, 아기는 벌써 일어나 아침 햇살을 바라보고 있지 않겠니? 울지도 않고 말이야.

요한아, 너는 우리가 특별한 일들에 이미 익숙해졌다고 생각할지 모르겠구나. 천사의 발현, 예언자의 말, 동방 박사의 출현을 평범한 일상처럼 생각했다고 말이야. 그러나 그것은 사실이 아니란다. 요셉이나 나 그리고 한 달도 채 안 된 아기까지 우리 모두가 전혀 그렇지 않았다는 것을 말하고 싶구나.

그날 밤에 천사가 나타났어. 천사는 아기 예수의 구유 앞으로 다가가 무릎을 꿇더니 땅에 엎드리더구나. 그리고 날 처음으로 방문했을 때처럼 내 손에 입을 맞추고, 요셉에게 다가가 고개를 조금 숙이더니 이렇게 말했어.

"아기와 그 어머니를 데리고 이집트로 피신하여, 내가 다시 알릴 때까지 거기에서 머무르십시오. 헤로데가 아기를 찾아서 없애려고 합니다."

천사는 이 말을 마치고 사라졌단다. 우리는 그 어떤 질문도 할 수 없었어. 모든 것이 너무나 명백했기 때문이지. 원래는 고향 나자렛을 향해 북쪽으로 움직이려 했지만, 천사의 지시에 따라 남쪽인 이집트로 방향을 바꾸었단다. 한밤중이었지만, 우리는 곧바로 아기를 포대기에 단단히 싸 가슴에 꼭 안고, 작은 짐을 꾸려 당나귀에 실은 채 길을 떠났지.

우리는 이집트로 향하는 지름길을 택해, 다른 사람들의 눈에 띄지 않도록 신중하게 움직였지. 그토록 우리를 도왔던 라손과 목자들에게 작별 인사도 없이 야반도주한 것이 가슴 아팠단다. 이런 생각을 요셉에게 말하자 아무 말 없이 떠나는 것이 그들에게도 이롭다며 나를 위로해 주었어. 혹시 나중에라도 그들을 심문하는 자들이 온다면 차라리 아무것도 모르는 것이 더 좋을 것이라는 말이었지. 또한 동방 박사를 우리에게 데려온 사람도 그들 중 한 사람이었기 때문에, 그들 모두를 믿을 수도 없는 형편이었어. 요셉은 아마도 목자들 역시 우리가 처한 긴박한 상황을 이해할 것이라며 이렇게 덧붙였어.

"그들에게 나자렛으로 떠날 것이라 말했을 때는 우리가 이집트로 향하게 될 줄은 몰랐으니, 터무니없는 거짓말을 한 셈도 아니오."

그 후, 우리는 대화도 없이 밤새도록 걸음을 재촉했단다. 늦은 밤이어서 어디에 부딪히거나 넘어지지 않도록 조심해야 했지. 다행히도 그날 밤은 달이 밝아 우리의 피난길을 도왔단다.

날이 밝아 오자, 우리는 베들레헴에서 매우 멀리 왔다는 걸 알았고, 처음으로 간단한 요기를 했어. 그때 요셉이 이렇게 한탄했단다.

"사실 난 처음부터 이해하기가 어려웠다오! 비록 지극히 높으신 하느님께 순종하는 마음으로 모든 것을 받아들이긴 했지만 말이오. 야반도주라니, 이게 무엇이오? 하느님은 악인에겐 벌을 주시고 의인에겐 보답하신다는 말이 있지 않소? 도대체 우리가 무엇을 잘못했기에 이렇게 도망쳐야 한단 말이오? 전지전능하신 하느님은 메시아를 위해 로마 군인에 대항할 수 있는 군대를 보내실 수 없단 말이오? 왜 우리는 항상 이런 일들을 겪어야만 하오? 우리 선조가 그토록 고난을 당한 이집트에서 앞으로 어떤 일이 우리를 기다리고 있겠소? 그곳에서 우리가 계속 머물러야 하는 것이오? 먼 훗날 우리 아들이 이스라엘을 구원하기 위해 병사들을 지휘하는 우두머리가 될 때까지 말이오?"

긴 여행 동안, 나 역시 요셉과 비슷한 생각을 한 적이 있기에 그의 마음을 헤아릴 수 있었어. 그래서 그의 하소연에 이렇게 말할 수 있었단다.

"사랑하는 요셉, 당신도 알고 있지 않나요? 우리가 해야 할 일은 이 모든 일을 이해하는 것이 아니라 오로지 믿음으로 받아들이는 것이에요!

우리에게 일어난 일들은 인간의 능력이나 지혜로 이루진 것이 아니라 하느님의 계획임을 잊지 마세요. 우리는 항상 하느님께 복종해야 하고, 거룩하신 하느님의 뜻이 실현될 수 있도록 힘을 드려야만 해요. 지난 한 해 동안 당신과 나는 상상조차 할 수 없을 만큼 크나큰 변화를 겪었지요. 그러나 당신이나 나나 이러한 일들 속에 하느님의 뜻이 있다는 것을 조금도 의심하지 않았어요. 그렇지 않나요? 우리는 그 어떤 일이 벌어지더라도 하느님을 굳게 믿어야만 해요. 당신이 말하는 상과 벌은 회당에서 자주 듣던 말이지요. 하지만 예언자들의 삶을 생각해 보세요. 그들이 죄가 있어서 수난을 당했나요? 무죄한 욥의 역사를 기억해 보세요. 고통이란 신비랍니다. 죄인들로 인해 고통을 당하시는 하느님을 위해 이 모든 것을 봉헌한다면 얼마나 좋을까요?

우리 아기를 보세요. 궁궐도 부족할 정도로 귀한 아기이지만, 이 아기가 태어난 곳은 어디였지요? 게다가 지금은 생명에 위협을 받아 피난길에 오르고 있지 않나요?

요셉, 나는 아는 것도 그다지 많지 않고 경험도 적은 여인이지만, 이것 하나는 당신에게 말하고 싶어요. 안심하세요. 이집트든 세상 끝이든, 하느님은 결코 우리를 방치하지 않으실 거예요. 비록 우리가 생을 마치는 순간까지 이리저리 떠돌아다닐지도 모르지만, 가장 중요한 것은, 우리는 지금 위험에 처한 우리 아기를 구했다는 거예요."

내가 말을 마치자, 요셉이 다가와 내 뺨에 입을 맞추었다. 그가 이렇게 애정을 표하는 일이 극히 드물었지만, 그때마다 그는 정중히 예를 표하는 듯 행동했단다.

요한아, 나는 그때 특별한 감정을 느꼈어. 사랑하는 남편의 입맞춤이 아니라, 마치 아들이 어머니에게 하는 애정의 표시 같은 느낌을 받았던 것이지. 요셉이 나보다 나이가 많은데도 말이야. 그때 요셉은 기운이 점점 빠지고 있던 차에 내 위로의 말에 새로운 힘을 얻은 듯했지.

이집트로 가는 길은 참으로 험난했단다. 여러 곳에서 멈추어야 했고 각양각색의 사람들을 만났지. 우리는 항상 유다인 상인들에게 몸을 의탁했어. 알렉산드리아와 예루살렘을 오가는 상인들이 많았고, 이집트의 대도시에는 유다인 거류민들로 구성된 촌락이 있어서, 상업이 활기를 띠었지. 우리는 그곳에서 여러 해를 보냈단다.

몇 해를 보낸 어느 날, 천사가 다시 나타났어. 이번에는 아이의 생명을 노리던 자들이 세상을 떠났으니, 이스라엘로 돌아가라고 말했단다. 헤로데 임금이 죽자 메시아에 대한 일을 잊어버릴 만큼 왕위 상속권을 두고 큰 분쟁이 일어났지. 이로 인해 우리의 귀향에는 아무런 위험이 없었어. 하지만 헤로데의 아들 아르켈라오스가 왕위를 승계하여 유다 지방을 다스렸기 때문에, 우리는 예루살렘을 거치지 않고 크게 선회하여 꿈에도 그리던 고향 나자렛으로 돌아가기로 했단다.

우리는 상인들 사이에 몸을 실었어. 그리고 그들에게서 우리가 베들레헴을 떠난 후에 일어난 일들을 자세히 알게 되었지. 헤로데 임금이 세상을 떠나기 몇 년 전부터 왕권 승계를 둘러싸고 저지른 숱한 악행도 들었는데, 그는 사후에 누가 왕위를 이을지 무척 걱정하여 수많은 살상도 마다하지 않았다고 했지.

그중에는 동방 박사와 얽힌 이야기도 있었어. 동방 박사들이 메시아가 탄생할 곳이 왕궁이라고 생각하고 헤로데 임금을 찾아갔다는 이야기였지. 사실 우리는 이미 본인들에게 직접 들었던 일이었지만 말이야. 헤로데 임금이 그들에게 그런 아기가 태어난 적이 없다고 하자, 동방 박사들은 메시아가 왕궁에서 태어나지 않았다고 단정하고 그곳을 떠났다고 했지.

그런데 그들이 떠난 뒤, 헤로데 임금은 이스라엘 전역에 이 메시아의 탄생이 알려지면 자기 아들들의 왕권이 위태로워진다고 판단했고, 아기를 찾아 죽이기 위해 혈안이 되었어. 율법 학자들은 임금에게 메시아가 이스라엘 백성을 구원하기 위해 탄생할 곳은 바로 베들레헴이라고 말해 주었지. 하지만 그 당시 베들레헴은 호적을 등록하기 위해 전국 각지에서 수많은 사람들이 몰려들었기에 특정한 아기를 찾는 일이 거의 불가능했어. 게다가 메시아의 존재를 알게 해 준 동방 박사들이 정작 메시아가 언제, 어디에서 태어났는지를 전혀 말해 주지 않았으니, 헤로데 임금으로서는 속이 탈 노릇이었을 거야. 그래서 그는 베들레헴과 그 인근 마을에 있는 두 살 미만의 모든 아기를 죽이라고 군사들에게 명령을 내렸단다. 끔찍한 일이었지. 헤로데 임금은 그렇게 해서 메시아가 사라졌다고 안심했을 거야.

이런 사실을 말해 준 상인은, 헤로데 임금이 이런 살상극을 벌이고 난 뒤 오래지 않아 온몸에 종기가 돋아났고, 그로 인해 극심한 고통을 당하다가 세상을 떠났다고 했어. 그 자리에 함께 있던 다른 상인은 이런 말을 했어. 헤로데 임금의 살해 명령으로 인해 정말 메시아가 살해당한 것인지, 더 이상 그 아기, 메시아에 대해 아무런 소식이 들리지 않더라는 것이었어.

요셉은 그들에게 아무 말도 하지 않고 잠자코 듣고 있다가, 장막 속에서 내게 자세히 들려주더구나. 이때 예수는 이미 다섯 살이었는데, 귀향하는 상인들의 무리에서 우리를 의심하는 사람은 단 한 사람도 없었단다. 살아갈 방도를 찾기 위해 이집트로 떠나온 유다인 가족이 이제 타향살이를 청산할 만큼 능력이 되어 귀향하는 것으로만 생각하더구나. 이런 생각도 과히 틀리지는 않았어. 착실하고 알뜰한 일꾼인 요셉은 동방 박사들이 선사한 물건들을 잘 처분하여 이집트에서 곤궁하지 않게 지낼 수 있었고, 그뿐만 아니라 고향으로 돌아가 생계를 유지할 만한 기반도 다졌기 때문이었지.

요셉이 헤로데 임금에게 살해된 아기들의 소식을 전할 때, 우리는 함께 눈물을 흘렸어. 폭군에 의해 아무 죄 없이 생명을 잃은 가엾은 아기들! 우리를 추적하기 위해 헤로데 임금이 보낸 군사들의 고문과 폭력에 고통당했을 우리의 친구들, 어진 목자들! 우리는 서로를 바라보며 침묵에 잠겼어.

이때 잠자고 있던 예수가 눈을 떴단다. 예수는 우리에게 왜 울고 있느냐고 묻더니, 일어나 요셉과 내 목을 안고 입을 맞추어 주었지. 예수를 꼭 안은 우리는 두려움과 사랑의 마음으로 온몸이 떨렸단다. 그 모든 사건들은, 바로 이 아이에게서 비롯된 것이었으니까.

하느님의 계획을 외면하고 파괴하려 드는 인간의 악! 예수는 그 악을 물리치고 영원한 승리를 얻기 위해 하느님이 사람이 되어 세상에 온 것이란다. 요한아, 저 태양을 보렴. 선인에게나 악인에게나 항상 풍성한 빛을 비추지 않니?

이 세상에 악이 존재하는 것이 하느님의 탓일까? 인간에게 자유 의지를 주셨으니, 이 세상에 만연하는 악도 책임지셔야 할까? 내 아들을 통해 구원의 길을 시작하시는 하느님이 무죄한 아이들의 죽음의 책임자이실까? 아니다. 세상의 창조부터 내 아들의 탄생까지, 하느님은 모든 것을 선으로 창조하셨단다. 당신의 형상으로 우리를 지어내셨고, 우리가 그분을 닮도록 이끄셨어. 하지만 인간이 자유 의지로 자신의 창조주에게 대항하고, 스스로를 파괴하는 교만의 나락으로 떨어진 것이지. 그리고 바로 지금 하느님이 손수 죄 많은 인간의 역사 속으로 다시 오셔서 우리가 구원을 받는 새로운 기회를 주시는 거야. 하지만 불행하게도 그분의 구원 사업은 결코 쉽지 않았단다. 이 세상에 우글거리는 악령들이 한바탕 큰 난리를 일으키지 않고서는 자신들이 차지한 영혼들을 쉽게 **빼앗기려** 들지 않을 테니까.

하느님을 가르치다

우리가 나자렛으로 귀향한 사건은 마을 전체에 큰 충격을 주었어. 거의 5년 동안 소식이 없었으니 우리가 죽었다고 생각한 사람들이 있는 것도 무리는 아니었지. 부모님은 그 사이에 많이 연로해지셨더구나. 우리에 대한 염려가 이를 재촉한 것 같았어. 하지만 어머니는 내게 이렇게 말씀하셨단다.

"단 한 번도 너와 아기 그리고 요셉에 대해 불안해하거나 두려워하지 않았다. 만일 그렇게 한다면, 나는 하느님을 믿지 않는 셈이 될 테니까."

부모님은 우리의 소식을 전혀 알 수 없었지만, 어디에선가 잘 있을 것임을 믿었다고 하셨지. 단지 무언가 심각한 문제가 생겨서 돌아오지 못한다고 생각하셨기에, 우리의 근황을 알고자 이리저리 수소문하셨단다. 엘리사벳과 마나세스에게 부탁해 이스라엘 전역으로 움직이는 상인들에게 우리의 소식을 알아보게 했지만, 땅이 우리를 삼켜 버린 듯 그 누구도 소식을 알지 못했지. 그럼에도 불구하고 부모님은 희망을 잃지 않으셨고, 언젠가는 우리가 다시 만날 것임을 확신하셨다고 했어. 하느님이 당신의 자녀들을 결코 저버리지 않으시리라는 굳건한 믿음을 간직하셨기 때문이었단다.

우리 마을 나자렛에도 헤로데 임금이 갈릴래아와 그 인근 마을에서 죄 없는 아이들을 학살했다는 소식이 전해졌더구나. 하지만 그 소식은 사실과 상당히 차이가 있었어.

너도 알다시피 갈릴래아 사람들은 자신이 경작하는 땅에 전념할 뿐, 정치에 관해서는 거의 아무것도 모르는 순박한 농부들이지 않니? 그들은 자신을 지배하는 거대한 세력, 즉 임금에게 무조건 복종했단다. 그래서 그토록 비양심적이고 비인간적인 폭군의 학살마저도 왕권 승계를 위한 불가피한 일이었을 것이라 여겼지. 아버지의 말씀에 따르면, 그 참혹한 일 덕분에 이스라엘에서 전쟁이 일어나지 않았다고 주장하는 마을 사람들도 있다고 했어. 헤로데 임금의 학살에 우리가 관련이 있으며, 아기 예수를 죽이려고 그러한 악행을 저질렀다는 사실을 단 한 사람도 상상하지 못했단다.

우리는 마을 사람들에게 우리의 부재를 납득시키기 위해 이렇게 말했어.

"이집트의 큰 상인이 요셉을 불러 좋은 일자리를 주었어요. 그동안 그분 아래에서 일하며 이스라엘 거류민 지역에서 살았지요. 이제 일이 모두 끝나게 되어 다시 고향으로 돌아온 것이에요."

적지 않은 살림을 들고 돌아온 것도 이를 증명했지. 동방 박사에게 받은 귀한 선물을 요셉이 잘 이용한 덕분이었어.

우리는 오랫동안 굳게 닫혀 있던 요셉의 옛집으로 다시 들어가 살았단다. 요셉은 필요한 새 연장들을 빌려 가내 수공업장을 차렸지. 그는 워낙에 솜씨가 좋은 목수였지만, 이에 더해 이집트에서 새로운 기술까지 배워 돌아왔기에, 우리의 살림살이가 한결 좋아졌단다. 하지만 우리가 항상 추구한 소박함과 검소함을 벗어나지는 않았어.

드디어 고향 나자렛에서의 평범한 일상이 시작되었어. 우리가 이와 같은 평온한 삶을 얼마나 갈망했는지! 지난 5년 동안 오늘과 같은 날이 오리라고는 상상조차 할 수 없었지. 요셉과 나는 항상 서로를 생각하고, 아이에게서 한시도 눈을 떼지 않았어. 하지만 우리 집은 하느님이 머무시는 지성소였기에, 우리 가족만으로 마음을 한정하지는 않았지. 가족도 소중했지만, 일가친척과 친구들 또한 소중했기 때문이란다. 우리가 이집트에서 얻은 약간의 재물은 궁핍한 그들에게 큰 힘이 되었어.

우리는 가나안의 친구들인 마나세스와 리아 부부와도 친밀하게 지냈단다. 그들은 그 사이에 아이 둘을 더 얻었더구나.

또한 엘리사벳과 즈카르야와도 계속 소식을 주고받았어. 요한도 무럭무럭 잘 자란다고 하더구나. 그는 어린 나이임에도 곧은 성품을 가졌다고 했어. 그는 나중에 광야에서 이스라엘이 주님께로 돌아서야 한다고 외치게 되었지.

우리는 나자렛을 거쳐 가는 이주민들, 특히 가난한 이와 병자를 만날 때마다 그들을 위해 기도하고, 우리 형편 내에서 물질적으로도 도움을 주었단다. 예수는 이러한 우리 부부의 애덕의 실천을 보고 익히면서 자라났어.

우리 가정의 일상은 극히 평범했어. 사실 이 평범함이야말로 우리에게는 가장 큰 선물이었지. 얼핏 보기에 예수는 다른 아이들과 전혀 다르지 않았어. 그렇다고 완전히 같다고 말할 수는 없었지. 왜냐하면 예수는 눈에 띄게 아름다운 아이였으니까.

요한아, 어떤 사람들은 이렇게 말하겠지? 어머니의 지나친 과장이라고 말이다. 그러나 너 역시 예수를 나처럼 사랑하니까 잘 알겠지? 예수가 얼마나 아름다웠는지를! 너는 예수가 성인이 된

다음에 만났지만, 나는 예수가 나날이 성장하는 모습을 바로 옆에서 지켜볼 수 있는 행운을 가진 여인이었단다.

그래, 예수는 그 또래의 아이들과 크게 다르지 않았어. 예수는 줄곧 또래의 우두머리의 위치에 있었고, 항상 미소를 잃지 않았지. 간혹 또래 아이들이 다른 패거리와 싸움을 벌일 때면 항상 이를 반대했단다.

예수는 로마인을 죽이는 시늉을 하는 놀이를 하거나 멀쩡한 새집을 쑤셔 놓거나 추수를 앞둔 들판에 나가 농작물을 망치는 고약한 아이들과는 전혀 다른, 건전한 무리의 우두머리였지. 어린 예수의 충실한 벗이었던 친척 야고보는, 훗날 너와 함께 예수의 제자가 되었지. 늘 붙어 다녔던 두 사람을 사람들은 형제라고 불렀어.

예수가 지닌 내적 위엄과 절제는 또래 아이들과 다투지 않았고, 어떠한 폭력도 쓰지 않았다는 것만을 들어 평가될 수는 없겠지. 요셉과 내가 지켜본 예수는 평범하고 소박한 일상 속에서도 장차 메시아로서의 부르심을 향해 조용하고도 은밀한 준비를 하는 아이였어.

그 예로 아버지 요아킴이 세상을 떠나던 때의 일을 들 수 있을 거야. 우리가 나자렛으로 돌아오고 몇 달이 채 지나지 않았을 때 아버지가 돌아가셨어. 어머니는 너무도 고통스러워하셨지만, 아버지의 죽음을 신앙 안에서 조용히 받아들이고 계셨단다. 어머니는 이 세상에서의 영원한 이별로 인한 엄청난 고통을 감내하셨던 것이지.

당시 예수는 여섯 살이었는데, 임종을 맞은 사람은 그때 처음 본 것이었어. 예수는 수의를 입은 채 누운 외할아버지를 오랫동안 주의 깊게 바라보았어. 나는 삶으로 충만한 예수의 섬세한 마음이 외할아버지의 죽음으로 상처를 받을까 걱정되었단다. 그래서 살며시 예수를 잡아당기며 이렇게 말했어.

"울지 마라. 예수야, 할아버지는 지금 셰올Sheol(히브리어로 죽은 이들이 들어가는 지하 세계를 일컫는 말)에서 기다리고 계신단다. 어느 날 하느님께서 불러 주실 때까지. 아브라함 할아버지와 함께 말이야."

내가 이 말을 마치자마자, 예수가 나를 향해 돌아섰어. 그런데 무엇인가 새로운 것을 발견한 듯한 기쁜 얼굴이었지. 그러고는 확신에 찬 음성으로 이렇게 말했단다.

"어머니, 할아버지의 부활은 이미 목전에 와 있어요. 할아버지는 의인이셨으니 곧 천국에 들어가실 거예요. 회당에서 말하는 셰올과는 아무런 상관이 없는 곳이에요."

그 말에 놀란 어머니 안나가 물었단다.

"예수야, 네가 그것을 어떻게 알고 있니? 누가 네게 부활에 대해 가르쳤니? 우리 마을에도 부활을 믿지 않는 사람들이 있지. 하지만 어느 누구도 죽음 뒤에 무엇이 기다리고 있는지는 알 수 없잖니? 얘야, 할머니는 말이다, 너희 할아버지가 영원한 안식을 얻고 지극히 높으신 하느님의 얼굴을 속히 뵙기를 바랄 따름이란다."

바로 이 순간이 하느님이 예수의 아버지라는 것이 처음 드러난 순간이었단다.

요한아, 그러나 우리 모녀는 이를 알아채지 못했어. 좀 더 시간이 흐른 후에야 예수가 한 말을 이해할 수 있었지. 예수는 자신의 외할머니 안나에게 매우 차분한 음성으로, 마땅한 일을 말하듯 대답했어.

"할머니, 이 사실은 아버지께서 가르쳐 주셨어요. 또한 할아버지는 잘 계시니 슬퍼하지 말라고 하셨어요. 할아버지는 살아 계시대요."

예수의 말을 이해하기 어려웠던 어머니는 눈물을 흘리며 밖으로 나가셨어. 어머니가 나가신 후, 나는 예수의 손을 잡아 내 쪽으로 당겼단다. 그리고 의자에 앉아 예수와 눈을 맞춘 채 어깨에 손을 얹고 다시 물었어.

"아버지 요셉이 할아버지가 살아 계시다고 하셨니? 그리고 죽은 이들의 부활도 말해 주셨니?"

"아니에요. 아버지 요셉이 아니라, 저의 아버지가 알려 주셨어요."

바로 이 말이 부활에 대해 무지한 우리의 장막을 걷었단다.

나는 바로 요셉에게 가서 예수의 잉태와 탄생의 비밀을 예수에게 알려 주었는지를 물었어. 물론 내가 짐작한 대로 요셉은 그런 말을 한 적이 없었지. 어머니도 세상을 떠나신 아버지도 마찬가지였단다.

그렇다면 예수는 도대체 이를 어떻게 알았을까? 이 모든 것을 홀로 알았단 말인가? 아니면 하느님이 우리가 모르는 것을 예수에게 손수 가르치셨단 말인가? 그것도 아니면 밤마다 하늘의 천사들이 비밀리에 예수의 잠자리로 찾아와 수많은 지식을 심어 주는 것일까?

요한아, 우리는 이렇게 많은 의문들을 갖게 되었단다. 예수의 어머니인 나는 예수와 더 많은 대화를 나누어야 했어. 아들의 질문에 대한 응답뿐만 아니라, 하느님이 예수에게 손수 가르치시는 것에 대해 우리 부부 역시 배워야 했단다.

요셉과 나는 예수가 말한 '아버지', 바로 이 말이 신경 쓰였어. 우리 종교에서는 결코 하느님을 아버지라고 부르는 일이 없지 않니? 우리 가정에서도 그랬고. 그래, 하느님의 사랑을 자주 거론하기는 했지. 하느님의 이 위대하고 크나큰 사랑은 창조주와 그 피조물에 관한 것, 위에서 아래로 향하는 것, 전지전능하신 분이 가련한 종들에게 베푸는 것, 그에 합당하지 못한 우리에게 향하는 것에 관한 것들이었단다.

하느님과 우리 사이에는 거대한 심연이 있었어. '아버지'라면 분명히 아들에게 복종을 요구할 수 있겠지. 그러면서도 자신의 피가 아들 안에 면면히 흐르기 때문에 아버지와 아들은 동격이 아니겠니? 하느님을 아버지로 부를 유일한 권리를 지닌 이는 오직 예수뿐이었어. 예수야말로 하느님을 아버지로 부를 권리를 갖고 있었지. 예수가 내 태중에 잉태될 때 이 세상 그 어떤 이성의 개입도 없었으니까!

그럼에도 불구하고 아직 어린 예수의 입에서 '아버지'라는 말이 자연스럽게 흘러나오니, 우리 부부로서는 놀랄 수밖에 없었단다. 내 아들은 장차 메시아로서 위대한 임무를 수행하기 위해 이 세상에 왔고, 우리 부부는 지극히 높으신 하느님을 위해 우리가 맡은 임무를 충실히 수행해야 한다는 것은 명심하고 있었어. 하지만 하느님이 당신 아들을 직접 가르치시고 이끈다는 점은 미처 깨닫지 못했던 것이지. 예수는 하느님과 긴밀한 유대 관계를 맺고 있었단다.

예수에게 '아버지'라는 말을 들은 때부터 나와 요셉은 이에 대해 깊게 생각했어. 네게 사실대로 말하자면, 요셉은 자신이 아닌 다른 존재를 예수가 '아버지'라고 부르는 것에 관해 마음으로부터 인정하기가 쉽지 않았어. 비록 그분이 하느님이시지만 말이야. 요셉의 이러한 마음의 갈등이 풀리기 시작한 것은, 예수가 자신을 평소처럼 '아버지'라고 친근하게 부르기 시작했을 때란다.

이때부터 우리 부부는, 하느님의 영이 예수를 이끈다는 것을 깊게 새겼지. 비록 삶이 예전처럼 펼쳐진다 하더라도, 예수를 직접 이끄는 하느님의 영을 따라야 한다는 것을 우리는 받아들였단다. 예수는 바로 이를 위해 세상에 온 것이니까!

요한아, 예수가 하느님과 긴밀한 내적 친교를 맺고 있음은 그 이후에도 여러 번 드러났단다. 우리가 마음 깊이 담아 두고 다시 생각할 때마다 새삼 놀라게 되는 사건이 또 일어났지.

예수가 일곱 살 때의 일이었어. 예수는 부모의 마음이 상할 일을 하지 않는다는 걸 빼면, 또래의 마을 아이들과 전혀 다르지 않았어. 그 시기에 예수는 요셉에게 목공소 일을 배우기 시작했는데, 그 또래의 소년들은 제각기 앞으로 종사할 일을 익히기 위해 몇몇은 들에서, 또 몇몇은 집에서 일을 돕기 시작했기 때문이지.

그날은 요셉이 집을 비워서 우리 모자만이 있었어. 그런데 갑자기 천지가 진동할 만큼 요란한 고함 소리가 들렸단다. 나는 무슨 일이 일어났나 싶어 밖을 내다보았지만, 예수는 내 옆에서 움직이지 않았어. 마침 한 무리의 남자들이 집 앞을 지나고 있었는데, 그들은 난폭하고 우악스럽게 한 여인을 마을 밖으로 마구 끌어내고 있었어. 매우 끔찍한 광경이었지. 그 여인은 '세포라'라는 이름의 마을 아낙이었는데, 그다지 친분은 없지만 얼굴은 알고 있었어. 예수의 무리와 자주 어울리는 사이는 아니었지만, 그 여자의 아들들도 알고 있었지. 분노에 찬 한 무리의 남자들이 지나간 후, 조금 거리를 두고 그 뒤를 따르는 여인들이 보이더구나. 그중 한 여인이 장정들에게 물었어.

"무슨 일인가요? 어디로 끌고 가는 것이지요?"

사실 아무것도 물을 필요가 없었어. 상황은 분명했으니까. 그녀를 끌고 가던 한 남자가 말했단다.

"간음을 하다가 현장에서 붙잡혔소. 남편을 속이고 기만한 이 여자는 우리 율법이 정한 죄의 대가를 받을 것이오. 이미 랍비께서 처결하셨소. 마을 밖에서 이 여자를 심판할 것이오."

우리가 귀향한 후, 자애로운 랍비인 아삽이 죽고 새로운 랍비가 회당을 맡았어. 하지만 새로운 랍비는 아삽처럼 어진 사람이 아니었지. 그 랍비가 판결을 내리며 이렇게 말했다는구나.

"남편들이 가정을 지키기 위해 로마인들의 멍에를 짊어지고 밖에 나가 온갖 일에 시달리는 동안, 집에서 매춘부로 사는 여인들에게 좋은 교훈이 될 것이오."

세포라가 외간 남자와 눈이 맞았다는 소문이 돌았는데, 이 소문을 들은 그녀의 남편이 들판으로 일을 나간 척 숨어 있다가, 두 사람이 정을 나누는 현장을 덮쳤던 것이지.

나는 온몸에 전율이 일었어. 비록 그 이유는 전혀 다르지만, 내가 이와 비슷한 운명을 맞을 뻔한 것이 그다지 오래전의 일도 아니지 않니?

그때 예수가 내 곁에서 치마폭을 꼭 붙잡고, 어린 나이에 어울리지 않는 엄숙함을 담아 이렇게 말했어.

"어머니, 걱정하지 마세요. 어머니에게는 아무런 일도 일어나지 않을 테니까요!"

그런데 바로 이 말에 뒤이어 예수가 한 말은 나를 경악하게 했단다.

"사람들이 저 아줌마를 죽일 건가요? 그러면 그 아줌마와 함께 있던 남자는 어떻게 할 건가요? 그리고 저 아줌마의 아이들은 어떻게 되나요?"

나는 아무 말 없이 예수의 손을 잡고 집 안으로 들어와 문을 닫았어. 악을 쓰던 사람들이 다 지나갈 때까지 조용히 기다렸다가 예수를 내 옆에 앉히고 이야기하기 시작했단다.

"예수야, 네가 어떻게 태어났는지 알고 있니?"

이 물음에 예수는 놀란 듯했고, 편치 않아 보였어. 예수는 이 상황을 벗어나고 싶어 하는 듯했단다.

"어머니, 왜 남자는 가만히 두고 여자만 벌을 주나요? 여자는 나쁜 짓을 하면 벌을 받는데 말이에요. 그러면 남자는 어떤 짓이든 해도 되나요?"

나는 말을 돌리려는 듯한 예수에게 재차 물었단다.

"얘야, 그 일은 나중에 다시 말하기로 하고, 먼저 대답해 다오. 너의 아버지가 누구인지 아니? 마을 사람들 중에 누군가 네게 무슨 말을 했니? 아니면 아이들이 짓궂게 뭐라고 했니?"

그러자 잠시 고민하던 예수는 할 수 없다는 듯 솔직히 말했어. 자신의 아버지는 하느님이시라고. 그러나 자신이 어떻게 잉태되었는지, 또 그때 어떤 특별한 일이 있있는지는 전혀 모르고 있었단다. 단지 자신의 아버지는 오로지 하느님이시라는 것과 요셉 역시 또 다른 방식으로 자신의 아버지라는 것을 알고 있다고 하더구나. 그러고는 마음이 어지러워졌는지, 간음한 여인을 벌하는 이유를 다시 물었어. 이로써 나는 하느님이 예수에게 모든 것을 온전히 밝히지는 않으셨다는 것을 어머니의 직감으로 알았단다. 하지만 누에가 나비가 되어 훨훨 날아갈 날이 그다지 머지않았다는 것 또한 알았지. 자신이 누구인지 그리고 무엇을 위해 이 세상에 왔는지를 알게 될 날이 반드시 올 것이었어. 나는 이 사실을 이해하면서도 놀랐어. 예수는 고작 일곱 살이었으니까! 어른의 세계를 이해하기에는 너무 어린 나이 아니니? 그때 나는 하느님께 청원의 기도를 올렸단다.

"천사의 예고가 시작되기 전에, 시메온이 성전에서 예언한 메시아의 사명이 시작되기 전에, 예수에게 시간을 조금 더 주소서."

그러나 예수는 내가 깊은 생각에 오랫동안 잠기게 하지 않았지. 알고자 하는 것을 끊임없이 반복해서 물었어. 할 수 없이, 나 자신조차도 만족할 수 없는 이런 대답을 하고 말았단다.

"사람들이 말하길, 이렇게 벌을 주어서 여인들이 남편을 속이지 못하도록 교훈으로 삼는다는구나."

"그렇다면 어머니, 남편이 아내를 속일 때도 똑같은 벌을 받아야 하잖아요? 그렇게 되면 어떤 남자도 아내를 속이지 못할 텐데 말이에요. 아니면 남자는 죄를 지어도 되고 여자는 안 된다는 거예요?"

자, 더 이상 내가 무슨 말을 할 수 있겠니?

요한아, 우리 격언 중에 이런 말이 있지? "정말 중요한 것은 합당한 의문에 있지 대답에 있는 것이 아니다."라고! 예수는 삶에서 의문을 발견하고 또 자신이 지향하는 것을 발견하는 과정을 통해 진정한 이스라엘 사람으로 성장하고 있었던 거야.

나 역시 예수의 질문에 다시 답할 수밖에 없었단다. 이스라엘 전통 속에 자리 잡은 남녀 간의 불평등, 이 깊은 불평등을 정당화하는 율법이라는 굳은 틀, 이는 모두 하느님으로부터 온 것이 아니었지. 하지만 나는 이를 거론할 필요도, 이를 예수가 들어야 할 이유도 없다고 판단했어. 그래서 이렇게 말해 주었단다.

"이 모든 건 오래전부터 내려오는 전통이란다. 하지만 하느님이 이를 바꾸실 게다. 애야, 죄는 사실 남녀 모두에게 똑같단다. 남편이 자기 아내를 속이는 것이나 반대로 아내가 남편을 속이는 것이나 모두 같은 죄를 짓는 것이지. 남녀가 모두 처벌을 받아야 하겠지만, 결코 이와 같은 끔찍한 방법으로는 안 된다. 사람을 돌로 쳐서 죽이고도 아무렇지 않게 생각하는 사람들이 있다는 것은 절대 있어서는 안 될 일이야."

내 답에 마음이 한결 가벼워졌는지, 예수가 내 목을 끌어안고 입을 맞추었어. 그러고는 눈을 반짝이며 말하더구나.

"어머니에게 아무런 일이 없었으니 정말 다행이에요."

그러고는 친척들과 같이 놀기 위해 밖으로 나갔단다.

요한아, 나는 예수가 나간 후에도 한동안 내 뺨에 한 입맞춤이 생생하게 느껴지더구나. 앞서 우리가 대화를 시작할 때 말한 것과 예수의 이 마지막 말이 매우 비슷하지?

요한아, 한 가지 분명한 것은 하느님이 당신의 아들인 예수에게 무엇인가를 말씀하신다는 것이었어. 비록 예수가 구체적으로 말해 주지는 않았지만 말이야. 아니면 아직 그 모든 것을 이해하기에는 너무 어린 나이였는지도 모르겠다. 머지않아 모든 것을 이해할 날이 오겠지! 이 일은 나의 몫이 아닐까 하는 생각이 들었다. 즉 예수가 자신이 누구인지를 명백하게 알도록 말해 주는 것이 내가 해야 할 일이라는 생각이 들었던 것이지. 사실 그것은 두렵기도 하고 매우 조심스러운 일이기도 했어. 이 일에 관해 요셉과 상의해 보았지만, 일단 우리 부부는 예수가 성장하는 것을 좀 더 지켜보기로 했단다.

예수는 우리에게 신비 그 자체였어. 겉보기에는 아무 일도 없는, 평범한 소년으로 성장하고 있었지. 그러던 어느 날 뜻밖에 일이 생겼단다.

그때 예수는 여덟 살이었고, 요셉과 함께 회당에 다녔어. 그날 나는 마을 아래쪽에 있는 우물에 물을 길러 갔는데, 예수가 따라와 나를 도와주었어. 그 또래 소년들은 물을 긷거나 가사를 돌보는 것은 여자들의 일이라고 경시했는데도, 예수는 나를 자주 도왔단다.

한창 물을 긷고 있는데, 저만치 멀리서 나환자들의 외침이 들렸어. 이스라엘 백성은 천형과도 같은 그 병에 걸리지 않기 위해, 나환자가 마을 가까이 지날 때면 자신이 이곳에 와 있다고 큰 소리로 알리게 했지. 가련한 나환자들은 결코 마을 안으로 들어서지 않았어. 사람들은 그들이 큰 죄를 지은 결과로 나병을 얻었다고 믿었지. 그래서 사람들은 그들이 천벌을 받은 자들이라고 여겼단다.

그런데 갑자기 예수가 물동이를 내려놓고 소리가 나는 쪽을 향해 갔어. 놀란 마음에 정신없이 예수를 뒤쫓느라 물동이가 박살이 났지만, 신경 쓸 겨를이 없었지. 나환자들이 막 우리 곁을 지나려는 참이어서 나는 급히 예수를 잡아 집의 문 안쪽[6]으로 밀어 넣었단다. 예수는 나를 뿌리치며 친척들이 자주 말하던 나환자가 어떤 모습인지 보려고 했어. 나는 허락할 수밖에 없었지만, 문밖으로 나서지 않아야 한다는 단서를 붙였어. 마침 문밖을 지나던 나환자 한 사람이 우리 모자를 보았고, 우리와 시선이 마주쳤단다.

바로 그때였어. 예수는 내가 막을 틈을 주지 않고 그 나환자를 향해 문밖으로 달려 나갔어. 당황한 내 목소리가 뒤따랐지만 들리지 않는 듯했지. 예수는 나환자 앞까지 단숨에 뛰어갔단다. 오히려 놀란 그가 뒤로 물러서더구나. 물러서는 그에게 예수가 더 가까이 다가가 해맑은 얼굴로 물었단다.

"이름이 뭐예요? 왜 이렇게 되었어요? 정말 사람들이 말하는 것처럼 무언가 잘못했나요? 그렇지만 걱정하지 말아요. 아버지에게 부탁해서 당신을 낫게 해 줄게요. 그런데 혹시 목마르지 않으세요? 잠깐만 기다려 주세요. 제가 물을 가져 올게요."

예수를 뒤따라간 나는, 줄곧 예수가 나환자에게 닿지 않도록 막고 있었단다. 요한아, 이해하겠지? 나는 그 아이의 어머니니까. 하지만 동시에 예수의 이러한 행동이 어떤 상징이라는 것을 깨달게 되었어. 예수는 우물가로 가서 물을 떴단다. 작은 조롱박에 물을 가득 담아 오더니, 이번에는 내게 허락을 청했지.

"어머니, 저 아저씨에게 물을 드려도 되겠지요? 염려하지 마세요. 아무 일도 없을 테니까요."

나는 나환자의 뭉그러진 손이 혹시 예수의 손에 닿을까 겁이 나서 순간 내가 그 조롱박을 움켜쥐려고 했어. 그러자 예수가 말했단다.

"어머니, 제가 드리도록 해 주세요. 아버지의 말씀을 실행해야 해요."

그 즉시 나는 "얘야, 잠깐 기다리렴. 나도 너의 아버지가 분부하신 것을 행하고 싶구나."라고 말하면서 예수의 손에 들린 조롱박에 입을 맞추었단다. 그리고 나서 예수가 그 조롱박을 나환자에게 주었지. 사실 예수가 나환자와 함께하는 동안 나는 매우 불안했어. 혹시 예수에게 저 무서운 병이 옮지나 않을지……. 이 세상 어머니라면 누구라도 이런 걱정을 했을 거야.

그러나 예수의 얼굴은 평온하게 빛났고, 아름다운 미소를 그에게 보내고 있었지. 오히려 나환자가 예수의 친절한 행동에 의아해했단다. 물론 그들이 지나가는 길가에 마실 물과 음식을 두는 착한 사람들도 있었지만, 아무도 그들과 직접 만나려 하지는 않았어. 나 역시 예수와 함께 이런 애덕을 수없이 행했지만, 직접 만난 것은 처음이었단다.

　나환자는 어리둥절해하며 뭉그러진 손으로 조롱박을 받았어. 조롱박을 그러쥔 그의 얼굴에 어느덧 미소가 번졌지. 그가 손을 내밀자 예수는 그 손을 쓰다듬었단다. 하지만 지켜보던 나는 불안함에 가슴이 쿵쾅거렸어.

　물을 마시고 난 뒤, 나환자가 내게 말했단다.

　"고맙습니다. 제가 이 조롱박을 가져도 될까요? 이토록 친절한 대접을 받은 것이 얼마만인지 모르겠습니다."

　그러고선 예수를 바라보면서 이렇게 말했어.

　"얘야, 정말 고맙다! 하느님이 널 축복해 주시길 바란다. 하지만 너는 이미 하느님께 축복을 받은 것 같구나. 너의 선한 두 눈이 평화로 가득 차 있으니 말이야."

　이 말을 마치고 그는 떠나갔어. 뒷모습을 물끄러미 바라보니, 그는 이전보다 더 당당한 걸음걸이로 길을 가더구나. 마치 잃어버린 자신의 존엄을 되찾은 듯이 말이야.

　그로부터 며칠 후 우리 마을에 이런 소식이 들려왔단다. 어떤 나환자의 병이 기적적으로 나았는데, 우리 마을의 한 우물가에서 두 천사를 만났고, 그들이 조롱박에 담아 준 물을 마셨기 때문이라는 것이었어. 두 천사는 여인과 소년의 모습이었으며, 그 나환자는 자신이 치유된 기념으로 천사들이 준 조롱박을 소중히 간직했다는 것이었지.

그런데 정작 마을 사람들은 이 치유 이야기를 매우 못마땅하게 생각했어. 이 소식이 퍼지자 이와 같은 치유를 받고자 하는 나환자들이 몰려들어, 마을의 입구가 북새통을 이루었기 때문이지. 심지어 나환자들이 마을 안으로 들어오는 것을 막기 위해 무장한 군사를 파견해 달라고 관리에게 요청하기까지 했단다. 마을 사람들은 전국의 모든 나환자들이 우리 마을로 몰려들까 봐 걱정했지. 그러나 정작 예수는 매우 만족해하며 이렇게 말했어.

"어머니, 마을 사람들이 나환자가 나았다는 이야기를 하던데 들으셨어요? 그 나환자가 바로 우리가 만난 그 아저씨인데 말이에요! 아저씨가 나았으면 하고 아버지께 청했는데, 정말 완전히 나았나 봐요! 정말 기뻐요!"

요한아, 그때 난 내 마음에서 분수처럼 솟아오르는 감정 때문에 거의 눈물을 쏟을 뻔했단다.

예수가 태어나기 전, 병들어 고열에 시달리던 아기 레비를 낫게 해 달라고 하느님께 간절한 기도를 올렸을 때처럼, 아니 이번에는 그보다 훨씬 더 큰 나환자의 치유를 통해 다시 하느님의 신비를 보게 된 것이었어. 이 기적적인 치유 앞에, 하느님의 진정한 권능 앞에 찬미를 드리지 않을 수 없었지. 이처럼 사랑을 행하는 일 앞에는 그 어떤 장애도 있지 않다는 것을 예수가 몸소 가르쳐 주었어.

몇 해 뒤에 또 다른 일도 있었단다. 요한아, 이 일은 너도 잘 알고 있을 거야.

우리는 해마다 파스카 축제 때 예루살렘으로 갔어. 모든 이가 이 축제를 지키지는 않았지만, 우리에게는 매우 중요했어. 그때는 예수가 열두 살이 된 해였어. 예수는 이미 다 자란 소년이었지. 인물이 출중하고 성품도 침착하여 사람들의 이목을 끌었어. 모든 것이 순조로웠단다. 지난해 파스카 축제를 위해 예루살렘에 올라왔을 때 예수는 천진한 아이처럼 보였지만, 올해는 어쩐지 깊은 생각에 잠겨 있는 듯했어. 예수는 파스카 축제의 모든 의식을 주의 깊게 살폈지. 특히 어린양이 희생되는 것을 보고 지나칠 정도로 슬퍼했단다.

"가엾게도……."

이어진 예수의 말에 우리 부부는 무척 놀랐어.

"진짜 어린양은 여기 있는데……. 오직 그 어린양만이 세상의 죄를 보속할 수 있는데……."

그 당시 우리 부부는 이 상징적인 예언을 이해하지 못했단다. 예수 역시 그 이상은 말하지 않았지.

축제가 끝나고 갈릴래아로 돌아가는 길에 우리는 잠시 쉬기 위해 멈추었어. 나는 예수가 줄곧 다른 친척들과 함께 뒤에서 오고 있다고 생각했지. 친척 중에 야고보와 그림자처럼 늘 함께 다녔기 때문이었어. 그런데 어찌 된 일인지 어느 곳에서도 예수를 찾을 수 없었단다. 우리 부부만이 아니라 함께 예수를 찾던 친척들 모두 근심에 빠졌고, 난 온갖 상상을 하며 고통의 나락으로 떨어지고 있었단다.

'혹시 예루살렘 성곽 어느 곳에서 상처를 입고 쓰러져 있는 건 아닐까?'

온갖 끔찍한 생각들이 꼬리를 물고 떠오르더구나. 우리는 날이 밝기를 기다려 다시 예루살렘으로 돌아갔단다. 나는 밤새도록 눈물로 기도를 바쳤고, 요셉은 그런 날 위로하려고 몹시 애썼지만, 모두 허사였어.

"여보, 예수는 이제 의젓한 소년이오. 잠시 한눈을 팔다가 예루살렘에 남았을 것이오. 아마도 친척인 라켈의 집이나 시장 옆에 사는 내 친지 중 한 사람의 집에 있을 것이 틀림없소. 아무 일도 없을 테니 안심하시오. 우리는 내일 예수를 찾게 될 테니 마음을 편히 하고 쉬도록 하오."

요셉의 따뜻한 손이 내 손을 강하게 감싸자, 나는 다소나마 기운을 낼 수 있었단다. 그때 이런 예감이 들더구나.

'내 삶에 또 다른 고통이 다가왔다……'

앞으로 예수로 인해 고통을 겪겠지만, 하느님은 항상 "네."라고 응답하는 믿음의 행위를 바라신다는 생각이 들더구나. 이와 같은 상황 또한 한두 번에 그치지 않을 것임을 깊게 깨달았지. 하지만 내 아들의 삶은 단지 한 개인이 아니라, 바로 전지전능하신 하느님을 위한 일이기에 하느님이 손수 불행에서 지켜 주시리라 생각했어. 적어도 그때는 그랬단다!

우리는 초조하게 밤을 보내고 서둘러 예루살렘으로 갔어. 그리고 그곳에서 예수가 갈 만한 모든 곳, 우리의 친척들과 친지는 물론, 조금이라도 안면이 있는 모든 이의 집까지 샅샅이 뒤졌지만, 그 어느 곳에서도 찾을 수가 없었단다. 이틀이 지나고 그다음 날도 석양이 질 무렵이 되었어. 우리는 이대로 예수를 영영 잃어버리는 것은 아닐까 하는 근심과 절망에 차서 성전으로 힘겹게 올라갔단다. 비록 저녁이 가까웠지만 아직 해가 남아 있었지.

그곳에는 랍비와 바리사이들이 기도하기 위해 회랑에 모여 있었어. 회랑 안으로 들어서자 그들 중 한 무리의 사람들이 앉아 무엇인가를 토의하는 모습이 보였단다. 우리는 그들을 지나치려 했어. 그들은 항상 우리의 종교나 율법에 대해 열을 올리며 문제를 만들고, 심하게 다투거나 심지어 심문했기 때문이지. 그런데 그곳에서, 율법 교사들 한가운데 있는 예수를 발견했단다. 예수는 율법 교사들의 말을 듣기도 하고 그들에게 묻기도 하며 그들 사이에 앉아 있었어. 예수의 말을 듣는 이들은 모두 그의 슬기로운 답변에 경탄했지. 나는 율법 교사들 사이를 뚫고 들어가 예수 앞에 섰어. 모든 이의 시선이 모였는데도 격앙된 음성으로 예수를 나무랐지.

"애야, 왜 이런 행동을 한 것이니? 네 아버지와 내가 얼마나 애타게 너를 찾아 헤맸는지 아니?"

사실 나는 이 일을 한참 후에서야 이해하게 되었단다. 랍비와 율법 교사들은 예수의 지혜에 크게 감복해 예수의 말을 귀담아듣고 있는데, 나는 예수를 어린 아들로만 여기고 나무랐으니, 이는 잘못이었지. 그럼에도 예수는 전혀 화를 내지 않았단다. 예수는 이런 상황에서도 평온함을 잃지 않았던 거야.

"어머니, 왜 저를 찾으셨어요? 제가 아버지의 집에 있어야 하는 것을 모르셨나요?"

말을 마친 예수는 자리에 일어나 랍비와 율법 교사들에게 인사하고는, 입구에서 기다리는 요셉을 향해 걸어갔어. 요셉은 차마 예수가 있는 곳으로 달려오지 못하고 한쪽 구석에서 말없이 기다리고 있었단다. 나는 황망한 정신을 수습하지 못하고 그저 예수를 뒤쫓았어. 랍비와 율법 교사들은 흩어졌고, 우리 세 사람은 회랑을 나와 집을 향해 출발했단다.

요한아, 신비가 항상 예수를 지배하더구나. 그 신비는, 비록 희미하지만 날마다 우리에게서 흘러넘치는 빛이었고, 모든 것을 손수 보이시고 가르치시는 하느님의 현존이었어. 이 신비는 우리 가족으로부터 시작되어야 함을 하느님께서 보여 주시는 듯했지. 예수는 오래 지체하지 않았어. 이미 소년 시절부터 요셉과 나에게 신비를 보였던 것이지.

사랑하는 요한아, 다음 이야기는 내일 이어서 해 주마.

30여 년간의 영광

사랑하는 요한아, 사람들이 내게 이 세상을 떠난 후에 무엇을 희망하느냐고 묻는다면, 나는 다시 천국에서 살고 싶다고 말할 거란다. 왜냐하면 나는 이 세상에서 30여 년간 하느님인 예수와 함께 천상의 삶을 살았기 때문이란다. 그 시간은 결코 불면 사라질 것 같은 허망한 시간이 아니었어.

나는 예수와 30여 년을 함께하면서 가슴 깊이 한없는 기쁨을 누렸고, 예수에게 많은 것을 배웠으며, 동시에 내가 삶에서 체득한 작은 지식들을 예수에게 가르쳐 주었지.

성령으로 아들을 잉태하던 그 첫 순간부터 내 아들이 하느님이라는 것과 그리스 사람들이 말하는 '천성적으로 존엄하신 분'이라는 것에 관한 명백한 인식을 갖게 된 것은 아니었어. 요셉 역시, 인간이며 하느님이신 예수에 대한 정확한 개념을 갖지 못했지. 예수는 인성과 신성을 취한 자신을 우리가 이해할 수 있도록 도왔단다.

아마도 예수 역시 어린 시절에는 스스로가 누구인지를 온전히 알지 못했던 것 같아. 만약 그랬다면 보통 아이들처럼 그렇게 평범하게 자라기 어려웠을 테니까. 어느 순간부터 하느님의 온유한 빛이 예수의 앞길을 조금씩 이끌었던 것 같구나. 앞에서 예수가 하느님을 '아버지'라고 부르기 시작했다고 말했었지? 이스라엘 백성으로 교육받고 성장한 우리는 하느님을 '아버지'라고 부르는 것은 상상조차 할 수 없었기 때문에 놀라움과 두려움으로 이를 받아들였어.

이스라엘 백성은 대대로 자신들이 선택된 민족이며, 하느님은 지극히 높고 전지전능하신 분이라고 믿었지. 하지만 이스라엘 백성들이 부르는 '아버지'와 예수가 부르는 '아버지' 사이의 간극은 컸단다. 예수가 하느님을 '아버지'라고 부르는 것은 상징이 아니라 진실로 그렇게 느꼈기 때문이었지. 실제로 예수는 유일한 하느님의 아들이니까! 예수로 인해 우리도 하느님을 '아버지'라고 부를 수 있게 되지 않았니?

우리가 예수를 잃었다가 성전에서 찾았을 때, 그는 랍비와 율법 교사들에게 율법에 대한 참신한 해석을 설명하고 있었어. 이에 우리 부부는 모든 것을 밝혀도 될 시기에 이르렀다고 판단하고, 예수의 탄생의 신비와 장차 어떤 마음을 가지고 사명의 길로 나아가야 하는지 알려 주어야겠다고 결심했어. 우리는 이를 곧 실행에 옮겼지. 마침 갈릴래아로 가는 상인들이 우리가 나자렛으로 돌아갈 수 있도록 배려해 주어서 서둘러 함께 귀향길에 올랐단다.

귀향길에 우리 부부는 예수에게 왜 아무런 말도 없이 성전에 홀로 남았는지 분명한 이유를 이야기해 달라고 청했어. 예수는 먼저 우리에게 근심을 끼친 것에 대해 용서를 구한 다음, 오해가 있었다고 설명했지.

그날 예수는 랍비와 율법 교사들에게 급히 할 말이 있으니 회랑에서 기다려 달라고 나에게 말했다는 거야. 예수의 말을 듣고 나서야 그날의 일이 기억났단다. 가만히 생각해 보니, 예수는 그 전날, 지나가다가 학자들이 논쟁하는 것을 유심히 보더니 깊은 생각에 잠겨 있었어. 그러더니 그다음 날, 회랑에 다녀오겠다고 했지. 그러나 그곳에서 그렇게 오래 지체하리라고 생각하지 못했고, 또한 여행 준비에 몹시 바빠서 예수의 말을 잊고 먼저 출발했던 것이지. 친척들과 함께 귀향하는 상인들의 무리에 예수가 빠져 있을 거라고는 의심하지 않고 말이야.

한편 예수는 우리가 가 버린 것을 섭섭하게 여겼지만, 곧 자신을 찾으러 돌아올 것을 믿었다고 했어. 그동안은 회랑에서 논쟁을 벌이던 한 율법 교사의 집에서 지냈다고 했지. 이처럼 예수의 평온함과 하느님에 대한 절대적 신뢰는 우리 부부의 경탄을 자아냈단다. 예수는 이렇게 우리 의혹을 풀어 주었어.

우리는 예수가 왜 그토록 흥미롭게 랍비와 율법 학자와 논쟁했는지 알고 싶었단다. 그는 가장 중요한 토론은 율법의 근본정신에 관한 것이었다고 말했어. 토라에 정통한 이들은 하느님에 대한 믿음이 가장 중요하며, 모든 종류의 우상을 온전히 거부해야 한다는 것, 모세가 시나이 산에서 받은 하느님의 계명을 철저하게 지켜야 한다는 것, 그에 따른 세부적인 규칙도 한 점 어긋남이 없어야 한다는 것을 강조했지. 어떤 일이 일어나든 율법을 준수하는 일은 반드시 지켜야 하며, 이것만이 이스라엘 선민이 살아남을 유일한 길이라는 것이었어. 그런 그들에게 예수는 이사야서를 통해 쟁점을 유도했어.

"나는 이제 숫양의 번제물과 살진 짐승의 군기름에는 물렸다. 황소와 어린양과 숫염소의 피도 나는 싫다. 너희가 나의 얼굴을 보러 올 때 내 뜰을 짓밟으라고 누가 너희에게 시키더냐?

더 이상 헛된 제물을 가져오지 마라. 분향 연기도 나에게는 역겹다. 초하룻날과 안식일과 축제 소집 불의에 찬 축제 모임을 나는 견딜 수가 없다. 나의 영은 너희의 초하룻날 행사들과 너희의 축제들을 싫어한다. 그것들은 나에게 짐이 되어 짊어지기에 나는 지쳤다. 너희가 팔을 벌려 기도할지라도 나는 너희 앞에서 내 눈을 가려 버리리라. 너희가 기도를 아무리 많이 한다 할지라도 나는 들어주지 않으리라. 너희의 손은 피로 가득하다.

너희 자신을 씻어 깨끗이 하여라. 내 눈앞에서 너희의 악한 행실을 치워 버려라. 악행을 멈추고 선행을 배워라. 공정을 추구하고 억압받는 이를 보살펴라. 고아의 권리를 되찾아 주고 과부를 두둔해 주어라."(이사 1,11-17)

예수가 이사야서를 들어 한 말은 그 자리에 있던 율법 학자 모두를 불타오르게 했단다. 어떤 이들은 로마가 지배하는 현재 상황에서 이 이사야서의 말씀대로 살아가기는 어렵다고 손사래를 쳤어. 하지만 또 다른 학자들은 가장 중요한 일은 선업을 쌓고, 자비와 정의를 실현하는 것임을 망각해서는 안 된다고 자성하기도 했지.

날이 저물자 논쟁을 마친 이들이 하나둘 떠나고, 예수가 홀로 성전에 남았어. 그때 젊은 바리사이 한 사람이 예수를 자기 집으로 초대했지. 그는 하느님을 경외하는 사람으로 부유한 집안의 청년이었어. 우리가 예수를 찾아 이틀을 헤매는 동안 정작 예수는 좋은 집에서 잘 지냈던 것이지. 그 고마운 청년에게 우리는 감사의 말도 제대로 하지 못하고 떠났단다. 요한아, 그 청년이 누구인지 우리는 한참 후에 알았는데, 바로 아리마태아 사람인 요셉이었어.

예수가 이 모든 일을 자세히 설명한 후, 우리 부부는 오히려 알고 싶은 것이 더욱 많아졌단다. 하느님이 당신 아들에게 장차 짊어지게 될 근본적인 사명을 밝히신 후여서인지, 우리는 예수와 요셉과 나에 대한 하느님의 계획을 알고 싶다는 열망에 타올랐단다. 그리하여 우리 부부는 예수에게 이렇게 물었어.

"아들아, 이사야서에 대한 너의 생각을 들려 다오. 하느님을 기쁘게 하기 위해 가장 중요한 것이 무엇이니?"

지금도 그때의 기억이 또렷이 떠오르는구나. 우리는 올리브 나무 아래를 지나고 있었는데, 예수가 놀란 듯이 갑자기 걸음을 멈추고 우리를 바라보았어.

"왜 그것을 제게 물으시는 거예요, 어머니? 정말 모르시는 거예요?"

그 순간 요셉이 우리의 대화에 끼어들었지. 겸손한 요셉은 항상 침묵을 통해 아버지의 역할을 은밀히 수행했단다. 그가 특별히 자기 생각을 드러내는 일은 드물었지만, 그때는 나를 도우려는 마음에서 이렇게 말했단다.

"아들아, 네 어머니는 그것을 잘 안단다. 그러나 나는 정확히 그것이 무엇인지 모르겠구나. 하느님이 네게 손수 가르치신 그 내용을 내게도 가르쳐 줄 수 있겠니? 하느님의 영광은 어디에 기인하시니? 그리고 우리가 하느님을 가장 기쁘게 해 드리는 일은 무엇이지?"

그러자 예수는 자신이 아는 것을 우리가 모르는 것을 이해할 수 없다는 표정을 짓고는, 지극히 평온하고 자연스러운 어조로 응답했어.

"이스라엘아, 들어라! 너희는 마음을 다하고 목숨을 다하고 힘을 다하여 주 너희 하느님을 사랑해야 한다(신명 6,5 참조). 또한 네 이웃을 너 자신과 같이 사랑해야 한다(레위 19,18 참조)."

요셉은 나보다 성경에 대해 이해가 깊은 사람이었어. 또한 하느님과 인간에 대한 사랑을 깊게 품고 있었단다.

"위의 두 대목은 신명기와 레위기의 말씀이지? 그런데 왜 이 구절들을 이야기한 것이니?"

요셉의 물음에 예수는 자신의 가슴속에 담긴 것을 설명할 좋은 기회를 얻은 것에 만족하여 이렇게 대답하더구나.

"아버지, 하느님이 저희에게 말씀하시고 싶은 가장 중요한 것은 율법이나 준수해야 할 많은 규정 같은 것들이 아니에요. 가장 중요한 것은 사랑이지요. 사랑이 없다면 불의와 원한, 미움과 시기, 질투만이 남을 거예요. 아무리 많은 희생 제물을 바친다고 한들, 아무리 많은 기도를 드린다고 한들 하느님은 저희에게 만족하지 않으실 뿐더러 저희와 함께하지도 않으실 거예요."

그러더니 예수는 나를 바라보며 물었어.

"어머니, 제 말이 맞지요? 정말로 하느님은 사랑이시고, 그 사랑이야말로 우리를 하나로 일치시키고 우리도 하느님처럼 사랑할 수 있도록 하지요?"

그때 나는 예수의 말을 들으며 내 심장이 격렬하게 뛰는 것을 느꼈단다. 예수가 말한 것처럼 정확하게 표현할 능력은 없었지만, 그의 말은 바로 내 가슴속에서 언제나 메아리처럼 울리던 것이기 때문이었지. 나는 깊은 감동으로 내 어깨까지 부쩍 자란 예수를 끌어안고 머리를 쓰다듬으며 입을 맞추었어.

"그래, 아들아, 네 말이 맞구나."

그러자 예수는 요셉을 바라보며 다시 물었어.

"아버지, 제 말이 맞지요? 사랑이 없다면 그저 빈껍데기나 회칠한 무덤처럼 겉으로 보기에는 좋아 보여도 실은 죽음밖에 없는 것이지요?"

선량한 요셉은 예수의 말을 정면으로 부인하지는 않았지만, 이스라엘 사람으로 교육을 받으며 자란 만큼, 이를 그대로 받아들이기도 쉽지 않아 보였단다. 그래서 예수가 옳다고 생각하면서도 은유적으로 이렇게 질문하더구나.

"그렇다면 아들아, 희생 제물과 기도는 무엇에 쓰인단 말이니?

네 말이 옳다면 율법도 필요 없을 것이고, 선택된 민족이 모여 기도하는 성전 또한 필요 없지 않겠니? 사랑만이 하느님을 기쁘게 한다면 하느님이 선택하신 이 백성이 과연 무엇을 위해 필요하겠니?

그리고 사람이 저마다 사랑을 결정한다면 무엇이 사랑이고 무엇이 사랑이 아닌지, 또 무엇을 받아들이고 무엇을 피해야 하는지 어떻게 알 수 있겠니?"

그러자 예수는 내 품에서 벗어나 요셉의 곁으로 다가갔어. 그리고 너희가 제자로서 예수를 따르기 시작했을 때 들었던 그 음성, 부드러우면서 권위 있는 단호한 음성으로 말을 잇기 시작했단다.

"아버지, 예전부터 고대했던 그 시기가 지금 도래한 거예요. 해 뜨는 곳에서부터 해 지는 곳까지, 모든 이가 유일한 하느님을 진실로 예배할 시간이 왔다는 것이지요. 이 예배는 희생 제물로 동물을 바치는 것이 아니라, 깨끗한 마음으로 진정한 예배를 바치는 거예요. 하느님을 참되게 경배하는 것은 진실한 마음의 일이에요. 이를 위해 이미 있는 성전을 파괴할 필요도 없고, 율법을 없앨 필요도 없어요. 하느님이 좋아하시지 않는 모든 것에서 벗어나 정화된 마음으로 예배를 드리면 되는 것이지요. 아버지는 이렇게 가르쳐 주셨어요."

예수는 평소처럼 자연스러운 어조로 매우 당연하다는 듯 말했어. 하지만 나는, 이스라엘에서 하느님을 '아버지'라고 부르는 일은 용납되지 않으며 심지어 몹시 위험할 수 있음을 알기에 이에 대해 설명을 덧붙일 수밖에 없었지. 요셉과 나는 예수가 말한 '아버지'가 누구를 가리키는지 잘 알고 있었어. 요셉이 아니라 하느님, 전지전능하신 그분을 가리키는 것임을 말이야. 철저한 유다 사람인 요셉은 예수의 입에서 '아버지'라는 말이 나올 때마다 신경이 곤두섰고, 나도 그것을 느낄 수 있었단다. 사실 나도 하느님을 경외하는 모든 이와 마찬가지로, 그분을 '아버지'라고 부르는 것은 큰 불경이라고 생각했지. 긴장된 공기를 뚫고 이번에는 내가 질문했단다.

"아들아, 이제는 너의 신분에 대해 밝혀야 할 시간인 듯하구나. 네가 아는 너에 관한 것, 탄생의 비밀과 앞으로 가야 할 사명의 길, 하느님을 '아버지'라고 부르는 이유, 네가 아는 이 모든 것을 우리에게 말해 줄 수 있겠니?"

내 말에 예수는 조금 격앙되어 이렇게 대답했어.

"어머니, 저도 언제부터인지 잘 모르겠어요. 어떻게 모든 것을 다 알게 되었는지 정확한 시기는 몰라요. 그저 어느 순간부터 모든 것을 알게 되었어요."

그러고는 요셉을 바라보며 조금 미안한 어투로 이렇게 말을 잇더구나.

"아버지가 제 친아버지가 아니라는 건 알고 있었어요. 그리고 천사가 어머니에게 나타나 제 잉태를 알렸고, 어머니가 그것을 수락한 것도 알고 있어요.

이스라엘 사람 모두가 지극히 높으신 분, 전지전능하신 분으로 부르는 하느님은, 제 아버지이기도 해요. 이는 제 권리이지요. 저도 잘 모르지만 하느님을 생각하면 제 입술이 이미 '아버지'라고 부르고 있어요. 그분이 저를 이 세상에 내셨으니까요. 그분에게서 났으니 저는 그분에게로 돌아갈 거예요.

아버지, 저는 제 안에 무엇인가가 꿈틀거리는 것을 느껴요. 그리고 제가 누구인지, 어떤 일을 해야 하는지 깨닫게 되지요. 비록 그것이 무엇인지 아직 정확히는 알지 못하지만요. 다만 한 가지, 앞으로 닥칠 일에 대해서 걱정하지 않아야 한다는 것은 알아요. 제 아버지가 조금씩 인도하시고, 손수 모든 것을 가르쳐 주시고 계시니까요.

외할아버지가 돌아가셨을 때 외할머니에게 드린 말씀, 그리고 사랑에 관해 어머니와 아버지에게 드린 말씀은 모두 제 안에 있는 것들이고, 제가 알고 있는 것들이었어요. 제 안에 어떤 것이 더 있는지 저도 다 알지는 못하지만요."

이 말을 마친 예수는 요셉의 손을 살며시 쥐었단다. 소년이 된 이후에는 좀처럼 하지 않던 행동이었지.

"전 아버지를 정말 사랑해요. 제 아버지니까요. 지금까지 행한 모든 일로 인해 아버지는 진정으로 복된 이로 불리게 되실 거예요. 예언자 나탄이 다윗 임금에게 이렇게 말했지요? '너의 집안과 나라가 네 앞에서 영원히 굳건해지고, 네 왕좌가 영원히 튼튼하게 될 것이다.'(2사무 7,16)라고 말이에요."

예수는 요셉을 힘껏 끌어안았어. 부자는 한동안 서로 떨어질 줄 몰랐단다. 이전에는 이토록 정이 넘치고 애정에 찬 포옹을 한 적이 없었던 것처럼 말이야. 두 사람은 한 몸이 된 것 같았어. 그 순간, 요셉을 둘러싸고 있던 의혹이 사라졌단다. 요셉은 아버지로서의 감정이 자신의 몫이 아니라 하느님의 몫이라는 것을 새삼 깨달은 듯 보였지.

그런데 바로 그 순간, 나는 요셉이 이 세상에서 살아갈 날이 그리 오래 남지 않았다는 것을 직감적으로 알아차렸단다. 의인 요셉, 내가 그토록 사랑한 사람! 그토록 많은 짐을 진 내 남편! 그의 보호와 동반이 이제 얼마 남지 않았다는 예감이 들었어. 나는 아버지와 아들이 굳게 잡은 두 손을 지켜보면서 이와 같은 불길한 생각을 지워 버리려고 애썼단다.

드디어 고향 마을이 눈에 들어올 즈음, 요셉이 예수에게 말했어.

"아들아, 너는 하늘에 계신 하느님이 하시는 말씀만을 그대로 따라야 한다. 우리도 인간이기에 간혹 어리석은 오류를 범할 수 있으니 하느님의 말씀과 우리의 말이 다르거든 언제든지 지극히 거룩하신 그분의 말씀을 따르도록 하렴.

그러나 아들아, 네게 한 가지 말하고 싶은 것이 있다. 네가 무슨 말을 할 때는 상대방이 누구인지, 또 그들에게 무슨 말을 할 것인지 신중히 생각해 보렴. 네 말이 성전에서 일으킨 반향을 생각해야 한단다. 그들 중에 일부는 너의 말이 위험하다고 생각했을 거야. 반대로 젊은이들은 아직 순수한 마음을 지녔기에 너의 말에 깊게 동감하고 민감하게 반응했을 테지. 이처럼 풋풋하고 여린 사람들은 감사의 마음으로 너의 말을 받아들일 것이고, 삶의 긴 여정을 통과하며 온갖 풍파를 겪은 사람들은 모든 것을 운명으로 돌릴 것이다. 또 어떤 이들은 너의 메시지에 놀라거나 거부할 수도 있지. 그러니 네게 충고하고 싶단다. 서두르지 말아야 한다. 너의 시간에 이르렀다고 확신할 때까지 기다려야 해."

요셉의 말을 들은 예수가 말했어.

"아버지의 말씀이 옳아요. 그런데 마음에서 두 가지 다른 생각이 떠올라요. 하나는 '신중하라'는 것이고, 또 다른 하나는 '뛰어라'는 것이에요. 제 마음에서는 전속력을 다해 거리로 뛰쳐나가라고 외치고 있어요. 바로 이 마음으로 인해 회랑에서 랍비와 율법 교사들과 논쟁을 하게 되었지요. 저는 도저히 참을 수가 없었어요. 아직 하느님 아버지께서 모든 것을 알려 주시지는 않았어요.

그 모든 것을 제 마음에 품고 있지만, 아직 그 시간에 이르지는 않았지요. 그러나 그 시간을 알게 될 거예요. 빠른 속력으로 문을 박차고 달려 나가 외치고 싶은 열망을 눌러야 하는, 그 인내의 시간이 고문 같겠지만요! 우리 마을은 이 불타는 열정을 잠재우기에는 너무 작아요."

그 일이 있은 후에 시간은 쏜살같이 흘러갔단다. 하지만 예수에게는 그렇지 않은 듯했어. 예수는 몇 번인가 내게 이렇게 말했지. 진정한 지혜는 단지 아는 것으로 충분하지 않으며, 그 '앎'을 실제 삶에서 적용해야 한다고 말이야. 예수는 이 '앎'을 세상에 나가 선포하지 못하고 단지 인내해야만 하는 시간이 너무 길다며 괴로워했단다.

그래도 예수는 하느님이 명하신 이 인고의 시간을 이해하고 기다렸어. 하느님은 서두르지 않고 당신 아들이 사랑으로 살아가기를 바라시는 듯했지. 즉 실제 삶에서 아무런 도움이 되지 않는 거창한 이론이나 듣기 좋은 말에 둘러싸여 살아가는 것이 아니라, 그 기다림의 시간 동안 매일매일을 사랑으로 살아가기를 말이야.

사랑하는 요한아, 이 가르침은 머리로 이해할 수 있는 것이 아니란다. 낙숫물이 바위를 조금씩 뚫는 것과 같은 시간이 필요했지. 시간이 흐르자 예수는 점점 굳세어지고 지혜로 충만해 졌단다. 나는 어머니로서 이런 예수를 30여 년간 지켜보는 행운을 누렸지.

요한아, 세월은 정말 빠르게 흐르더구나.
우리가 성전에서 예수를 찾아 돌아온 지 두 해가 지났을 무렵, 어머니 안나가 세상을 떠나셨어. 젊은 날 그토록 활기차고 지혜로웠던 어머니는, 딸인 내게 당신 마음에 넘쳐나는 모든 힘을 남김없이 전하기 위해 늘 노력하셨지.
그러나 갈수록 어머니는 몹시 연로해지셨고, 얼굴에는 깊은 주름이 가득해지셨어. 어머니는 예수에게 하느님을 향한 당신의 모든 사랑을 말씀하곤 하셨단다. 어머니가 세상을 떠나기 며칠 전부터는 예수와 오랫동안 대화를 나누는 시간이 부쩍 늘었는데, 어머니는 대화를 하다가 가끔 기쁨의 눈물을 흘리며 자리에서 일어나고는 하셨어. 또한 두 사람은 아버지 요아킴을 회상하고는 했단다.
어머니 안나는 어서 빨리 하늘나라로 가고 싶어 하시는 것처럼 보였어. 마침내 이 세상과 이별할 시간이 다가왔을 때 어머니는 더할 나위 없는 평화로운 표정으로 눈을 감으셨지. 그때 예수와 나는 그분의 양손을 한쪽씩 나누어 쥐고 있었어. 어머니는 우리 곁을 떠나기 전, 나를 축복하고는 돌연 손자에게 이렇게 말씀하셨어.

"주님, 축복해 주세요. 전지전능하신 분께 저를 속히 데리고 가 달라고 말씀해 주세요. 한시라도 빨리 하느님과 요아킴과 함께 있고 싶어요."

어머니의 마지막 말씀은 모인 사람들 모두를 놀라게 했단다. 어머니가 힘겹게 말을 마치자, 예수는 어머니의 이마에 이상한 표시를 했어. 지금은 우리가 잘 알고 있는 그 십자가, 예수가 장차 죽음을 맞이하게 될 그 십자가 모양이었지. 이어 어머니의 양손과 이마에 입을 맞추고는 눈물을 흘리더구나. 어머니는 곧 천국으로 떠나셨어.

임종의 자리에 함께했던 친지나 가족들은 손자를 '주님'이라고 부른 어머니의 마지막 말씀을 이상하게 여겼지만, 죽어 가는 이가 분별을 잃고 한 말이라고 생각하는 듯했단다.

이제 셋만 남은 우리 가족은 행복한 시간을 보냈어. 하지만 요셉은 예수가 스무 살이던 해에 세상을 떠났단다. 당시 우리 마을 사람들은 이제 예수가 장가를 들어야 할 나이라고 부추겼지만, 이는 하느님의 계획에 없는 일이었다. 그래서 요셉의 죽음을 핑계로 하여 주변에서 혼인에 대해 말하는 것을 한동안 밀어 놓을 수 있었지. 예수는 어머니를 홀로 둘 수 없으니, 자신이 가정을 꾸리는 것을 미뤄야 한다고 사람들을 이해시켰단다.

요셉이 세상을 떠나던 날의 이야기를 해 주마.

이웃 중에 목축업을 하는 '말타케'라는 사람이 있었어. 그는 인가에서 멀리 떨어진 산 중턱에 축사를 가지고 있었지. 하루는 돌 틈 사이에서 풀을 뜯는 양 떼를 돌보다가 날이 저물어 양들을 축사에 몰아넣었어. 축사가 튼튼하면 늑대가 어슬렁거려도 안심이 되는데, 늦가을 폭우가 쏟아진 직후여서 허름했던 축사 한쪽이 그만 무너져 버렸단다. 즉시 고쳐야만 할 상황이었지. 무너진 벽을 넘어 들어오는 여우나 살쾡이의 침입도 두려웠지만, 그보다 제대로 된 우리 없이 곧 닥칠 매서운 겨울을 버텨야 할 양들이 더 걱정이었어.

결국 말타케는 울상이 되어 우리 집으로 달려왔단다. 그리고 바삐 연장을 챙겨 산으로 가서, 양 떼를 위한 새로운 축사를 만들어 달라고 요셉을 채근했어. 비가 오거나 진눈깨비가 자주 내리고 있을 때여서, 추위를 막는 것이 가장 급한 일이었지. 나는 이런 날씨에 요셉이 여러 날 동안 산에서 지내야 한다는 것이 못마땅했단다. 요셉은 최근 들어 부쩍 건강이 좋지 않았거든. 등과 허리가 아팠고, 다리에는 경련이 일었어. 평소처럼 예수가 요셉을 따라가겠지만, 여전히 불안했지. 항상 내게 깊은 애정을 가진 요셉은 내가 점점 겁이 많아진다며 오히려 나를 놀렸단다. 손님들을 잘 대접하지 않으면 소문이 나서 아무도 우리에게 일을 맡기지 않을 것이라고 하면서 말이야.

요셉은 "가엾은 동물들……."이라고 혀를 차면서 이렇게 덧붙였지.

"여보, 우리에게는 선택의 여지가 없소. 우리에게 들어오는 일은 어떤 것이든 무조건 받아들여야 하오. 이런 일이라도 들어오는 것을 하느님께 감사드려야 한다오."

날이 밝아 오고 비가 그치자, 요셉은 양가죽으로 만든 두꺼운 외투를 걸치고 산으로 떠났어. 예수는 나귀에 안장을 얹고 무거운 연장들을 실었지. 요셉은 늘 집을 떠날 때마다 내 이마에 입을 맞추었는데, 그날도 내 근심을 덜어 주기 위해 이마에 입을 맞춘 후 미소를 지어 보이고 떠났단다. 나는 예수에게 아버지를 잘 지켜 달라고, 그리고 감기에 걸리지 않게 해 달라고 거듭 당부했지.

그런데 부자가 출발한 지 얼마 지나지 않아 엄청난 폭우가 쏟아졌단다. 산에는 분명 눈이 오고 있을 터였지만, 아직 목적지에 도착하지도, 또 목자들이 잠시 몸을 피하는 동굴에 닿지도 못할 시간이었어. 나는 무릎을 꿇고 하느님께 간절히 기도했단다. 하느님을 감히 '아버지'라고 부르며 이 험한 날씨에 산으로 간 남편과 아들을 지켜 주시기를 기도하고 또 기도했어.

걱정 속에 시간만 흘렀단다. 마을에 내리던 비는 어느덧 눈으로 바뀌어 희끗희끗 날리기 시작했지. 눈은 비에 젖은 땅에 녹아

쌓이지 않다가, 날이 저물자 온 세상을 하얗게 덮었단다.

 나는 하느님께 계속 기도했지만, 더 이상 억누를 수 없을 만큼 마음이 북받쳤단다. 집에 혼자 남아 점점 어두워지는 밖을 보고 있자니, 정신을 가다듬기 힘들었어. 나는 촛대를 찾아 초를 켜 두고, 다시 기도를 드렸단다. 마음에 근심이 가득 찼지만, 기도를 드리며 평정을 되찾고자 했지. 마음 같아서는 당장이라도 어둠을 뚫고 산으로 달려가 사랑하는 남편과 아들을 찾고 싶었지만, 날이 밝기만을 기다릴 수밖에 없었어. 나는 하느님께 남편과 아들을 지켜 주시기를, 어떠한 상황에서도 당신의 뜻을 받아들일 수 있는 힘을 주시기를 밤새도록 기도했단다.

 이윽고 날이 밝았어. 천지는 눈으로 하얗게 뒤덮여 있었고, 날씨도 몹시 추웠지만, 다행히 눈은 그쳐 있었어. 아이들은 마을 곳곳에서 눈싸움을 하느라 정신이 없었지.

 나는 날이 밝자마자 곧장 친척의 집으로 달려가 지난밤에 일어난 일을 간략하게 설명하고 도움을 청했단다. 눈 내리는 산중에서 부자가 겪을 고초에 대해 친척들도 나만큼 깊이 걱정하며 마을 청년들에게 그 상황을 알렸지. 날씨가 잦아들자, 고맙게도 청년들은 즉시 수색에 나서 주었어. 장정 다섯 명이 말 두 필을 이끌고 산속으로 떠났지.

 기다림의 시간이 흐른 후, 그들은 다행히 건강한 모습으로 돌아왔단다. 요셉과 예수를 제외하고 말이야. 예수는 동상을 입어 온통 파랗다 못해 거무스름한 모습이었는데, 요셉의 모습은 그보다 더 암담했단다.

예수는 아버지를 위해 자기 옷을 벗어 주고 거의 맨몸으로 밤새 매서운 추위와 싸워야 했어. 그리고 동상을 입은 몸으로 나귀 위에 아버지를 태워 겨우겨우 돌아온 거야. 요셉은 나귀 위에서 몸을 겨우 가누며 힘겨운 숨을 몰아쉬고 있었어. 장정들이 요셉을 집으로 데려와 그의 온몸에 기름을 발라 문질러 주었단다. 예수는 그동안의 일을 설명하며 쉴 새 없이 눈물을 흘렸지.

산 위에서 눈이 쏟아졌을 때는 집으로 돌아갈 수도 없는 산중이어서 목자가 눈비를 피하기 위해 마련한 피난소나 동굴을 급히 찾았다고 했지. 그러다가 비바람이 들이치는 낡은 동굴 하나를 겨우 발견해 하룻밤을 묵을 수밖에 없었다고 했어. 하지만 쏟아지는 눈에 나뭇가지들이 젖어서, 작은 모닥불 하나 피울 수가 없었지. 둘이서 그저 덜덜 떨면서 매서운 추위를 견뎌야만 했단다. 그 와중에도 예수는 요셉을 지키기 위해 사력을 다했어. 자신의 옷을 벗어 요셉에게 입혔지만 역부족이었지.

그렇게 앓아누운 요셉은 이틀 동안 고열에 시달리다가, 마침내는 정신을 잃고 말았어. 통증이 그의 가슴을 무섭게 짓눌렀고, 그의 생명은 금방이라도 꺼질 듯했어. 그런데도 말이다, 요한아, 이상도 하지? 이런 상황에서도 내 마음속에는 평화가 사라지지 않았단다.

요셉은 가끔 정신을 차릴 때면 오히려 나를 위로해 주었어. 그는 열에 시달리면서도 내게 이렇게 말했지.

"여보, 우리 삶에서 가장 중요한 것은 하느님의 사랑을 믿고 살아가는 것이오."

요셉은 지난날 우리에게 닥친 난관들을 우리가 잘 견디고 일어섰던 것처럼, 지금의 위기도 그러할 것이라고 확신했단다. 그는 병상에 누워 우리가 아들에게 배운 하느님의 사랑을 거듭 강조했지. 그러면서 내 손을 꼭 잡고 이렇게 말했어.

"하느님은 사랑이오. 우리는 모든 일이 잘 풀릴 때만 이 사랑을 믿어서는 안 될 것이오. 지금처럼 어려운 때일수록 더욱 그분의 사랑을 믿어야 하지. 특히 오늘처럼 크나큰 시험에 들 때 하느님 사랑에 대한 우리의 믿음을 더욱 입증해야만 하오.

사랑하는 마리아, 저 축복된 밤에 천사가 나타나 당신에게 했던 말을 기억하오? 두려워하지 마시오. 하느님이 하신 말씀이 우리에게서 이루어질 것이니. 당신의 아들이며 또한 내 아들이기도 한 예수! 하느님이 허락하신 시간에 이르기 전에는 아무 일도 일어나지 않을 것이오. 그러나 그 시간에 이르게 되면 어떤 일이 생기든 그것은 지극히 높으신 분, 예수의 아버지이시고 우리의 아버지이신 하느님의 뜻일 것이오."

힘겹게 말을 마친 요셉은 아들과 둘이서 이야기하기를 원했어. 부자는 긴 대화를 나누었단다. 어머니 안나가 세상을 떠나시던 때처럼 말이야. 예수는 요셉과의 이별의 순간이 다가오자, 자신의 외할머니에게 했던 것처럼 눈물을 흘리며 요셉의 손과 이마에 십자가를 그었어. 끝없이 흘러내리는 예수의 눈물이 요셉의 몸 위로 쏟아졌단다.

그러자 요셉은, 그간 시달리던 고열과 고통의 흔적을 지우고 평화와 안식을 누리는 듯한 평온한 모습을 되찾았어. 그는 거의 말을 할 수 없었지만, 예수와 나에게 낮은 음성으로 속삭이듯이 말했어.

"마리아, 내가 당신을 얼마나 사랑했는지 하느님만이 아실 것이오! 지난 20여 년간 당신과 함께 살아간 나날, 그 행운 또한 하느님만이 아실 것이오! 내게 준 당신의 모든 사랑을 하나도 빠짐없이 기억하겠소! 하느님이 당신을 축복하시길! 비록 우리는 지금 작별하지만 머지않아 다시 만날 것이오. 영원히!"

그러고는 예수에게 말했어.

"아들아, 이 세상 그 누구도 너를 나처럼 부를 수 있는 이는 없을 것이다. 나는 이 세상 그 어떤 아버지 못지않게 너를 사랑했단다. 그리고 진짜 혈육에게서보다 더 큰 사랑을 너에게서 받았지.

너로 인해 우리 가문은 축복과 영예를 얻었단다. 나를 기다릴 저 복된 하늘나라에 대해 알려 주어 고맙구나.

아들아, 나는 너를 축복할 수가 없단다. 바로 네가 나를 축복해 주어야 하니까 말이다. 어서 나를 축복해 다오. 나는 이제 곧 떠나야 할 것 같구나."

요셉이 가쁜 숨을 몰아쉬며 말을 마쳤어. 예수는 지상에서의 마지막 숨을 쉬는 요셉에게 축복의 십자가를 다시 그었단다. 그의 이마에, 눈에, 입에, 투박한 노동자의 손에!

어느새 요셉의 숨소리가 멈췄고, 우리 모자는 요셉의 시신 위에 몸을 굽혀 흐느꼈지. 내 영혼의 동반자였던 요셉! 얼마나 많은 고통의 시간과 또 환희의 순간을 함께했는지! 그의 죽음은 나에게 크나큰 영혼의 아픔을 안겨 주었어. 그것은 예수에게도 마찬가지였단다.

요한아, 나는 그를 정말 사랑했어. 네가 의아하게 생각할 수도 있겠지만 말이야. 그에 대한 내 사랑이 하느님께 나 자신을 바친 내 삶과 어긋난다고 여기지 않는단다. 나는 그를 사랑했고 동시에 하느님과 예수를 사랑했어. 물론 하느님을 모든 것 위에 사랑하지만, 그분은 그분만이 아니라, 모든 이를 사랑하도록 나를 이끄셨단다. 이웃을 향한 사랑이야말로 하느님을 사랑하는 또 하나의 표현인 것처럼 말이지.

나는 요셉을 진심으로 사랑했기에, 그와의 이별을 받아들이는 일은 참으로 힘들었단다. 왜 하느님은 내 기도를 들어주지 않으셨을까? 왜 예수는 그의 양부를 기적적으로 낫게 하지 않았을까? 그런 질문을 떠올렸을 때 불현듯 이런 생각이 들었어. 하느님의 계획을 내가 이해하려 들어서는 안 된다는 것을 말이야. 하느님의 이번 계획은 내게 너무 깊은 고통을 주었지만, 다행스럽게도, 내 고통과 괴로움은 비탄으로 변하기 전에 조금씩 사라지더구나.

이 20여 년 동안 우리 가정은 천국의 입구였단다. 이 부드럽고 감미로운 사랑은 우리의 일용한 양식이었고, 우리가 목을 축이는 삶의 생수였지. 기쁨은 우리를 추위에서 지켜 주는 옷이었고, 우리의 가난을 덮어 주는 방패였단다.

우리 가정은 나자렛뿐만 아니라 이스라엘 전체, 아니 세상에서 가장 행복했어. 그래 요한아, 우리는 항상 행복했단다. 예수를 성전에서 잃어버린 사건을 제외하고 말이야. 그날 이후로, 우리 부부는 단 하루도 예수와 대화하지 않은 날이 없었단다.

내 삶에서 가장 고통스러웠던, 십자가 위에서 예수가 죽던 바로 그 순간에도, 가브리엘 대천사가 복된 밤에 내게 했던 말, 그리고 요셉의 마지막 말, 두려워하지 말라는 말을 생생하게 느꼈단다.

그래, 요한아, 사랑하는 요셉이 천국에 든 이후에도 우리는 우리와 함께 숨 쉬는 그의 현존을 느꼈어. 사랑하는 사람은 결코 죽지 않는단다. 나는 하느님 곁에 있는 그가 우리 모자를 위해, 하느님이 아버지이심을 알려 준 예수와 나를 위해, 하느님께 온전히 봉헌한 우리를 위해 전구하고 있다고 확신했단다.

나자렛의 모든 이가 사랑했던 그는 이 세상을 떠나가는 순간에도 벗들에게 둘러싸여 있었지. 그의 마지막 길에 동참하기 위해 마을 사람들이 몰려왔단다. 작은 우리 집은 사람들로 가득 찼지. 그의 임종을 지킨 사람들 중 일부는 천사가 요셉의 영혼을 하늘로 인도했다고 했고, 또 어떤 사람들은 아브라함이 그의 영혼을 인도했다고 했어.

요셉이 세상을 떠난 후, 예수는 큰 괴로움을 겪는 내 곁을 지켰단다. 하지만 예수가 고통 속에 있다는 것을 알 수 있었지. 하지만 나는 또 다른 이유로 인해 예수가 비탄에 잠긴 것을 알고는 큰 근심에 휩싸였단다.

어느 날 예수와 둘이서 집에 있는 날이었어. 요셉이 만든 튼튼한 의자에 앉아 예수의 손을 잡고, 그가 마음에 담아 두었던 말을 하기를 조용히 기다렸어. 그러자 예수는 자신의 머리를 내게 살며시 기대더니 끝내 울음을 터뜨렸단다. 한참 동안 울고 난 예수에게 나는 타이르듯이 말했어.

"아들아, 네게 묻고 싶었지만, 묻지 않기로 했단다. 네가 원했더라면 아버지의 생명을 구했겠지만, 그렇게 하지 않은 데에는 반드시 합당한 이유가 있을 것이라 믿는다. 나는 그 모든 것을 온전히 감내하고 있단다."

내 말에 예수는 긴 한숨을 쉬더구나. 이것이 요셉의 죽음에 대해 처음으로 예수에게 말한 것이었다. 그러자 내 말에 예수는 이렇게 대답했어.

"어머니의 믿음에 감사드려요. 저는 그때 아버지가 부르심을 받은 시간에 이르렀다는 것을 알았어요. 장차 저의 시간도 올 것이고 어머니의 시간도 올 거예요. 만약 아버지가 세상을 떠나지 않도록 제가 막았더라면, 세상 사람들은 왜 자신이 사랑하는 사람의 죽음은 막아 주지 않았는지 항의할 거예요.

저는 언젠가 병자들을 치유하고 죽은 이들을 부활시키게 될 거예요. 그러나 그 일은 항상 사람들에게 특별하고 기이하게 받아들여지겠지요. 사람들은 또한 제가 행할 일들을 두고 왜 누구는 치유하고 누구는 치유하지 않는지 의아해할 거예요. 제가 만일 인간적인 애정으로 아버지를 죽음에서 구하는 기적을 행하고, 또 다른 이들은 죽도록 그냥 내버려 둔다면 세상 사람들은 저를 이해하지 못할 뿐만 아니라, 저를 용서하지도 않을 거예요. 제가 사랑하는 이는 살려 주고 그렇지 않은 사람은 모른 척한다고 생각할 테니까요.

사랑하는 아버지를 구할 수 있는 힘을 지니고 있으면서도 이를 행하지 않는 것은 제게 너무나 힘든 일이었어요. 제가 그때 할 수 있는 일은 제 옷을 벗어 아버지께 덮어 드리는 일뿐이었지요. 아마 이 세상 모든 아들이 저와 같은 처지에 놓였다면 사랑하는 아버지를 위해 그렇게 했을 거예요.

하지만 그 이상은 아무것도 해 드릴 수가 없었어요. 만일 제가 인간적인 정에 이끌려 아버지를 구하려 했다면, 그것은 앞으로 제가 해야 할 사명을 계획하시는 하느님 아버지께 큰 잘못을 저지르는 일이 되었을 거예요. 어머니, 제 말을 이해하실 수 있나요?"

그때 나는 도저히 예수의 눈을 바라볼 수 없었단다. 그의 모든 말 하나하나가 내 머리에 각인되었고, 그 옛날 시메온이 한 말, 그 예언이 칼처럼 내 가슴을 꿰찌르는 것 같은 아픔을 느꼈단다. 그는 예수가 나보다 먼저 죽음을 맞을 거라고 말하지 않았니? 그 순간 내 마음속에는 예수에게 계시를 받은 내용을 알려 줄 수는 없는지 묻고 싶은 욕망이 소용돌이쳤어. 그러나 그렇게 할 수는 없는 일이었지!

그 순간, 나는 그것에 대해 물어서도 안 되며, 또한 그것을 알려고 해서도 안 된다는 것을 깨달았어. 지금 내가 할 일은 다만 하느님이 우리 모자에게 정하신 계획을 거스르지 않으면서 나에게 고백한 예수의 고통이 더하지 않도록 예수를 지탱하는 일이었지.

나는 예수를 가슴에 꼭 안은 채로 연거푸 입을 맞추며, 그에게 고맙다고 말했어. 그렇게 한참을 보낸 후에야 자리에서 일어섰단다.

"아들아, 모든 일이 잘될 거란다. 그리고 아버지는 이제 하느님 곁에 있지. 이것이야말로 우리에게 가장 중요한 사실이 아니겠니?"

나는 예수를 방 안에 홀로 남겨 두고 나왔어. 예수가 내게 했듯이 이번에는 하느님께 고통을 털어놓아야 할 테니까!

이날 이후 모든 것이 예전처럼 돌아갔어. 내가 과부가 된 탓에 이웃들은 더 이상 예수의 혼인을 이야기하며 우리를 괴롭히지 않았단다. 나와 요셉이 그랬던 것처럼 예수 또한 몸과 마음을 모두 하느님께 봉헌했던 것이지. 우리는 평범하고 소박하게 살았기 때문에 주위 사람들은 전혀 눈치채지 못했지만, 우리는 점차 사명의 길로 나아가고 있었단다.

이때부터 예수는 내 염려의 대상이 아니라 내 삶의 유일한 목적이었어. 내 부모님도, 사랑하는 남편 요셉도 천국으로 떠난 후, 나는 오직 예수를 위해 헌신했지. 예수가 바로 하느님이었으니까!

우리 모자가 함께한 시간은 내밀한 배움의 시간이었단다. 예수는 천천히 모든 것을 습득했어. 카나의 혼인 잔치에 앞서서 이미 하느님의 특별한 계획들을 이루어 간 것이지.

예수는 스물네 살 즈음 되었을 때 자신의 사명을 온전히 이해하게 되었어. 자신이 누구이며, 무엇을 위해 세상에 왔는지를 말이야. 예수는 평범한 것을 기적으로 바꾸는 능력을 발휘할 수 있었지. 하지만 나는 이 점이 매우 걱정스러웠단다. 예수의 선한 마음은 이웃의 곤궁함을 그냥 지나치지 못했어. 그러나 기적을 베풀다가는 많은 이들의 이목을 끌 것이 분명했단다. 그래서 나는 예수에게 어떤 일을 하기에 앞서 심사숙고하라고 신신당부하지 않을 수 없었다. 예수는 내 말에 깊이 공감했어. 고통받는 이들을 만날 때마다 괴로워했지만, 아직 자신의 때가 오지 않았기에 앞당겨 기적을 행하는 것을 자제해야 했단다.

그 당시 예수는 내게 자주 이런 말을 했어.

"어머니, 아직 저의 때가 오지 않았어요."

실은 나 역시 예수의 때가 언제인지 알지 못했어. 예수에게도 이 기다림의 시간은 쉽지 않았단다. 시간이 흐르고 흘러 예수도 이제는 장년이 되었어. 예수는 메시아인데도 거의 서른 살에 이르기까지 집을 떠나지 않고 나를 돌보았지. 그리고 다른 일은 안중에도 없다는 듯 목수 일에만 열중했단다. 이 역시 하느님의 또 다른 시험이었겠지만 말이야. 예수의 긴 기다림이 언제 끝날지는 하느님만이 아시는 일이었어. 예수는 아버지의 음성을 듣는 것과 계명을 식별하는 것, 고통을 통해 복종하는 것 등을 배우고 있는 듯했어. 그리고 그 시간 동안 무엇보다 사랑하는 것을 배우고 있었지. 예수는 하느님을 기쁘게 하는 일은 기적을 행하는 것도 아니고, 거창한 설교를 통해 많은 사람을 회개시키는 것도 아니라, 모든 일을 사랑으로 행하는 것임을 깨달았단다.

사랑으로 다른 사람을 대하는 사람은, 그 사랑으로 기적까지 행할 수 있는 것이지. 예수는 세상 끝까지 주님의 사랑을 소리쳐 외치고 싶은 충동과 욕망을 다스렸지.

인간이면서 하느님인 예수, 예수가 감추어진 희생의 삶을 이토록 충실히 살지 않았다면, 공생활을 통해 행한 많은 일들 또한 완전하지 못했을 거야.

예수의 나자렛 생활은, 얼핏 보기에 아까운 시간으로 비칠 수도 있겠지. 하지만 그 시간에 하느님은 인간의 삶에서 가장 중요한 것이 무엇인지를 직접 가르치신 것이란다.

예수는 이것을 어릴 때부터 알았지만, 하느님이 이 '앎'을 '삶'으로 직접 살도록 하신 것이지. 그 삶을 한 시간, 하루, 한 달이 아니라, 긴 삶의 여정으로 안배하셨던 것이야. 예수가 공생활로 부르심을 받을 때까지!

그 기나긴 시간 동안 예수는 다른 사람과 다를 바 없이 살았고, 인내와 겸손을 몸에 익혔단다. 그리고 장차 자신을 어디로 이끌지 모르는 하느님 아버지의 뜻을 언제나 실천했지. 마음에 울리는 그분의 말씀만을 삶의 유일한 양식으로 삼고 날마다 행했단다. 예수에게는 이 모두를 위해 그 시간들이 꼭 필요했던 거야.

공생활의 시작

요한아, 30여 년 전 하느님의 사랑이 지상에 강생했고, 이제 그 사랑이 예수를 공생활로 이끌게 되었단다. 드디어 예수가 기다리던 때가 온 것이지. 하지만 예수도 무엇이 마련되어 있는지, 우리 모자가 초대를 받은 카나의 혼인 잔치가 시작될 때까지는 알지 못했단다.

요한아, 너도 일주일이나 계속되는 우리의 혼인 풍습을 잘 알지? 특히 부자들의 혼인 잔치는 더욱 성대하지 않니? 온갖 친척이며 이웃들을 불러 먹고 마시며 잔치를 벌이지.

그날은 우리 벗인 마나세스와 리아 부부 아들의 혼인 잔치가 있었어. 그런데 요한아, 잔치가 있기 전에 이런 일이 있었단다.

그 시기에 예수를 따르는 첫 번째 제자 그룹이 만들어졌고, 그의 친척인 요한은 이미 광야에서 회개를 외치고 있었어. 예수와는 달리 요한은 공생활을 시작하기까지 긴 시간을 기다리지 않았단다. 우리 부부보다 훨씬 나이가 많은 즈카르야와 엘리사벳은 이미 세상을 떠나고 없었지.

요한은 처음에 평범한 생활을 하려고 했어. 자기 집을 돌보고 사회적 의무에도 신경을 썼지. 하지만 어느 날 하느님이 그를 광야로 불렀단다.

당시 유다인들 중에는 사해 근처 광야에서 고행을 하는 선지자들이 있었어. 요한은 몇 해 동안 그들과 함께 생활했지만, 마음에 차지 않았던지 그들과 결별하고 홀로 광야를 떠돌며 곧 메시아가 올 것이니 회개하라고 외치기 시작했어. 즈카르야와 엘리사벳이 세상을 떠난 후여서, 우리와 요한 사이에 별다른 교류가 없었지. 서로 거리도 멀었기 때문에 요한이 광야로 나갔다는 소식도 한참 후에야 듣게 되었단다.

우리에게 처음 들려온 소식은 요한이 광야의 에세네파(엄격한 계율 아래 수도적인 공동생활을 한 교단)에 합류했다는 것과 이어 그들과 결별하고 회개하라고 광야에게 홀로 외친다는 것이었어. 그러고는 한동안 소식이 완전히 끊겼는데, 어느 날부터인지 이스라엘 전역의 사람들을 통해 입에서 입으로 그의 소식이 전해졌단다. 요한

이 옛 선지자들처럼 극한의 고행을 하면서 이스라엘 백성의 회개를 외친다고 했지. 그는 단지 이스라엘 백성의 회개만을 요구한 것이 아니라, 당시의 권력가, 사제와 귀족, 심지어 동생의 아내를 데리고 사는 헤로데 임금까지 공공연히 비판했어.

예수는 메시아의 출현이 멀지 않았다는 요한의 선포에 주의를 기울였단다. 예수는 자신이 누구인지 잘 알았지만, 정작 메시아의 강림을 외치는 요한은 아직 그 메시아가 누구인지 알지 못하는 듯했지.

어느 날 예수는 요한을 방문하기로 결심했단다. 이 상징적인 방문은 예수의 시간이 곧 온다는 것을 의미했지. 모든 이스라엘 민족이 그토록 고대하던 메시아의 출현! 예수는 요한을 방문해야 했고, 장차 이루어야 할 일을 시작해야만 한 것이지.

예수가 나자렛 고향을 떠날 때 혼자가 아니었단다. 예수는 친척들과 깊은 유대를 맺고 있었는데, 그중에서도 특히 야고보와 친했지. 그들은 예수를 따르는 첫 제자들이 되었는데, 예수가 자신과 함께 요르단 강으로 가서 요한을 만나 세례를 받자며 그들을 설득했단다. 지금도 그 일을 생생히 기억하지.

우리 집에서 모여 요르단 여행을 논하는 자리였는데, 예수와 형제처럼 자란 야고보는 예수에게 무슨 잘못이 있기에 회개하고 세례를 받아야 하는지, 숨겨 놓은 잘못이 있는 것은 아닌지 웃으며 농담했어. 그런데 예수가 아주 엄숙한 표정을 지으며 농담을 멈추게 했단다. 세례를 받는 것은 하느님의 계획이라는 이야기였지. 요한의 세례는 단지 회개의 성사가 아니라 하느님의 계시를 받는 것이기에, 반드시 그에게서 세례를 받아야만 한다고 강조했어. 그러면서 제자들에게 자신과 같이 가기를 원하는지 아니면 나자렛에 머물고 싶은지 다시 물었단다. 그러자 그들은 예수에게 지체하지 말고 바로 출발하자고 말했어. 예수는 친척들과 함께 길을 떠났지만, 그들 모두가 예수 곁에 끝까지 머물지는 않았지. 중간에 돌아온 이들도 있었으니까!

요한아, 그 이후의 일은 너도 잘 알지? 요르단 강에서의 일 말이야. 나는 이 모든 일을 카나의 혼인 잔치 때 야고보에게 전해 들었단다. 야고보는 그 당시의 상황을 전하며 무척 감동했다고 말했지. 그는 항상 마음속 깊이 예수를 사랑했고 거의 맹목적이라고 할 만큼 따랐단다. 하지만 긴 세월을 함께했는데도, 그때까지 예수가 메시아라는 것을 알지는 못했어.

예수는 나중에 시간이 흐른 후에 그때 자신의 친척인 요한을 만난 것이 무척 기뻤다고 말했단다. 오래 기다린 보람 끝에 드디어 때가 이르렀다는 것을 알았고, 큰 평화와 기쁨을 느꼈다고 했지. 예수를 본 요한은 먼발치에서 예수를 알아보고 이렇게 외쳤다는구나.

"제가 선생님께 세례를 받아야 할 터인데 선생님이 저에게 오시다니요!"

예수는 요한에게 거듭 세례를 부탁했어. 자신이 이스라엘 민족이 행하고 있는 율법과 그 모든 관습을 무너뜨리기 위해 온 것이 아님을 몸소 보이려 한 것이지.

예수가 요르단 강물로 들어가자 하늘이 열리면서 하느님의 영이 비둘기 모양으로 예수에게 내렸단다. 그리고 그곳에 모인 이들은 하느님이 "이는 내가 사랑하는 아들, 내 마음에 드는 아들이다."라고 천명하시는 것을 보고 들었지.

예수가 세례를 받은 바로 다음 날, 너희 제자들 무리에 두 사람이 더 합세했지. 안드레아와 그의 형 시몬 말이야. 지금은 우리가 시몬을 베드로라고 부르지 않니? 이어 필립보가 나타나엘을 추천했고, 그는 바르톨로메오라고 불리게 되었지. 그리고 예수가 부르자 아버지와 배를 버려두고 예수를 따른 너의 형 야고보와 네가 있었지.

너희는 카나의 혼인 잔치에 함께 나타났더구나. 너희는 예수를 따르기 위해 모든 것을 버리고, 하느님의 일에 온전히 투신할 마음으로 가득 찬 순수한 열정을 갖고 있었지. 그로 인해 빛나는 기쁨마저 내뿜고 있었단다. 그날 너희를 본 내 가슴은 벅찬 감동으로 뛰었어.

야고보가 그간의 일을 빠짐없이 설명하고 있을 때, 나는 이제 예수의 공생활이 시작되었다는 것을 알았어. 그토록 예수가 원하던 구원 사업의 첫 발걸음을 내디딘 것을 가슴속 깊이 축하하고 또 축하했단다.

하지만 요한아, 네게 사실대로 고백하자면, 제자들에게 둘러싸인 예수를 보면서 이제 내 아들로서는 이별이라는 생각에 가슴이 아려 왔단다.

예수는 사실 이 순간을 위해 세상에 왔으며, 우리 모자의 감미로운 나자렛에서의 생활은 이제 돌아오지 않는, 꿈과 같은 추억이라는 것을 나는 가슴 아프게 인정해야만 했어. 예수를 곁에서 보면서 나는 언젠가 이 순간이 오리라는 것을 늘 염두에 두고 있었단다. 나는 예수의 공생활을 내 이기심으로 막고 싶다는 생각은 단 한 번도 한 적이 없었어. 하지만 예수는 내 태중에서 이 세상의 삶을 시작한 내 아들이란다. 이 세상 그 어떤 어머니가 자녀와의 이별이 괴롭지 않을 수 있겠니? 예수는 지극히 높으신 분에 의해 이 세상을 구원하라는 숭고한 사명으로 보내졌지만, 또한 영원히 내 아들일 거야.

그 당시, 이제 막 예수를 알기 시작한 너희는 이상으로서의 예수, 그리고 어떤 표지로서의 예수를 존경하고 따랐을 테지. 하지만 어머니인 나에게는 하느님이지만 인간인 예수, 바로 그 자체가 이 세상에서 가장 소중했단다. 너희가 예수의 삶을 이해하고 그를 사랑하기까지 얼마나 많은 시간이 필요했는지! 그 시간은 나에게도, 예수에게도 힘든 시간이었단다.

예수 주변에 머무는 너희는 어찌 보면 주인 옆에 있는 하인 같기도 했고, 또 어찌 보면 백인대장의 부하 같기도 했어. 그러나 예수가 원하는 것은 그런 것이 아니었지. 예수의 미세한 움직임이나 눈빛만 보아도 나는 예수가 무엇을 원하는지 알 수 있었단다. 예수는 아부하거나 아첨하는 사람들을 좋아하지 않았어. 하지만 너희 중 일부는 로마인들에게서 자유를 얻고자 전쟁을 벌이기를 갈망하기도 했고, 빛나는 승리를 거두고 싶어 안달하기도 했지.

그러나 예수는 모든 일이 어떤 단계들을 거쳐 완성된다는 것을 이미 체험했기 때문에, 인내심을 가지고 하느님이 진정한 길로 너희를 손수 이끄시리라 믿고 있었단다.

마나세스와 리아의 아들의 혼인 잔치가 거의 끝나 갈 무렵이었어. 그 지역의 유지인 이들 부부는 이 잔치에 무척 신경을 쓴 모양이었지. 사람들의 구설수에 오르지 않도록 하객 접대에 꽤나 공을 들인 것 같았는데, 난감한 일이 벌어졌더구나.

이 집의 과방장인 엘리후가 내게 다가와 근심스러운 표정으로 나직하게 이야기했어. 포도주가 동이 났다는 것이었지. 그는 내가 처음 이 집에 방문했을 때부터 일하던 충직한 하인이었어. 잔치를 준비하면서 술도 넉넉히 준비했는데, 손님들이 예상보다 많이 오는 바람에 술이 떨어져 버린 것이지.

내가 이 난처한 상황을 외면한다면, 혼인 잔치는 막바지에 이르러 갑작스러운 파장을 해야 하고, 우리의 평생지기인 마나세스와 리아 부부의 명예에 큰 흠이 갈 것임에 틀림없었어. 나 역시 그들에게 얼마나 많은 빚을 지고 있었는지! 물론 그보다도 나는 그들을 마음 깊이 아꼈단다. 내가 부모님의 집을 떠나 처음으로 외지로 향할 때부터 그들은 나를 진심으로 사랑하고, 또 힘이 되어 주었지.

요셉이 세상을 떠났을 때도 그들은 한결같은 애정으로 나를 위로하고, 관대한 마음으로 도와주었어. 나는 그들을 내 형제자매와 같이 사랑했고, 그들에게 생긴 문제를 내 문제처럼 느낄 정도였어.

포도주가 떨어졌다는 말을 듣고, 나는 무엇을 어떻게 해야 할지 구체적으로 떠오르지 않았어. 하지만 예수는 어떤 문제든 해결할 힘이 있음을 믿고 나는 예수에게 다가갔단다.

요한아, 네가 이렇게 생각할지도 모르겠구나. 왜 지난 30여 년간 예수가 고향 마을 나자렛에 머물 때, 내가 주위의 많은 환자나 추운 겨울을 나기 힘든 이들을 위한 기적을 청하지 않고, 카나의 혼인 잔치와 같은 작은 기적을 청했는지 말이야.

앞서 말했듯이, 예수의 30여 년간의 생활은 공생활을 준비하는 침묵의 시간이었어. 그러나 지금은 하느님의 무르익은 사랑이 예수를 공생활로 이끌었고, 지난 시간 동안 침묵했던 것을 말하고 행할 시간이었단다.

그래서 이 난처한 상황을 예수에게 넌지시 알린 것인데, 예수의 반응이 생각 외로 몹시 냉정해서 나는 무척 당황했단다.

"어머니, 제게 무엇을 바라십니까? 아직 저의 때가 오지 않았습니다."

예수는 조금 화가 난 듯했지만, 나는 예수를 너무나 잘 알고 있었어. 요한에게 세례를 받을 때 이미 하늘의 표지를 보았듯이, 나는 이것도 새로운 표지라고 확신했지. 요한이 예수에게 이제 세상에 말씀을 선포할 시간이 이르렀다는 것을 알렸다면, 나는 사람들에 대한 예수의 사랑을 이례적인 행동으로 표현할 것을 요청했던 셈이란다.

메시지의 선포가 당당한 남자들의 일이라면, 사랑에 따른 전구와 그로 인한 기적은 내 몫이었던 것이지. 남자는 주로 높은 이상과 이념에 매달려 정진하지만, 여자는 숨은 일들, 가사를 돌보거나 가족을 위해 식탁을 차리는 일 등에 더 능숙하기 때문일지도 모르지. 예수는 이 점을 온전히 이해했고, 나 역시 예수의 마음을 바로 헤아릴 수 있었어. 그래서 나는 엘리후에게 이렇게 일렀단다.

"무엇이든지 그가 시키는 대로 해라."

그러자 엘리후는 예수에게 다가가 말했어.

"마리아께서 당신이 시키는 대로 하라고 하십니다. 무엇을 할까요?"

그러자 예수는 할 수 없다는 듯 웃으면서 고개를 흔들었어. 그러고는 너희에게 이렇게 말했지.

"이 세상에서 그 누가 어머니의 말씀을 거역할 수 있을까? 어서 부탁을 들어 드리는 것이 좋을 것 같구나. 그렇지 않으면 들어 드릴 때까지 몇 번이고 부탁하실 테니!"

그리고 나서 예수는 일꾼들에게 "물독에 물을 채워라."라고 명했어. 과방장 엘리후는 오래전에 마나세스의 아들 레비가 치유되는 것을 본 증인이기도 했지. 그래서 그는 다른 일꾼들이 투덜거려도 입 한 번 벙긋하지 않고 예수가 시키는 대로 복종하더구나.

반면 다른 일꾼들은 내심 '저 나자렛 사람이 무슨 생각으로 빈 독을 물로 채우라는 것이지? 포도주의 맛을 없애려고 물을 붓게 하는 것인가?'라고 생각하는 것 같았어. 그들은 의혹을 품은 채 물독을 가득 채웠단다. 곧이어 예수가 그들에게 말했어.

"그것을 퍼서 과방장에게 주어라."

그다음 일은 너도 잘 알지? 다른 이들처럼 그 술독의 포도주를 너도 거듭 맛보았으니까 말이야.

드디어 이렇게 예수의 공생활이 시작되었단다.

그로부터 시간이 흘러 나는 예수의 죽음과 부활을 겪어야 했어. 이제 나에게 다시 묻게 되는구나. 그때 그 포도주의 기적을 청한 것이 과연 잘한 것이었는지를 말이야.

포도주가 떨어졌다고 예수에게 말했을 때 나는 예수가 한 "어머니, 아직 저의 때가 오지 않았습니다."라는 응답의 의미를 잘 이해할 수가 없었어. '때'라는 것은 예수의 공생활 시간이었을까, 아니면 모든 사람이 그가 누구인지 알게 될 그 시간이었을까?

그러나 예수의 '때'는 이스라엘 백성에게 환호와 박수갈채를 받던 그때가 아니라, 바로 십자가에서 죽음을 당하는 때를 말하는 것이었지. 나는 그 당시에 그것을 알지 못했지만, 예수는 알고 있었던 거야.

예수는 이 공생활의 시작과 끝을 너무나 잘 알고 있었어. 나자렛의 고향 마을에서 우리 모자가 함께 천국을 앞당겨 살아온 나날들, 그 모든 것을 포기하기가 참으로 애석하다는 생각도 했을 것 같구나.

요한아, 한편으로는 예수의 공생활을 앞당겨 기적을 행하도록 부추긴 것이 바로 나라는 자책감도 들었단다. 혹시 후회하는지 묻고 싶니? 예수가 십자가에서 죽음을 맞이했을 때에는 후회했어. 그렇지만 지금은 아니란다. 비록 완전히 이해한 것은 아니지만, 나는 내가 해야 할 일을 했다고 생각하기 때문이란다. 나는 하느님의 도구로서 예수의 공생활 시작을 도운 것이었으니까.

앞서 요한이 너희에게 예수를 메시아로 인식하게 했다면, 포도주의 기적은 너희를 하나로 강력하게 묶어 주는 역할을 했을 거야. 나 또한 그때부터 내 역할, 즉 이웃의 어려움을 외면하지 않고 항상 전구하는 나의 사명을 깊게 인식했지.

사실 이 전구자의 역할은 내게 몹시도 크고 무거웠단다. 사람들이 내게 전구를 청할 때 나는 항상 그것이 즉흥적인지 아니면 그들에게 진실로 필요한지를 고심했지. 지상에서의 시간이 얼마 남지 않은 예수를 이런저런 일들로 괴롭힐 수 없기 때문이었어. 예수가 하늘에 오른 지금에서야 이 전구자의 역할을 부담 없이 수행할 수 있을 것 같구나. 지금은 성가시리만큼 예수를 찾는단다. 전구를 청하는 모든 이의 부탁을 거절하지 않고 마냥 예수를 귀찮게 하는구나. 내 요청을 거절하지 못하는 예수가 하늘에서 머리를 흔들며 이렇게 말하는 것 같구나.

"우리 어머니, 항상 이러시네! 그렇지만 어머니의 청원을 누가 거절할 수 있을까요?"

포도주의 기적이 일어난 다음에 우리는 모두 카파르나움으로 갔어. 그런데 그곳의 마을 사람들이 그 기적에 대해 잘 알고 있더구나. 카나의 혼인 잔치에 초대된 사람 중 대부분이 그 지역 사람들이기 때문이었지.

그 후, 예수는 광야로 떠났고, 너희 제자들은 한동안 남겨졌어. 예수에게는 광야의 고독이 필요한 듯했다. 그토록 오랜 세월 동안 기다렸지만, 모든 일이 눈이 팽팽 돌아갈 정도로 너무나 빨리 펼쳐지고 있었어. 이 모든 상황에서 중심을 잃지 않으려면 마음을 가다듬어야 했고, 예수는 너희가 기적에 집착하여 자신을 따르는 것 역시 원치 않았단다. 그래서 그는 40일간 광야에서 기도하기 위해 너희 곁을 떠났지. 40일 후에 카파르나움에서 다시 만나기를 기약하면서 말이야.

예수가 광야로 떠난 후, 나 역시 나자렛으로 돌아왔어. 야고보와 다른 제자 몇 명이 나와 함께했지.

그런데 고향으로 돌아오자마자 내 전투가 시작되었단다. 마을 사람들 모두가 카나에서의 기적을 알고 있었고, 요르단 강에서 하느님의 영이 내린 것도 이미 알고 있었어. 그들은 예수가 특출한 랍비가 되어 사람들을 매혹시켜 제자로 삼았다고 추측하기도 했단다.

예수를 기다리는 그들 마음속에는 호기심뿐만 아니라 의혹도 있었어. 특히 예수의 친구들, 어린 시절부터 그를 보아 온 청년들은 이를 받아들이기가 무척 어려운 것 같더구나. 심지어 예수를 그토록 사랑하고 따르던 야고보조차 사랑하는 벗인 예수가 좋은 사람, 그 이상의 의미를 지닌 사실을 받아들이기 매우 힘들어했단다.

요한아, 하느님이 바로 우리 옆에서 함께 걸어가신다는 것을 믿는 것이 얼마나 어려운 일인지! 저 멀리에서 벌어진 거대한 일은 그토록 쉽게 믿으면서, 우리의 눈으로 직접 본 놀라운 일들을 믿는 것에는 왜 그토록 무딘 마음을 갖는지!

이와 같은 현상을 잘 생각해 보면, 사람들이 하느님을 진실로 알지 못한다는 것을 알 수 있단다. 성경에서도 이와 같은 일들을 볼 수 있지. 하느님은 크고 강한 바람 가운데에도, 지진 가운데에도, 불 가운데에도 계시지 않았어. 불이 지나간 뒤, 엘리야는 조용하고 부드러운 하느님의 음성을 들었단다(1열왕 19,11-12 참조). 하지만 사람들은 하느님이 오직 거대한 폭풍이나 천둥처럼 나타나리라고 믿는 듯했지.

내가 예수 없이 고향 마을에 나타나자, 사람들의 비난은 그야말로 하늘을 찌르는 듯했어. 나에게 무례한 행동을 하는 사람도 있었고, 예수를 거짓말쟁이라고 몰아세우는 사람도 있었지. 야고보는 나를 변호하려 했고, 내 일가친척들 역시 곤경에 처한 나를 지키려고 노력했어. 그러나 마을 사람 대부분이 우리에게 반감을 가졌단다.

그 어느 날도 예수에 대한 황당무계한 말이 귀에 닿지 않은 날이 없을 정도였으니! 요한이 예수의 친척이기 때문에 요르단 강에서 메시아가 올 거라는 말을 만들어 냈다느니, 우리와 친구인 마나세스가 포도주를 숨겨 놨다가 혈기 있는 젊은이들이 예수를 따르도록 꾸몄다느니 하는 말도 안 되는 이야기들이 마을에 가득했단다.

요한아, 믿지 않는 이들에게는 기적도 아무런 소용이 없더구나. 믿을 수 있는 큰 표지를 보여도 의심하는 이들은 무엇인가 이면에 숨겨진 것을 찾아내려고 안간힘을 쓰기 마련이고, 그를 통해 이해할 수 없는 것을 억지로 설명하려 드는 것 같았다.

어쩌면 그들의 마음에는, 그토록 오랫동안 예수와 함께 살면서도 그가 누구인지를 전혀 몰랐던 자신들의 어리석음과 외지에서 행한 기적을 왜 고향에서는 전혀 행하지 않는지에 대한 미움과 원망이 두루 뒤섞인 것인지도 모르지. 그들 중에는 나환자의 치유를 들며 왜 자신의 가족을 치유해 달라고 예수에게 부탁하지 않았는지를 나에게 따지는 사람도 있었어. 심지어 어떤 이들은 자신의 아픈 소나 염소를 치료해 주지 않은 것에 앙심을 품고 내게 대들었단다.

 나자렛 마을의 사람들은, 예수가 마을에 머물며 그들이 필요한 모든 것을 돕고 해결해 줘야 한다고 생각했어. 그들은 모두 자신들이 그러한 도움을 받을 당연한 권리가 있다고 생각했고, 이를 드러내 놓고 요구했단다. 극히 보잘것없는 일까지도 부탁이나 청원이 아닌 거의 협박적인 어투로 요구하기도 했지.

 이 모든 부당한 처사를 나 혼자서 감내하고 있을 때, 예수는 광야에서 마귀의 유혹을 받고 있었어. 내가 겪어 내야만 했던 고난은 그의 고난과는 달랐지. 나는 어제까지만 해도 다정하던 이웃의 얼굴이 하루아침에 자신들의 이익과 요구에만 매달리는 포악한 마귀의 형상으로 변해 내게 마구 달려드는 일들을 참아야 했단다.

 이러한 일들을 겪으며 나는 내 아들의 사명과 능력이 위험한 것임을 새삼 깨달았어. 예수가 자신의 온유함과 선함이 이끄는 대로 기적들을 마구 행한다면, 그로 인해 앞으로 예수가 말씀을 선포하는 데 큰 장애가 되리라는 것을 알게 된 것이지.

 사람들은 점점 더 자신들의 치료, 먹을 양식, 더 나아가 부활까지 요구했어. 또한 그들은 자기 삶의 반성이나 개선에 대한 생각은 조금도 하지 않고, 하느님과 이웃을 눈곱만큼도 사랑하지 않는 사람들이었어. 그들의 관심사는 노력 없이 이 세상에서 편하고 안락한 삶을 즐기는 것, 오직 그뿐이었지.

그들에게 하느님이라는 존재는 그저 죽음 이후에 안전을 보장하고 이 세상에서 어려움이 있을 때마다 고통을 줄이는 역할을 할 따름이었어. 모두 이와 같지는 않았지만, 대부분이 그러했단다.

나는 이스라엘 백성 중 가장 지식이 많다고 하는 바리사이들은 종교적이며 영적일 거라고 생각했어. 그들이 예수를 가장 잘 이해하고, 그의 메시지에 적극적으로 협조하리라고 생각했지만, 그것은 큰 착각이었어.

그들은 예수를 이룰 수 없는 막연한 이론을 지닌 이상주의자라고 생각했던 것 같아. 그들에게 인간 예수는 전혀 중요하지 않았어. 단지 그가 어떤 표지를 보여 줄 수 있는가 하는 것만 이야기했지. 그가 행한 기적들도 그들의 주목을 끌지 못했어. 그들은 오직 정치적인 문제와 관습의 준수만을 중요시했고, 예수에게서 무엇을 얻어 낼 수 있는가 하는 것만이 그들의 쟁점이었지.

드디어 어느 금요일에 예수가 너희 제자들에게 둘러싸여 다시 고향 마을에 돌아왔단다. 데벳월이 막 시작되어 추운 날씨였지.

예수가 도착하자마자 우리 집 주변으로 밀려오는 마을 사람들을 맞기 위해 나와 친척들은 눈코 뜰 사이가 없었단다. 예수는 자신을 만나기 위해 달려온 오랜 친구들의 말을 경청했어. 특히 예수가 요르단 강가에서 세례를 받을 때 함께한 야고보와 유다와 시몬은 예수와 깊은 유대를 맺고 있었지. 예수는 이제 자신의 사명을 완수하기 위해 공생활을 해야 했는데, 그들에게 자신과 함께 할 것인지 물어보았어. 하지만 밤이 깊어 모든 이가 쉬러 갈 때까지 나와는 거의 대화할 수가 없었단다.

모두가 물러간 조용한 밤에 예수와 나는 예전처럼 마주 앉아 서로의 손을 꼭 포개어 쥐었어. 우리는 마음의 문을 열고 긴 대화를 나누었는데, 내가 먼저 나자렛 마을 사람들의 일을 전하기 시작했지. 카나에서의 기적과 요르단 강에서 있었던 일 등을 알게 된 마을 사람들의 이기심 표출에 대한 두려움을 솔직히 털어놓았고, 포도주의 기적을 부탁한 내 이기심도 사과했단다. 예수는 나를 진정시키면서 광야에서 머물며 기도하는 동안 자신의 사명과 장차 그 '때'에 이르기까지 나아갈 길을 새삼 깊이 인식하게 되었다고 했어. 그러고는 내 눈을 바라보며 말했단다.

"어머니, 어머니께는 아무것도 숨길 수 없고 또한 숨기고 싶지도 않아요. 이제 저는 이 세상 생애의 마지막 단계에 이르렀어요. 불행하게 삶을 마칠 것이지만, 그렇기 때문에 모두의 삶이 새롭게 시작될 수 있을 거예요. 어떤 일이 일어나든지 저에 대한 믿음을 간직해 주세요. 그리고 하느님 사랑에 대한 의혹은 갖지 말아 주세요. 이는 다른 날 좀 더 자세히 말씀해 드리지요. 그러나 어머니, 지금 이 순간부터 꼭 알아 두셔야 할 것은, 모든 것이 바로 하느님 아버지의 계획이라는 거예요. 저는 아버지의 뜻을 이행해야 하고 모든 이들이 이를 믿도록 해야 하지요.

어머니, 저를 위해 늘 기도해 주세요. 어머니께 거듭 말씀드리지만 무슨 일이 일어나든지, 누가 무슨 말을 하든지, 제가 하는 일이 옳다는 것만 믿어 주세요.

내일 아침에는 안식일마다 하던 대로 회당에 갈 거예요. 그리고 거기서 저의 일이 시작될 것이고, 이제 저는 길을 떠나게 될 것입니다. 저와 다시 만날 때까지는 시간이 좀 걸릴 텐데, 혹시 이곳에서 머물기 힘들어지시면 바로 알려 주세요. 카파르나움에 계실 곳을 마련해 볼 테니까요."

나는 예수의 말을 듣고도 눈물을 흘리지 않았어. 마음은 격랑에 휩싸여 있었지만! 나는 예수에게 내가 두려워하는 모습도, 만류하는 모습도 보이고 싶지 않았단다. 내 태중에 잉태된 것도 바로 이를 위한 것임을 나는 너무나 잘 알고 있었으니까. 나는 이미 예수가 불행하게 삶을 마치리라는 것을 예감하고 있었어. 그러나 이 모든 일은 바로 하느님이 준비하신 것이기에 나는 강해지려고 굳게 마음먹었지. 그래서 예수에게 이렇게 말했단다.

"사랑하는 내 아들아, 나 역시 네게 부탁하고 싶은 것이 하나 있구나. 어느 순간이라도 나를 의심하지 말아 다오. 장차 무엇이 너를 기다리고 있을지 짐작이 가고도 남는단다. 네가 광야에 간

사이 이 나자렛에서 이미 체험했으니까. 나는 네 어머니로서 네가 이 모든 것을 극복하리라는 것을 믿는다. 하지만 많은 고통이 따르겠지! 아들아, 항상 자신에게 믿음을 갖기를 바란다. 그리고 어떤 일이 일어나든지 내 믿음을 잊지 말아 다오. 너를 신뢰하는 내 마음을 아주 조금이라도 의심하지 않기를 바란다. 나는 너를 항상 믿고 네가 행하는 모든 일이 옳다는 것을 의심하지 않는단다.

아들아, 너를 따라나서고 싶지만 그렇게 한다면 네게 짐이 될 뿐이니 여기 남겠다. 아니면 친척 마리아의 집에 가서 묵거나 카나의 마나세스와 리아 부부의 집에 가서 몸을 의탁하게 될지도 모르겠구나. 네가 언젠가 하늘을 나는 새들을 보며 이런 말을 한 것을 기억하니?

'하늘을 나는 새들보다 우리가 훨씬 더 소중해요. 우리는 아무것도 걱정할 필요가 없어요. 하느님 아버지는 우리의 머리카락까지도 세어 두셨으니까요.'

그래, 아들아. 우리는 이런 믿음으로 살아왔고, 이 은총으로 너를 낳았다. 그러니 부디 안심하거라. 너의 아버지 요셉과 하느님이 우리를 지켜 주실 거야."

내가 말을 마치자 예수는 미소를 지었어. 그러고는 분위기를 조금 누그러뜨리기 위해 농담을 하며 자리에서 일어났단다.

"그래도 어머니는 좀 더 나은 삶을 사셔야지요. 그렇지 않다면 아버지께 따져야 할 테니까요."

우리는 뜨거운 포옹을 했어. 나는 예수의 이마에 입을 맞추었지. 그리고 예수의 거친 손, 초라한 작업장에서 수많은 가구들을 짜낸 그 투박한 노동자의 손, 저 포도주의 기적을 만들어 낸 손에 입을 맞추려고 했다. 하지만 예수는 부드러운 몸짓으로 내 손을 살며시 잡으며 엄숙히 말했어.

"축복받은 어머니의 이 두 손은 항상 열려 있어야 해요. 앞으로 어머니의 손을 거쳐 하늘로 오를 모든 이의 청원 기도는 하느님 아버지와 하느님의 영에게, 더불어 하느님의 아들인 제게 절대로 거부되지 않을 것임을 약속할게요."

이렇게 우리 모자는 작별을 고했어. 예수가 떠나고 혼자 남겨졌을 때, 나는 눈이 짓무를 때까지 울고 또 울었단다. 예수를 오랫동안 다시 보지 못할 것이라는 사실, 그리고 예수가 고통을 당하리라는 사실에 큰 두려움을 느꼈기 때문이야. 그 고통을 조금도 덜어 줄 수 없는 내 무능함이 나를 더욱 비탄에 잠기게 했지. 그럼에도 불구하고 나는 예수에게 무슨 일이 생기든 하느님이 함께하실 것이라 믿고 있었단다.

다음 날인 토요일은 예수가 미리 말한 그대로였다. 요한아, 그때 너도 다른 제자들과 함께 회당에 있지 않았니? 혹시 예수가 일으키는 기적을 보지 않을까 하는 호기심으로 사람들이 사방에서 몰려들었지. 모인 사람들은 예수가 하는 말을 놓치지 않으려고 귀를 기울였단다. 몇몇 아픈 이들이 회당에서 예수를 기다리는 동안, 우리 집에는 벌써 또 다른 무리의 아픈 이들이 대문을 극성스럽게 두드렸단다.

예수가 성경을 봉독하려고 일어서자, 이사야서의 두루마리가 예수에게 건네졌어. 예수는 두루마리를 펴고 큰 소리로 봉독했단다.

"주님께서 나에게 기름을 부어 주시니 주님의 영이 내 위에 내리셨다. 주님께서 나를 보내시어 가난한 이들에게 기쁜 소식을 전하고, 잡혀간 이들에게 해방을 선포하며, 눈먼 이들을 다시 보시게 하고, 억압받는 이들을 해방시켜 내보내며, 주님의 은혜로운 해를 선포하게 하셨다."(이사 61,1 참조)

예수가 봉독을 마치자, 한쪽에서 웅성거리는 소리가 들렸다가 곧 조용해졌단다. 나는 마른침을 삼켰어. 그러나 고요함은 오래 가지 않았지. 예수는 회당에 모인 이들이 침묵하자 다음과 같이 말했단다.

"방금 낭독된 이 예언서는 오늘에 이르러 실현될 것입니다. 이 자리에 있는 저는, 오랫동안 여러분과 함께 여러분 곁에서 살아왔습니다. 아직 저의 때가 이르지 않아, 여러분은 하느님이 지극히 높으신 구원 사업을 위해 세상에 보내신 저를 알아보지 못했습니다. 그러나 지금 저는 여러분 앞에서 이 예언서를 완성하기 위해 하느님의 은총과 자비를 알리고자 합니다. 여러분은 모두 하느님의 계시를 받아들여 회개하기를 바랍니다. 그리하여 하느님과 화해하여 그분으로부터 오는 은총과 자비를 얻기를 바랍니다."

그러자 회당 안은 크게 두 부류로 나뉘었어. 요한의 세례와 카나의 기적을 믿는 이들은 예수의 말을 진심으로 받아들이고 회개의 눈물을 흘리며 예수를 지지하는가 하면, 다른 부류의 사람들은 마구 고함을 치며 예수에게 대들었어.

"네가 메시아라고 자처하는 것이냐? 우리는 네가 누구인지 잘 알고 있다. 너는 목수인 요셉의 아들이 아니냐? 구세주가 그토록 가난한 집에서 탄생할 수 있다는 말이냐?"

그와 동시에 예수에 대한 모욕적인 언사들이 쏟아지기 시작했지.

"사람들이 네가 카나에서 기적을 행했다느니 세례를 받을 때 하늘로부터 무슨 소리를 들었다느니 떠든다만, 모두가 거짓이야. 너는 사기꾼이고 거짓말쟁이다. 네가 만일 기적을 행할 능력이 있었다면 어째서 이곳에서 수십 년을 살면서도 그 능력을 한 번도 보이지 않았단 말이냐? 왜 너의 고장에서는 기적을 행하지 않는 것이냐? 우리가 직접 눈으로 보고 믿도록 말이야."

예수는 이런 모욕적인 말을 듣고도 평온했어. 그러고는 두 팔을 벌려 그들의 소란을 정리했지. 대부분이 예수를 반대했고, 극히 일부만이 지지했단다.

그 상황에서 어떤 일이 일어날지는 아무도 예측할 수 없었지. 예수가 혹시 이례적인 일을 할까? 여러 추측과는 달리 예수는 단지 이렇게 말했단다.

"어떤 예언자도 고향에서는 환영을 받지 못합니다. 3년 반 동안 하늘이 닫혀 온 땅에 큰 기근이 들었던 엘리야 시대에 이스라엘에는 많은 과부가 있었지만 엘리야는 그들 가운데 아무에게도 파견되지 않고 오직 가난한 시돈 지방 사렙타의 과부에게만 파견되었습니다. 또 엘리사 예언자 시대에도 수많은 나병 환자가 이스라엘에 있었지만 정작 병이 나은 사람은 시리아의 장수인 나아만뿐이었습니다."

그러자 이 말에 화가 잔뜩 난 군중이 예수에게 달려들어 미친 듯이 소리치기 시작했지.

"이 사기꾼아, 우리에게 기적을 행하지 않는 것은 우리가 선인善人이 아니어서 그것을 받을 가치가 없기 때문이란 말이냐? 그렇다면 우리가 누구인지 맛 좀 봐라!"

너희 제자들과 몇몇 사람들이 그들을 저지하려고 했지만 당해 낼 수가 없었지. 그들은 예수를 끌고 마을 밖으로 내몰았어. 회당은 산 위에 지어졌는데, 그들은 예수를 그 벼랑까지 끌고 가 떨어뜨려 죽이려고 작정한 것처럼 보였어. 나는 미친 듯이 그들 뒤를 쫓았지. 군중 사이에 길을 터 가며 예수에게 다가가려고 안간힘을 쓰면서 성난 군중에게 그를 놓아 달라고 간청했단다. 내가 앞으로 나가려고 몸부림을 치는 동안, 내게도 욕설과 모욕적인 언사가 쏟아지더구나. 어떤 여자는 내게 달려들어 내 얼굴을 마구 할퀴었단다. 요한아, 네가 막아서지 않았더라면 그녀는 분명 내 머리카락을 잡아 낚아챘을 거야. 그때부터 너는 내 곁을 결코 떠나지 않더구나. 회당을 나설 때 예수가 이미 네게 명했다고 했지. 무슨 일이 일어나더라도 내 곁을 떠나지 말고 나를 지키라고 말이야.

예수가 벼랑 끝에 섰을 때, 우리는 간신히 뒤쪽에 도착해 예수를 볼 수 있었어.

사람들이 예수를 거칠게 밀어 떨어뜨리려고 하자 예수는 "놓아라!"라고 고함을 쳤어. 그러자 그토록 잔악무도하게 예수를 죽이려던 그들이 일순간 겁에 질리는 듯했어. 과연 예수의 목소리는 산천초목도 떨 만한 큰 함성이었지. 그 기세등등하게 살기를 띠던 사람들이 주춤하자, 예수가 다시 "놓아라!"라고 외치고 이렇게 덧붙였단다.

"지금 이곳은 내가 하느님의 영광을 위해 목숨을 내놓을 장소도 시간도 아니다. 너희는 하느님의 계획에 참여할 수 있는 기회를 놓쳤다. 나는 내가 가야 할 길을 갈 테니, 너희도 조용히 살도록 해라. 증오심이 너희를 삼키지 않도록 조심하여라."

그와 동시에 예수를 움켜쥐던 자들이 풀이 죽어 팔을 떨어뜨리고 돌과 몽둥이를 쥐고 있던 자들 역시 그것을 땅에 떨어뜨렸어. 그러자 예수는 침묵하는 그들 한가운데를 가로질러 떠났단다. 가슴속에 고통을 가득 안은 채로…….

예수는 내게 다가와 내 이마에 입을 맞추고 아무 말 없이 천천히 산을 내려갔어. 예수가 시야에서 아득히 멀어지자, 사람들은 갑자기 꿈에서 깬 듯 다시 욕설과 모욕을 퍼붓기 시작했지. 너희 제자들도 그제야 정신이 든 듯 예수의 뒤를 따라 달려가더구나.

"이 사기꾼아, 다시는 우리 마을에 얼씬거리지 마라."

그러고는 비아냥거림과 웃음소리가 쏟아졌단다. 그때 예수가 멀리서 그들을 다시 돌아보았어. 그때 모든 이들이 예수가 우는 것을 알아챘지. 예수의 눈물은 큰소리치던 그들의 입을 다물게 만들었단다.

너는 이미 예수를 따라 떠났기 때문에 내 친척들이 나를 부축해 집까지 데려다 주었어. 그들의 아들들은 이미 예수를 따라 집을 떠났기 때문에 이후로 나는 친척들과 함께 살게 되었지.

그날이 고향에서 예수를 본 마지막 날이었어.

예수가 떠난 후 나자렛은 조용해졌단다. 그 누구도 나를 괴롭히지 않았지. 산 위에서 내게 덤벼들며 얼굴을 할퀴던 그 여자도 며칠 후에 나를 찾아와 용서를 청하더구나. 단지 과격한 몇 명만이 계속 '사기꾼'이라고 나를 욕해 댈 뿐이었어.

그러나 사람들 대부분은 회당에서 한 예수의 말이 옳았다고 여겼어. 자신들의 신앙이 부족하여 메시아를 30여 년씩이나 옆에 모시고 살면서도 이를 알아보지 못했다고 후회하면서 말이야. 그것을 볼 수 있는 눈이 없었기에 강생하신 구세주의 신비, 그분의 삶의 비밀을 그 누구도 알아챌 수 없었던 것이지.

예수가 가는 곳마다 행한 기적에 대한 소식이 끊임없이 우리 마을에 전해졌단다. 하지만 이러한 기적에 관한 소문보다도 이곳 사람들의 마음을 변화시킨 것은 바로 예수의 눈물이었던 것 같구나. 이는 마을 사람들 여럿이 내게 고백한 것이기도 하지.

예수가 생명의 위협을 받던 그 극한 상황에서 자신을 죽이려는 사람들에게 보인 침착함과 평온함을 본 그들은, 뒤늦게나마 예수가 메시아임을 깨달은 것이지.

이러한 상황은 장차 수 년 뒤에 다시 재현될 것이었어. 요한아, 예수의 눈물은 수많은 이들을 자신에게 이끌고 그들을 치유했단다. 예수의 눈물은 그 어떤 눈에 보이는 기적보다 더욱 값진 보화가 아니겠니?

어둠의 예감

　요한아, 어제 네게 고향 나자렛에서 일어났던 일을 말했지? 그때는 예수의 공생활이 시작될 무렵이었어. 네게 이 일을 말할 수 있는 것은 내가 직접 눈으로 보고 겪었기 때문이란다.
　예수는 너희와 함께 예루살렘을 향했지만, 나는 고향인 나자렛에 머물렀단다. 그러다가 예수의 삶이 긴박해지면서 내게도 위협이 거세졌고, 어쩔 수 없이 카나로 몸을 숨길 수밖에 없었어. 오늘은 그 상황을 자세히 말해 주마.
　내가 머물던 곳에도 매일매일 너희의 소식들이 전해졌어. 하지만 대부분이 사실과는 다르게 몹시 왜곡된 데다가 위험한 이야기였지.

내 아들 예수의 삶이 바로 내 삶이기에, 예수가 겪은 아픈 일들을 전해 들을 때마다 마음이 갈기갈기 찢기는 듯한 아픔을 느꼈단다. 도무지 마음을 진정시킬 수 없는 날이 많았고, 불안이 나를 무겁게 짓눌렀어.

어느 날은 예수가 로마 군인에게 대적하기 위해 게릴라 집단의 두목이 되었다는 소문이 퍼졌단다. 사람들은 예수가 점령군과 대적해서 이스라엘 사람들의 안위를 위태롭게 한다고 말하는가 하면, 하느님을 모독하는 불경한 태도로 우리의 거룩한 종교를 모독하고 신성한 법규를 무시한다며 비난하는 이들도 있었지.

여러 가지 소문에도 불구하고 나는 단 한 번도 예수에 대한 믿음을 잃지 않았단다. 약속한 대로 마음속의 평화와 하느님에 대한 신뢰를 간직했지. 떠도는 풍문은 내가 예수에게 지닌 믿음에 어떠한 영향도 줄 수 없었어.

예수는 이 세상에 헛되이 태어난 것이 아니었어. 예수를 세상에 태어나게 한 나는, 예수가 누구인지, 어떤 목적으로 세상에 왔는지 너무나 잘 알고 있었지. 항간에 떠도는 극심한 중상모략에도 예수를 향한 내 믿음은 흔들리지 않았어. 세상 사람들이 구세주인 예수를 몰라보고 어리석은 소리를 하거나, 모독적인 독설을 퍼부어도 나의 마음은 미동조차 하지 않았단다.

하지만 예수의 공생활 첫 시기부터 바로 문제가 생겼지. 그때는 예수가 치유의 기적을 베풀며 복음을 선포하자, 수많은 사람들이 그를 따르던 시기였어. 그때 너희는 예수와 함께 예루살렘 성전에 처음 올랐지.

그때 성전 정화 사건이 일어났단다. 예수가 성전에 들어가 물건을 파는 이들과 환전상들을 쫓아낸 바로 그 일 말이야. 그에 관한 이야기는 갈릴래아 지방뿐만 아니라 나자렛까지도 퍼졌어. 무섭도록 빠른 속도로! 그 당시 사람들 입에 오르내리는 화제는 이것 이외에는 없을 정도였지. 하지만 왜곡된 소식이 아닌 정확한 내용을 알기까지는 긴 시간이 걸렸단다.

제일 먼저 전해진 소식은 예수를 주축으로 한, 한 무리의 젊은 이들이 로마의 압제에 대항하여 반란을 일으켰다는 것이었어. 그들은 제일 먼저 성전 안에 있는 상인들을 내쫓았다고 했지. 사람들은 그 상인들이, 이스라엘 선민을 압제하는 로마 제국에 협조하는 아부꾼이기 때문이라고 입을 모았단다. 또한 사람들은 이에 따른 로마인의 피의 보복과 죽음 등을 이야기했어. 생각해 보렴, 요한아, 그때 내 마음이 어떠했겠는지를!

비탄에 잠겨 눈물이 마르지 않더구나. 예수는 그 어떤 폭력 행위를 선동하거나 그에 가담하지 않을 것이라고 확신하면서도 예수의 신변에 무슨 일이 벌어질지 상상하면 억장이 무너지는 듯했다. 지금 예수가 어떤 곤경에 처해 있는지……. 생각하면 할수록 점점 나쁜 상황을 상상하게 되었어. 사실 이 세상 모든 어머니는 항상 자녀가 힘든 상황에 처하지는 않을까 노심초사하곤 한단다. 나는 예수가 건강하게 살아 있을 것이라고 믿었지만, 한편으로는 온갖 근심과 상상이 꼬리를 물면서 내 머리를 어지럽히더구나.

그 후에는 또 이런 말들이 들려왔어. 예수가 수석 사제들과 율법 학자들이 지극히 높으신 하느님의 성전을 장사하는 집으로 전락시켰다며 그들을 꾸짖었다는 이야기였지. 예수는 그들을 내쫓으면서 이렇게 말했다고 하더구나.

"이것들을 여기에서 치워라. 내 아버지의 집을 장사하는 집으로 만들지 마라."

또한 그들에 대한 하느님의 노여움을 직접 퍼부었는데, 끈으로 만든 채찍으로 상인들을 때려서 그들의 피가 희생양들과 한데 엉겼다는 것이다.

하느님 아버지에 대한 뜨거운 열정을 간직한 예수가 성전을 장터로 만든 자들에게 진노한 것은 이해할 수 있었어. 하지만 그렇다고 예수가 누군가에게 폭력을 쓸 리는 없었단다. 예수를 태중에 품었던 나는, 사람들이 어떤 말을 하든지 예수가 결코 폭력을 쓰지 않을 것이라고 확신했지만, 마음의 고통은 전혀 줄지 않았어. 이런저런 생각이 자꾸 머리에 떠올랐지.

'성전에서 내쫓긴 상인들은 어떻게 반응했을까? 그들로부터 상납을 받아 이익을 챙기던 사제들은 이를 또 어떻게 받아들였을까? 그리고 로마인들은? 예수의 열정이 무감각한 이들의 마음에 불을 지폈을까?'

요한아, 그 당시에 예수에 대한 소식들은 거의 왜곡되어 내게 전해졌단다. 그리고 시간이 흐른 뒤에 너희 중 한두 사람이 내게 와서 모든 정황을 사실 그대로 알려 주었지. 그때서야 그런 일들이 생기게 된 배경과 진실을 알 수 있었어. 그러나 일이 벌어지고 몇 주일 후에나 알게 되었기 때문에, 소식을 기다리던 동안의 걱정과 근심, 두려움과 의혹을 견뎌야만 했지.

내가 너희를 위해 할 수 있는 것은 오직 기도뿐이었단다. 내 고뇌가 예수의 고뇌와 함께히며, 그가 짊어진 거대한 짐을 내가 일부라도 나누어, 그의 고통을 덜어 달라는 간원의 기도를 거룩하신 하느님께 끊임없이 올렸어. 일찍이 시메온이 했던 예언이 실현되기 시작했지. 날카롭고 예리한 칼날이 내 영혼을 찌르기 시작했던 거야.

파스카 축제가 열릴 때 예수의 친척인 요한이 붙잡혀 가자, 내 고통은 절정에 달했지. 살림에서 가까운 애논에 물이 많았기 때문에 요한은 거기에서 세례를 주고 있었는데, 어느 날 헤로데 임금이 보낸 군사들이 그를 덮쳤어. 그가 군사들에게 붙잡혔다는 소식은 삽시간에 이스라엘 전역으로 퍼져 나갔단다.

요한이 태어났을 때 산모와 그를 돌본 사람이 바로 나이지 않니? 그리고 그는 예수가 공생활을 시작하도록 예수에게 세례를 베풀었고, 그날 하늘이 열리면서 하느님의 영이 내려온 것을 본 증인이 아니니? 너희 첫 제자들도 그날 이후 예수를 따르지 않았니?

하지만 요한만이 나의 친척인 것은 아니었지. 내 친척인 야고보, 유다, 시몬의 어머니들이 나와 함께 머물렀단다. 언제나 자녀를 위해 근심하는 것은 모든 어머니들의 소명이었지. 우리는 자주 만났고, 아주 작은 소식이라도 듣게 되면 서로에게 알리고 함께 기도했지. 자비로운 하느님께 요한과 예수를 지키고 보호해 주시길 간절히 기도했단다. 하지만 그들은 내가 예수에게 가진 것과 같은 믿음을 지니지는 못했어. 오히려 자신의 아들을 적극적으로 만류하지 못한 것을 후회하는 빛이 역력했지. 왜 자신의 아들이 예수를 따라나섰는지, 왜 이토록 감당하기 어려운 모험의 길에 나섰는지 고뇌하면서 말이야.

오직 야고보의 어머니인 마리아만이 예수에 대한 믿음이 확고했어. 하지만 예수가 하느님으로부터 왔다는 것을 믿기 어려워하는 이들도 있었지. 우리 어머니들은 늘 소식을 듣고 싶어서 근심했지만, 막상 그들의 소식이 전해지면 이번에는 그 소식으로 인해 근심했단다.

요한이 감옥에 갇힌 후, 예수와 제자들은 유다 지방을 떠나 다시 갈릴래아 지방으로 돌아왔어. 사실 사마리아 여인의 일은 진작부터 들어서 알고 있었단다. 사람들은 차마 내게 직접 말하지 못하고, 대신 내 친척인 마리아에게 사마리아 여인의 일을 고했단다. 그들의 말에 따르면, 예수가 야곱의 우물이 있는 시카르라는 사마리아의 한 마을에 이르렀을 때 한 창녀와 대화를 나누었고, 이를 제자들이 보았다는 것이었어.

우리 유다인들은 사마리아인들과 상종조차 하지 않았고, 게다가 남녀가 단둘이 이야기하는 경우는 드문 일이었지. 사실 이는 우리의 율법에 어긋나는 일이 아니겠니? 그런데도 예수는 그 여인과 오랫동안 말을 나누었고, 모든 사람들이 하느님 앞에서는 똑같다는 파격적인 말을 했다는 것이었어. 이로 인해 큰 논란이 일어났단다. 한 분이신 하느님을 경배하는 이스라엘 선민과 감히 그 어떤 민족이 같을 수 있겠니? 이 말을 전해 들은 모두가 격분했어. 또한 여인으로서 존엄성을 지닌 사람과 몸을 파는 여인이 하느님 앞에서는 모두 동등하다는 말도 사람들에게 큰 충격을 주었지. 사람들은 예수의 사상과 행동에 의구심을 가졌고, 율법을 수호한다고 자부하는 사람들은 대놓고 적의를 드러냈어. 나와 친척들은 불안에 떨 수밖에 없었단다.

나는 단 한순간도 예수에게 아주 작은 의구심이라도 지닌 적이 없었지만, 어머니로서 예수에게 직접 이 소문에 대한 진상을 듣고 싶었기에 잠시 우리를 방문해 달라는 전언을 보냈단다. 내 전언에 예수는 조금 불쾌했을지도 모르겠구나. 지금 세워 둔 자신의 계획을 일부 취소하든지 뒤로 미뤄야 했으니 말이야. 하지만 난 예수를 직접 만나 설명을 듣고 싶었단다.

예수는 지체하지 않고 갈릴래아 지역에 있는 마나세스의 집으로 우리를 만나러 왔어. 마나세스는 우리를 항상 따뜻하게 맞이해 주었고, 고향 마을 나자렛에 광풍이 몰아칠 때는 우리를 막아주는 든든한 방어벽이 되어 주었어. 이곳에서 우리는 며칠간 영혼의 휴식을 얻을 수 있었지.

그런데 그곳에서 예수는 또 다른 기적을 행했어. 정확히 말하자면 카나가 아니고 카파르나움에서 말이지.

예수가 유다를 떠나 다시 갈릴래아 카나로 돌아왔다는 소식을 들은 왕실 관리 한 사람이 예수를 찾아왔어. 자신의 아들이 카파르나움에서 몹시 앓고 있는데 그곳으로 가서 아들을 낫게 해 달라고 간청했지. 그 자리에 나도 있었는데, 그때 예수는 몹시 지쳐 있었단다. 그런데 예수가 갑자기 큰소리로 이렇게 외치더구나.

"너희는 표지와 기적을 보지 않으면 믿지 않을 것이다."

나 역시 지난번처럼 예수에게 도와주라고 청하기는 어려웠는데, 왕실 관리는 자신의 높은 지체에도 불구하고 예수 앞에 무릎을 끓었어. 그러면서 자신의 아들이 죽기 전에 카파르나움으로 같이 가 달라고 재차 간청했지. 그러자 예수가 엄숙한 표정으로 눈을 감고, 전보다 한결 부드러운 음성으로 말했단다.

"가거라. 네 아들은 살아날 것이다."

요한아, 이렇게 그 아이는 정말로 살아났단다. 물론 예수가 기적을 행한 것이지만, 그 왕실 관리의 믿음도 장하더구나. 그는 주님의 말을 믿고 그 즉시 떠났으니 말이야. 그가 내려가는 도중에 하인들이 달려와 그에게 아들이 살아났다고 알렸는데, 바로 예수가 "네 아들이 살아날 것이다."라고 말한 바로 그 시간이었단다.

우리 모자의 해후는 매우 짧았지만, 지극히 평온한 마음으로 대화를 나눌 수 있었어. 그때 예수에게 마음에 평화가 있는지 물어보았지. 하지만 예수는 몹시도 지쳐 보이더구나.

예수는 이제 막 공생활을 시작했지만, 벌써 힘겨워 보였고, 동시에 실망하는 것처럼 느껴졌어. 하지만 그에게 왜 이런 힘든 일을 시작했느냐고 물을 수도 없었지. 예수는 내 아들이지만 동시에 하느님이니까 말이야.

사람들은 예수에게 여러 기적들을 요구했지만, 예수는 하느님의 큰 사랑이 가장 큰 기적임을 그들에게 전하고 싶어 했단다. 하느님은 그들 곁에 계시며 그들 모두를 사랑하신다는 사실을 알려 주고 싶어 했지.

하지만 예수가 희망하는 사람들과 그저 무상으로 받기만을 바라는 이기주의에 물든 사람들은 그 본모습에 있어 엄청난 차이가 있었단다.

예수가 이런 이야기를 예로 든 적이 있단다. 굶주린 이들의 배고픔을 해결하기 위해 마을 광장에 큰 빵을 두어 한 조각씩 떼어 먹게 했는데, 사람들 대부분은 그 자리에 왜 빵이 놓여 있는지, 왜 자신들이 떼어 먹을 수 있게 되었는지, 장차 그 빵은 어떻게 될 것인지를 전혀 생각하지 않는다는 것이었어.

나는 이 이야기가 예수 자신을 빗댄 것임을 알 수 있었어. 예수가 자신의 삶을 조금씩 떼어 줄 때마다, 즉 예수의 손에서 이루어지는 하느님의 사랑, 그 사랑으로 이루어지는 기적을 베풀 때마다 느끼는 절망감을 표현한 것이란다.

예수의 크나큰 자비와 사랑을 입고서도 그 즉시 잊어버리는 배은망덕한 마음들! 감사의 마음은 고사하고 예수가 전해 준 사랑의 메시지를 조금도 기억하지 않는 무심한 마음들을 나타낸 것이지.

하지만 예수의 이 짧은 체류 중에 나는 예수를 만났고, 그의 음성을 들을 수 있었다. 그가 제자들과 카파르나움으로 떠난 후에도 나는 마나세스의 집에 좀 더 머물렀어. 예수가 떠난 후에 마나세스가 병이 들었기에, 리아 곁에 좀 더 머물면서 도와주고 위로

하고 싶었단다.

리아는 예수의 능력을 잘 알았고, 아들 레비를 기적적으로 치유한 내 기도에 대한 믿음도 깊었어. 나는 예수가 몹시 지쳤다는 걸 알았지만, 리아에게 이렇게 제안했지.

"예수에게 카파르나움으로 전언을 보내, 왕실 관리의 아들처럼 그곳에서 마나세스를 치유해 주기를 부탁해야겠어요."

그러자 리아는 슬픈 미소를 지으며 말했단다.

"아니에요. 마리아, 당신이 기도해 주세요. 하지만 남편 마나세스의 생명을 연장해 달라고 기도하지는 마시고, 단지 하느님의 뜻대로 하시라고 말씀드려 주세요. 만약 그이가 이제 곧 세상을 떠나도록 하느님이 정하셨다면 고통 없이 편안히 죽음을 맞도록 청해 주세요!"

나는 사랑하는 남편을 의연히 보내기로 결심한 리아를 힘껏 끌어안고 함께 기도하자고 말했어. 우리는 기도하기 위해 병상에서 신음하는 마나세스 곁으로 다가갔지. 그는 아직 의식을 잃지 않고 있었단다. 예수가 내 부모님과 요셉에게 한 그 신비스러운 십자가 표시를, 내가 직접 사랑하는 벗 마나세스에게 할 용기가 나지 않았어. 단지 떨리는 그의 손을 꼭 움켜쥐고 하늘나라에 대해 말해 주었지.

예수가 선포하는 가장 중요한 메시지 중 하나는, 하느님은 우리와 함께 계시며 전지전능하신 분이라는 것이었어. 또한 하느님은 이 세상에서 선을 행한 모든 사람을 맞아 주시고 의인들을 아브라함과 함께 기꺼이 천국으로 인도하는 분이시라는 것이지. 예수는 우리가 이 지상을 거쳐 천국으로 가는 동안 하느님의 자비는 머지않아 이 세상에서 범한 모든 죄에서 우리를 구원하실 거라고 말했단다.

마나세스는 거의 꺼져 가는 눈빛으로 나를 바라봤어. 그는 내 말이 마지막 고뇌와 두려움에서 자신을 해방시켰다며 깊이 감사했고, 더불어 내가 자신의 가정을 축복해 주었다며 거듭 감사를 표했지. 그러고는 사랑하는 아내 리아를 바라보면서 그녀를 축복하고, 마지막 힘을 다해 자녀들과 손자들을 모두 불러서 그들에게 나를 잘 돌봐 달라고 부탁했어. 나와 예수에게 무슨 일이 닥치든지 자신의 집은 항상 우리 모자를 위해 열려 있음을 거듭 강조했단다. 그러고는 다시는 깨지 않을 깊은 잠에 빠져들었어. 하느님 안에서 맞이하는 평화로운 죽음이었지.

요한아, 사실 그에게 한 말을 두고 나 자신도 매우 놀랐단다. 이와 같은 말은 내 마음속에서 우러나온 것이었는데, 예수가 내게 이 생각을 불어넣은 것이었지. 나는 당시에는 이를 명확하게 이해하지 못했지만, 그 이후에 예수의 죽음과 부활에 이어 오순절에 있던 하느님 영의 강림을 통해 이를 이해할 수 있었단다.

지금까지 우리 민족은 하느님에 대한 지식을 선대로부터 배우고 익혔어. 예수는 자신을 통해 진정한 하느님의 참모습을 올바르게 인식할 수 있도록 이스라엘 백성을 서서히 변화시킨 것이지.
　마나세스가 임종하는 자리에서 내가 그에게 한 말은, 결국 지금까지 우리 민족이 지녔던 하느님의 형상과 진정한 하느님의 모습 사이에는 상당히 거리가 있다는 것이었어. 즉 예수가 우리에게 온 것과 더불어 새로운 시대가 열렸고, 또한 거대한 변화를 맞게 되었다는 것이었지.
　우리의 벗인 마나세스는 정말 좋은 사람이었고 의인이었어. 예수는 그의 장례식에 오지 않는 대신 제자들 중에 세 사람을 조문객으로 보냈지. 예수는 카파르나움에서 할 일이 많았고, 곧 예루살렘으로 올라갈 채비를 서두르고 있었어. 그렇지만 나는 이러한 예수의 결정을 이해하기가 어려웠고, 몹시 서운한 마음이 들었단다. 다른 사람도 아니고, 마나세스의 장례인데……. 그의 생전에 우리 모자가 그에게 얼마나 많은 사랑의 빚을 졌는지! 어머니인 나의 일은 결국 예수의 일이 아니니?
　마나세스의 장례식에 예수가 불참한 것이 나는 몹시 괴로웠단다. 나에게 중요한 일이라면 예수에게도 중요한 일이 아니겠니? 게다가 그때도 예수는 많은 환자들의 병을 치유하고 있었어. 그런데 막상 왜 우리 은인인 마나세스의 병을 고쳐 주지 않았을까?

가장을 잃고 크나큰 슬픔에 잠겨 있는 리아와 그의 자녀들을 손수 위로해 주러 올 수는 없었을까?

예수의 냉정한 처사에 마음 아파하면서 이런 여러 가지 의문들이 꼬리를 물고 내 머리를 스쳐 가더구나.

그러다가 오래전 예수를 성전에서 잃었던 일을 다시 생각하게 되었어. 예수를 잃고 헤매던 우리 부부에게 예수가 "제가 아버지의 집에 있어야 하는 것을 모르셨나요?"라고 말했던 것 말이지.

그래 요한아, 예수는 아버지의 뜻에 따라야만 했지. 사실 그것이 오히려 죽은 마나세스에게, 혹은 과부가 된 리아나 나에게 더 좋은 일일지도 모른다. 비록 내가 그것을 받아들이는 것이 쉽지는 않았지만 말이야.

사실 마나세스의 죽음은 나를 신비에 대한 묵상과 체험으로 이끄는 좋은 기회였어. 나 역시 점차 하느님을 만나게 되는 신비를 경험하게 되었으니까. 예수가 '아버지'라고 부르는 그 하느님! 나 역시 예수처럼 '아버지'라고 부르게 되었단다.

요한아, 그때까지는 예수가 노력한 공생활의 결실이 거의 눈에 보이지 않는 듯했어. '그때까지는' 말이야.

내가 보낸 3년 동안의 살을 에는 듯한 고통의 시간들! 내게 가장 큰 비탄은 예수의 곁에서 그의 고통을 덜어 줄 수가 없다는 것이었어. 너희 제자들과 선량한 여인들은 자신의 재산을 몽땅 내

어놓으며 예수를 따르고 뒷바라지하지 않았니?

예수도 자신의 곁에서 구원 사업에 동참하고 싶어 하는 내 마음을 너무나 잘 알고 있었어. 하지만 예수가 이를 용납하지 않았던 것은 내가 자신의 옷자락을 움켜쥐는 것을 바라지 않아서이기도 했지만, 내가 모든 문제에서 멀리 떠나 고향 나자렛이나 카나의 은신처에서 좀 더 안전하게 지내기를 원했기 때문이었지.

점점 더해지는 자신을 향한 비난의 화살과 모욕들, 심지어 폭력을 쓰며 위협하는 자들을 현장에서 내 눈으로 직접 보게 될 때 내가 느낄 고통을 생각한 듯했어. 예수의 적들이 그를 처치하기 위해 공모하는 모습 또한 내가 보게 된다면 견디기 어렵지 않겠니?

오순절 축제를 위해 예수가 예루살렘으로 다시 간다는 소식을 들었을 때 내 마음의 근심은 태산 같았단다. 요한이 헤로데 임금의 군사들에게 붙들려 감옥에 간 이후로, 불과 한 달이 조금 지나 있었으니까 말이야. 예수도 그의 전철을 밟게 되지나 않을지, 근심을 떨쳐 버릴 수가 없더구나.

이렇게 내가 크나큰 걱정에 빠져 있을 때 예수와 너희 제자들은 예루살렘을 오르락내리락하고 있었지. 그때 예수는 벳사이다의 눈먼 이를 고치는 기적을 행하지 않았니? 예수는 율법 학자들이나 수석 사제들 그리고 바리사이들을 설득하기 위해 혼신의 힘을 기울이는 듯했어. 모세의 율법이나 예언서를 폐지하러 온 것이 아니라, 완성하고 하느님의 말씀을 전하기 위해 왔다는 것을 공개적으로 선포했던 것이지.

이로부터 몇 달이 지난 후 헤로데 임금의 생일날, 헤로디아의 딸이 임금을 즐겁게 하기 위해 춤을 추었어. 헤로디아는 헤로데 임금의 아내였는데, 평소에 요한을 못마땅해했어. 춤을 보고 즐거워진 헤로데 임금이 소녀에게 상을 줄 테니 원하는 것을 말해보라고 하자, 모친의 교사敎唆를 받은 소녀가 요한의 목을 달라고 청했지. 이에 임금의 명령을 받은 군사들이 요한의 목을 베었어.

이 비극이 이스라엘 전역에 퍼진 것은 스밧월(히브리력으로 열한 번째 달)이었어. 비록 이 참변은 그 전달인 데벳월에 있었던 일이었지만 말이다.

요한의 죽음으로 인해 예수와 너희에 대한 근심으로 나는 두려움과 공포에 휩싸였단다. 그러나 내가 예수에게 한 약속, 그 어떤 일이 일어나더라도 그 모든 일 뒤에는 하느님이 계시다는 것을 믿고, 하느님에 대한 희망과 믿음을 잃지 않겠다는 것을 되새겼어. 하지만 요한의 저 끔찍한 죽음! 그 뒤에도 하느님이 계심을 믿는 일은, 내게도 참으로 어려웠단다. 하느님이 원하신 일과 그분이 허락하신 일을 구별하는 것을 배워야만 했지.

저 복된 밤에 하느님의 천사가 내게 나타났을 때부터 지금까지, 나는 매 순간 하느님의 신비를 사랑하는 법을 배우려고 했단다. 비록 어두운 밤이라 하더라도 말이지!

그로부터도 한동안 너희의 소식을 듣지 못해서 내 애간장은 녹아드는 것만 같았단다. 한참 후에야 너희가 요한이 죽은 후, 위험한 예루살렘을 서둘러 떠났다는 소식을 듣고 안도의 숨을 내쉴 수 있었어.

너희는 다시 갈릴래아로 돌아왔고 나는 나자렛에서 아들을 기다리는 친척들과 함께 머물렀지. 너희는 곧 카파르나움에 자리를 잡았고, 예수는 고통받는 우리 어머니들을 안심시키고자 유다를 잠시 고향으로 보냈어. 그런데 그의 출현은 지난번 예수가 고향을 찾았을 때를 다시 떠올리게 했단다. 마을은 온통 벌집을 쑤셔 놓은 격이 되었기 때문이야.

비록 고향 마을을 떠나면서 흘린 예수의 눈물이 적지 않은 이들의 마음을 돌려놓았지만, 시간이 흐르자 마을 사람들의 마음은 다시 완고해졌어. 깊은 원한을 갖게 된 근본적인 이유는 예수의 기적과 공생활이 자신들을 따돌리듯 고향 마을이 아니라 타지에서 이루어졌기 때문이었지. 사실 고향인 나자렛이 갈릴래아 지방에서 예수의 기적이 가장 적게 일어난 곳이었어.

이로 인해 고향에서 가장 큰 압박을 받은 이는 예수를 따르는 나자렛 출신 제자들의 가족들, 특히 내 친척들이었어. 그들을 제외하고는 거의 대부분이 거룩한 안식일을 훼손하며 율법을 파괴하고 스스로 하느님을 자처하는 상종할 수 없는 인간이라고 예수에게 손가락질했어. 그리고 그 제자들은 배신자를 따르는 무리라고 비난했지.

나는 그들이 무엇인가 큰일을 꾸미고 있다는 것을 예감했어. 정확히 그것이 무엇인지 알 수는 없었지만, 이미 내가 하는 말들은 그들의 귀에 전혀 들리지 않았을 뿐만 아니라, 내 일가친척들 중 일부도 그들에게 동조하기 시작했어. 유일하게 나를 지지해주는 것은 마리아와 다른 몇 명의 친척들뿐이었지. 우리가 할 수 있는 유일한 일은 악의에 가득 찬 비난과 비아냥거림을 침묵으로 인내하는 것이었단다.

그러는 동안 너희는 몇 주일째 카파르나움에 머물고 있었지. 유다가 고향을 다녀간 뒤에 일가친척들은 가족 대표를 예수에게 보내기로 결정했어. 그들은 나를 찾아와, 예수로 인해 일가친척들이 큰 위험에 봉착했으니, 예수 자신이 원하는 대로 마음껏 행동해서는 안 된다고 주장했단다. 그에 덧붙여, 예수는 좀 더 자제하여 이성적으로 처신해야 하고, 자신의 요구를 크게 수정해야 한다고 말했어. 또한 수석 사제들과 지도자들의 말에 순종해야 하며 그들에게 정면으로 도전하거나 그들을 화나게 해서도 안 된다고 했지. 그 대신, 고향 사람들을 위해 좋은 일들을 해야 하고, 앞으로 고향 사람들이 힘과 능력을 갖추어 세력을 잡을 수 있도록 협조하라고 하더구나.

요한아, 당시의 내 심정을 이해하겠니? 나는 통탄할 지경이었지만 내가 달리 무엇을 할 수 있었겠니? 그들은 내게 말할 기회조차 주지 않았어. 나더러 자신들과 함께 예수를 만나러 같이 가든지 아니면 마을에 그대로 남아 있든지 알아서 하라고 말하더구나. 함께 가자는 그들의 말을 거절할 수가 없어서 어쩔 수 없이 길을 따라나섰단다.

얼마나 보고 싶었던 예수였는지! 가능한 한 일가친척과 예수가 정면으로 부딪히지 않기를 바랐고, 또한 내가 중간 역할을 할 수 있기를 희망했다. 고향 마을에서 지지 기반이 거의 사라진 이 마당에 그나마 마지막 남은 보루인 이들마저 완전히 등을 돌리게 해서는 안 되기 때문이었지.

겨울이었지만 그날은 마침 따뜻해서 들판에는 이름 모를 꽃들이 피기 시작했더구나. 우리가 카파르나움에 도착했을 때, 예수는 한 권력가의 집에서 사람들을 가르치고 있었어. 그곳 사람들 모두가 예수를 '스승님'이라고 부르더구나.

내 조카 중에 한 사람이 목을 길게 빼고 그 집 안마당에서 수많은 사람들에게 말하는 예수의 메시지를 듣기 위해 안간힘을 쓰더구나. 조카가 군중 속에서 비교적 문쪽에 가깝게 서 있던 사람에게 "도대체 무슨 말을 합니까?"라고 물었어. 그러자 그는 이렇게 알려 주었지.

"글쎄, 요나의 표징을 언급하는 것 같아요. 심판 때에 니네베 사람들이 이 세대와 함께 다시 살아나 이 세대를 단죄할 것이라 합니다. 왜냐하면 그들은 요나 설교를 듣고 회개했는데, 지금 여기 요나보다 더 큰 이가 있는데도 우리가 회개하지 않기 때문이랍니다. 그리고 남방 여왕 또한 심판 때에 이 세대 사람들과 함께 되살아나 이 세대를 단죄할 것이랍니다. 그 여왕이 솔로몬의 지혜를 들으려고 땅끝에서 왔는데 솔로몬보다 더 큰 이가 여기 있지만, 우리가 그의 말을 들으려 하지 않기 때문이랍니다."

그의 대답을 듣자 나와 함께 간 일가친척들은 미친 듯이 화를 내며 이렇게 외쳤어.

"자기가 요나보다, 또 솔로몬 임금보다 더 나은 사람이라고? 정말 제정신이 아니구나! 어서 예수의 미친 짓을 막지 않는다면 모든 재앙이 우리와 이스라엘 전체에 떨어질 테지!"

그들이 소동을 벌이기 시작하자, 예수의 말을 주의 깊게 듣던 사람들 중 몇몇이 그들을 크게 꾸짖으며 말했어.

"조용히 하시오. 스승님은 지금 사탄에 대해 말씀하고 있소. 우리가 그분의 말씀을 들을 수 있도록 떠들지 마시오."

그리고 이렇게 덧붙였지.

"거기 있는 당신들은 스승님을 믿지 않는 모양이나 우리는 그분이 행하는 기적을 우리 눈으로 직접 목격했소. 스승님의 말씀은 모두 진실이오. 그분은 다윗 임금도 솔로몬 임금도 행하지 못한 기적을 보여 주셨소."

그러나 우리 일가 사람들은 마음을 누그러뜨리기는커녕 오히려 더 화를 내며 그곳을 엉망으로 만들기 시작했어. 자신들이 예수의 친척이라고 신분을 밝히며 그를 만나기 위해 나자렛에서 왔고, 모친도 함께 왔다며 고래고래 소리를 질렀지.

이 말을 듣는 순간 나는 속이 뒤집히는 것 같았어. '어떻게 감히 자신들이 일으키는 소동에 날 연관시키지? 왜 나를 거론하며 내가 그들에게 동의하듯, 예수가 하는 중요한 일들을 내가 의심하듯 함부로 말하지?' 이런 생각으로 마음이 미칠 듯 아팠지만, 내가 할 수 있는 일은 아무것도 없었어.

그들의 말은 순식간에 퍼져 나갔고, 그들은 "스승님의 모친이시래."라고 수군거리더니 나에게 존경을 표하며 내가 나아갈 수 있도록 길을 터 주더구나. 예수의 곁에 있던 한 사람이 이 모습을 보고 예수에게 "스승님의 어머니와 형제들이 스승님을 뵈려고 와 계십니다."라고 알렸어. 그러자 이 말을 들은 모든 이가 우리를 쳐다보았어.

요한아, 그 당시 내가 얼마나 고통스러웠는지 짐작할 수 있겠니? 나와 함께 갔던 이들 중에 단 한 사람도 예수를 이해하거나 그를 아끼는 마음을 지닌 사람이 없었단다.

더욱이 내가 서 있던 곳에서는 예수의 모습조차 보이지 않더구나. 그 당시 가장 두려웠던 것은, 내가 예수를 비판하는 사람들과 함께 온 것을 보고, 예수가 자신에 대한 내 믿음과 신뢰가 사라졌다고 생각하지는 않을까 하는 것이었어.

나는 그들을 앞질러 가서 예수에게 내 믿음은 항상 변치 않는다는 것을 알리고 싶었지만, 거의 동시에 예수의 음성이 들려왔어. 예수는 침착하고 다정한 목소리로 이렇게 말했지.

"누가 내 어머니이고 누가 내 형제들이냐?"

그러더니 곧이어 제자들을 가리키며 말했어.

"이들이 내 어머니고 내 형제들이다. 하늘에 계신 내 아버지의 뜻을 실행하는 사람이 내 형제요 누이요 어머니다."

그러자 군중들이 수군거렸어. 서로 예수의 말이 무엇을 뜻하는지를 물었어. 자신의 가족을 무시하는 말인가? 심지어 모친까지? 아니면 그의 참된 가족이 될 수 있다는 새로운 가능성을 알리는 것인가? 사실 그 말은, 피로 맺어진 혈육 간의 유대가 아니라, 사랑으로 이루어진 유대가 진정으로 중요하다고 가르친 것이었단다.

하지만 그때는 길게 말할 시간이 없었지. 예수는 자리에서 일어나 사람들이 열어 준 길을 따라 내게로 다가왔어. 그토록 의기양양하게 예수를 비난하던 친척들은 막상 예수가 다가오자 갈피를 잡지 못하고 풀이 죽은 채 내 등 뒤로 몸을 숨겼지.

예수는 언제나처럼 평온한 모습으로 나를 포옹하면서 이마에 입을 맞추었어. 나는 번민과 비탄에 차서 무엇인가 설명하려 했지만, 예수는 이를 막으면서 내 귀에 속삭였어.

"어머니, 안심하세요. 저는 모든 것을 다 알고 있고, 어머니를 의심하지 않아요. 어머니가 저를 불신하지 않으시듯이 말이에요. 어차피 이 모든 것은 일어나게 되어 있는 일이었으니 부디 고통받지 마세요. 어머니, 이 모든 것이 하느님 아버지의 계획에 의한 것이니까요. 예언자는 결코 고향에서 환영받지 못하지요."

이 말을 마친 예수는 아무 일도 없었던 것처럼, 친척들과 애정 깊은 인사를 나누었어. 그들 눈에 가득 찬 이기심과 시기, 질투를 전혀 모르는 것처럼 말이지. 사실 예수는 이 모든 것을 다 알면서도 그들을 사랑했던 것이란다.

한참 후에 나는 친척들의 생각과 이 모든 상황을 친척인 유다를 통해 예수가 이미 들었다는 걸 알게 되었어. 그럼에도 불구하고 예수는 모두를 깊은 애정으로 대했단다. 그러고는 자신의 벗들에게 이 사람들을 묵을 수 있게 해 달라고 부탁하고 나를 자신이 묵고 있는 베드로의 집으로 안내하더구나.

그리고 요한아, 네게 다가가 나를 돌봐 주라는 부탁을 다시금 하지 않았니? 이것이 아마 나를 두 번째로 부탁했을 때인 것 같구나. 그렇지?

예수는 너에게 내 곁을 떠나지 말고 항상 나를 동반하라고 이르면서 짐을 챙겨 너 역시 베드로의 집으로 옮기라고 명했어. 그리하여 너는 네 부모님의 집을 떠나 베드로의 집으로 옮겨 왔던 것이지.

불과 몇 달 사이에 얼마나 많은 것들이 바뀌었는지! 지금은 이 일을 다시 거론하는 것보다 고향에서 올라온 친척들과 예수와의 대화를 상세히 설명하는 것이 더 좋을 듯하구나.

예수는 내가 그들과 함께 움직이는 것을 더 이상 허락하지 않았어. 친척 마리아를 통해 알게 되었는데, 예수는 그 자리에 함께 있었던 야고보, 시몬과 유다 또한 그들과 함께 어울리는 것을 원치 않았다고 하더구나.

비록 고향에서부터 몰려갔을 때만큼 거칠고 난폭하지는 않았지만, 예수와 일가친척들의 면담은 그야말로 난항이었다고 들었단다. 그들은 예수가 마련한 숙소에 묵으며 나자렛과는 전혀 다른 분위기를 느꼈지.

각지에서 예수를 보기 위해 작은 마을 카파르나움으로 온 수

많은 사람들! 그들은 한결같이 예수를 존경하고 사랑하여 예수의 가르침을 따르고자 하는 것을 친척들 역시 직접 목격했단다. 예수의 치유 기적을 바라는 사람이 갈릴래아 지방, 유다 지방, 심지어 저 멀리 데카폴리스 지방에서까지 사방에서 몰려오고 있었지.

사람들은 예수가 행한 기적을 보고 놀라며 예수의 어머니인 나를 끝없이 축복했어. 심지어 나에게 아첨하는 사람들까지 있었지.

그럼에도 불구하고 예수와 친척들의 만남은 그다지 무난하지는 않았단다. 물론 그들은 좀 더 부드러운 어조로 말하며, 강력한 비난이나 요구 사항을 일부 줄였지만, 자신의 생각만은 분명하게 표현했어. 그들은 예수의 공생활을 '모험'이라고 낮춰 부르며 그 때문에 친척인 자신들의 위치가 매우 난처해졌다는 것을 강하게 표명했지. 그러면서 예수에게 자신들을 위해 처신에 유의해 달라고 강하게 주장했어. 그들 중 한 사람은 다음과 같은 말을 했다는구나.

"수석 사제들과 바리사이들 그리고 사두가이들과 대적하지 말게. 특히 로마인을 상대로는 아예 싸우려 들지 말게. 그들과 겨루어 자네가 얻을 것이 없지 않은가? 자네가 메시아라는 것을 사람들이 믿게 하고 싶거든 내 말대로 하게. 기적을 많이 행하고 권력가들과 잘 지내도록 하게. 그래서 권력을 잡게 되거든 자네의 적들에게 본때를 보여 주란 말일세. 자네는 좀 더 영리하게 행동해야 하네. 그리고 제발 문제를 일으키지 말게. 영악하게 몸을 사릴 줄도 알란 말일세. 진실을 말하는 것은 아무짝에도 쓸모가 없다는 것을 자네는 왜 모르는가? 거짓말을 하지 않는 것으로도 충분하니 제발 좀 가만히 입을 다물고 있게나. 분명히 말하지만 만일 내 말대로 하지 않는다면 자네 삶은 끝장일세. 지금 눈앞에 보이는 이 사람들이 자네에게 우정을 보인답시고 알랑대지만 아무짝에도 소용없다네. 힘 있는 자들이 자네를 직접 공격한다면 이들은 모두 뿔뿔이 흩어질 것이고, 자네는 혼자가 되는 걸세."

요한아, 이미 네게 말했지만, 그들이 예수와 만나는 자리에 나는 함께하지 않았어. 예수는 내가 불쾌한 말들로 인해 더 이상 고통받기를 원하지 않았기 때문이지. 하지만 그들의 대화 내용은 친척인 마리아를 통해 모두 전해 들었단다. 그 자리에 함께 있던 그녀는 그들의 이야기를 들으며, 자신의 손을 이마 위에 얹고 "맙소사!"를 연발했다고 하더구나. 소위 충고를 하러 먼 길을 왔다는 그들의 마지막 말을 전하며 마리아의 눈시울은 축축해졌지.

예수는 내가 슬퍼할까 봐 그들과의 대화 내용을 나에게 전혀 말해 주지 않았지만, 예수 또한 괴로워하는 것을 알 수 있었어. 어쨌든 간에 그들은 우리 친척이었고, 예수가 아끼는 사람들이었으니까. 긴 세월 동안 우리는 희로애락을 함께했고 서로 돕고 힘이 되었어. 심적인 것뿐만 아니라 물질적으로도 말이다. 그들 중 몇 사람은 우리에게 빚을 지기도 했지.

그들은 우리에게 은혜를 입고도 지금은 배은망덕하게 권력을 잡기 위해 영악해지라고 우리를 종용하는구나! 필요하다면 거짓말도 하라고 부추기며 자신들의 삶에 아무런 피해도 입히지 말라고 요구하고 나서는구나!

예수는 이미 실망과 비탄의 쓴 맛을 보기 시작했어. 난 분명히 알았지. 친척들과의 만남은 크나큰 고통의 잔이었음을!

예수를 잘 알고, 그의 성장 과정도 잘 아는 친척들마저 그를 믿지 않는데, 과연 이스라엘 사람들이 믿어 줄까? 사제들이나 학자도 예수가 자신들과 같은 특수 계층 출신이 아니라고 수상쩍은 시선으로 바라보는데, 율법이나 관습만을 숭상하는 종교 지도자들이 예수를 과연 받아들일 수 있을까?

예수는 고향으로 돌아가는 친척들과 작별하면서도 실망과 언짢음을 전혀 비치지 않았어. 물론 그들에게 아무런 언약도 하지 않았지만. 그런데 이것이 그들과의 마지막 만남은 아니었단다. 몇 달 후에 이 '가족 대표'라는 친척들이 더 심한 요구를 하러 다시 나타났기 때문이지. 이 일을 통해 예수와 나는 그들이 진정으로 원하는 것이 무엇인지 짐작할 수 있었어.

이 불쾌한 만남을 통해 얻은 단 하나의 수확이라면, 내가 예수 곁을 떠나지 않고 함께 머물게 되었다는 것이란다. 예수는 내가 더 이상 그들과 나자렛에서 머무는 것을 원치 않았어. 예수는 아무런 말도 하지 않았지만, 내가 고향에서 겪었던 수모와 고난을 이미 알고 있었단다.

　예수는 아무런 설명 없이 내가 이곳에 계속 머무는 것이 좋겠다고 말했어. 그리하여 내 친척 마리아에게 고향 집을 닫아걸고 내게 필요한 옷가지와 몇 가지 물건들을 보내 달라고 부탁했지. 그 당시에 나는, 앞으로 타지에서 보낼 생각을 하니 마음이 몹시 무거웠어. 하지만 그 이후, 결국 나자렛으로 영영 귀향하지 못하게 되었단다.

　나는 내가 태어난 고향을 사랑했어. 그 정든 마을을 떠나는 것이 쉬운 일은 아니었지만, 사랑하는 예수와 함께 머물 수 있다는 그 한 가지만으로도 이러한 괴로움을 쉽게 떨쳐 버릴 수 있었지. 그러나 이러한 행복도 오래가지 못했어. 예수는 나를 곧 카나에 있는 리아의 집으로 옮겨 살게 했단다. 리아의 집, 내 피신처였던 그녀의 집에서 예수의 '때'에 이르도록 머물렀어. 그러나 그 해의 파스카 축제 때에는 너희와 함께하지 않았니?

　파스카 축제를 함께 보낸 예수는 제자인 너희들과 함께 이곳저곳을 다녔고, 각계각층의 사람들을 만났지.

나는 언제나 수많은 군중 사이, 한구석에 조용히 숨어 예수의 말을 귀 기울여 듣곤 했지. 혹시 예수에게 방해가 될까 싶어서 남들 눈에 전혀 띄지 않게 조심했단다. 예수도 그런 내 처신에 대해 흡족해하는 듯했어. 예수는 항상 내가 그 자리에 있는 것을 기쁘게 여겼지.

비록 매우 짧은 시간이었지만, 나자렛의 고향 집에서 요셉과 함께 우리 세 사람이 긴밀한 친교와 사랑을 나누었던 때를 떠올리게 하는 참으로 감미로운 시간이었단다.

나는 예수의 가까이에서 그가 군중에게 하는 말을 직접 듣고, 그의 행동 하나하나를 지켜볼 수 있었어. 내가 지켜보는 가운데 예수는 여러 가지 기적을 베풀었어. 그것이 내게는 전혀 놀랍거나 새롭지 않았지. 예수가 누구인지 너무나 잘 아는 나는, 하느님 아버지의 권능을 부여받은 예수의 능력과 힘 또한 잘 알고 있었기 때문이란다.

나 역시 예수의 곁에 머물면서 많은 것을 배웠지. 예수는 내 아들일 뿐만 아니라 하느님의 아들이고, 너희들의 형제란다. '사람'인 예수와 하느님으로서 예수가 가진 '본성'의 차이, 즉 예수는 지극히 인간이면서 동시에 하느님이라는 이 새로운 두 범주 속에서 나는 갈팡질팡했어. 사실 이 두 가지 사이의 거대한 차이점, 인간과 하느님은 우리가 생각하고 이해하기에는 너무나 큰 차이가 있었기 때문이지.

하지만 예전에는 명확하게 알지 못했던 것을 지금은 좀 더 잘 이해할 수 있게 되었어. 그러니까 예수는 내 아들이고 진정한 인간이면서도, 지극히 높으신 하느님으로 인해 세상에 탄생했으니 예수는 하느님과 똑같단다. 요한아, 사과나무에서 배나 물고기가 생겨날 수는 없지 않겠니?

이 사실은 많은 이들의 귀에 거슬렸고, 특히 우리 고향 사람들에게는 더욱 그러했어. 그들은 우리 옆에 있었지만, 예수를 하느님으로 받아들일 마음은 조금도 없었지. 이와 같은 사실은 예수와 친척들이 나누었던 대화를 통해 더욱 분명해졌어.

이제야 네게 고백하지만, 나는 이 사실이 무척 두려웠단다. 그 당시에도 몹시 두려웠고, 지금도 마찬가지지. 내가 태중에 하느님을 모셨고, 예수가 세상에 태어나게 했다는 이유로 내가 하느님의 어머니라는 사실!

자주는 아니지만 때때로 이 사실을 생각하면 아찔한 기분이 들어 어지러워지는구나. 솔직히 말해, 내가 가진 능력을 넘어서는 이 거대한 신비를 이해할 만한 능력이 내게는 부족했단다. 하지만 오순절에 내린 하느님의 영이 이 모든 어려움을 해결하고 이해할 수 있는 힘을 불어넣어 주었지.

요한아, 예수가 너희 제자들과 함께한 마지막 파스카 축제 때,

난 언제나처럼 한구석에서 조용히 몸을 숨기고 예수의 말을 귀담 아들었단다.

예수는 말하는 중에도 눈길을 돌려 항상 나를 찾아냈어. 우리는 이것으로도 충분했어. 아주 드물게, 우리 둘만이 남았을 때에는 모자간의 애정으로 서로를 어루만지기도 했지.

어느 봄날, 예수가 5천 명을 먹인 기적을 보였고, 우리는 그날의 기적이 과연 무엇을 의미하는지에 대해 여러 번에 걸쳐 많은 대화를 나누지 않았니?

우리는 거룩하신 하느님의 영이 내리신 이후에 이에 관해 더욱 완전한 인식을 얻을 수 있었지. 즉, 이는 예수의 제자들이 허기진 군중을 위해 예수에게 청하여 얻어 낸 기적이 아니라, 그보다 더욱 의미가 있는, 커다란 기적의 표지라는 것이었어. 물론 이 기적은 예수가 행한 큰 기적 중 하나이고, 사람들 대부분이 예수를 임금으로 추대하고자 했기 때문에, 군중의 마음을 얻기 위해 제자들이 청한 일이라는 소문도 있었지.

세상을 다스리는 임금들을 보렴! 그들은 자신들의 탐욕을 채우기 위해 전쟁만을 거듭하고 있지 않니? 예수는 진정한 평화와 정의의 임금, 사람들 마음의 주인인 임금이지!

오병이어의 기적이 있던 아침에 예수는 이에 대해 미리 아무런 언급도 하지 않았어. 내 짐작으로, 예수는 흔히 그러했듯이 아무 것도 예비하지 않은 듯하더구나. 허기진 군중을 돕고 싶다는 그의 사랑이 그 자리에 있던 모든 이에게 하나의 교훈을 주고자 기적을 일으킨 것이라는 생각이 들었단다.

그 자리에 있었던 선량한 이스라엘 사람들은 사막에 만나를 내리신 하느님의 기적을 기억했어. 그런 이유로 군중은 그를 왕으로 내세우고자 결심했던 것 같구나. 그렇게 된다면 이스라엘 군대를 대적할 그 어떤 군대도 이 세상에 존재하지 않을 것이고, 더 이상 주린 배를 채우기 위해 일하러 나갈 필요도 없을 것이기 때문이지.

예수를 따르고자 하는 사람들이 예수의 길을 전혀 이해하지 못하고 몰려들었기 때문에, 예수는 다른 곳으로 떠날 수밖에 없었단다. 예수는 자신이 행한 기적이 이토록 허망해지자 또 한 번 실망했지.

어떻게 해야 저들이 이해할 수 있을까? 예수는 단지 육신이 아니라 영혼을 치유하기 위해 온 의사라는 것을! 굶주린 위장을 채우려는 것이 아니라 하느님을 찾고자 하는 진정한 갈증과 열망을 채우기 위해 왔다는 것을! 예수가 어떤 선행이나 기적을 베풀더라도 그들은 결국 배신으로 되갚았지.

이것이 바로 예수의 정해진 운명이었다. 달리 어떻게 해 볼 수 없는 예수의 종착점인 것이지. 예수가 사랑하면 할수록 사람들은 예수의 메시지에서 더욱 멀어지는 것만 같았어.

물론 아무도 없었다고 말할 수는 없겠구나. 극히 소수지만 작은 무리들이 예수를 찾아와 "스승님, 좀 더 나은 인간이 되도록 도와주십시오.", "제 고약한 성격을 고칠 수 있도록 도와주십시오.", "제가 좀 더 관대한 사람이 되도록 하느님께 청해 주십시오."라고 말하기도 했어. 하지만 대부분은 자신의 가족이나 하인을 낫게 해 달라는 간청에 그쳤어. 심지어는 자신의 망아지까지 고쳐 달라고 하더구나!

통탄할 일이지! 그들은 자신의 영혼이나, 나아가 자신을 창조하신 하느님에 대해서는 무관심하고 무지했어. 그들의 유일한 관심은 오직 이 세상의 것뿐이었지. 예수를 따르는 너희 제자들 역시 그다지 좋은 모습은 아니었어.

가까이에서 조용히 지켜보니 너희가 예수에게 바라는 바 또한 잘 알겠더구나. 물론 너희들은 예수를 사랑했다. 요한 너 역시 예수를 매우 사랑했지. 베드로도, 야고보도, 내 친척들도 마찬가지였고 말이야.

너희는 예수를 사랑하고 존경했지만, 진실로 그를 이해하지는 못했지. 너희는 예수가 지극히 높으신 하느님으로 인해 세상에 파견되신 분으로 어느 날 권력을 잡게 되면 율법을 바탕으로 이 세상에 거대한 왕국을 세우고, 정치와 경제 체계는 물론 군대까지 갖춘 막강한 나라를 만들어 세상 끝까지 지배할 것이라고 생각했어.

그래서 너희 제자들은 누가 가장 중요한 인물인지를 두고 서로 다투기까지 했어. 이런 말을 해서 미안하다만, 그 와중에 너희 모친이 예수를 찾아와 "스승님의 나라에서 저의 두 아들 중 하나는 스승님의 오른쪽에, 하나는 왼쪽에 앉게 해 주십시오."라고 부탁을 하더구나.

앞서 말했다시피, 5천 명을 먹인 기적은 예수의 큰 기적이었지만, 그보다 더 중요한 사실을 누구도 간파하지 못했어. 요한아, 그곳에 하느님이 계셨다는 사실을 잊어서는 안 된다. 하느님이 아들 예수와 함께 그곳에 계셨지. 모세가 광야에서 하느님을 보았던 것처럼!

예수의 이 기적은, 예수가 잡히기 전날 파스카 축제를 거행하면서 예수의 몸과 피로 '성찬례'를 제정해 사람들을 굶주림과 갈증에서 영원히 해방시킨 그 예식을 앞당겨 실현한 것이란다.

그로부터 바로 며칠 후에 나는 예수와 너희를 떠나 카나로 가게 되었어. 헤어지기 전에 나는 예수와 긴 대화를 나누었지. 예수의 말에 내 마음이 활짝 열렸지. 나는 예수의 머리를 감싸 안으며 위로하려고 애썼어. 힘을 얻고 앞으로 나아가도록! 예수는 하느님이지만 동시에 인간이었고, 다른 이들과 마찬가지로 여인의 위로가 필요했지. 이러한 이유로 나는 너희와 함께 지냈던 것이지.

나는 하나의 커다란 바위처럼 혹은 기둥처럼, 너와 모든 사람을 위해, 삶에 지치고 힘겨운 사람을 위해 편히 쉴 수 있는 곳, 기댈 수 있는 곳이 되고자 했단다. 나는 예수에게 이렇게 말했어.

"아들아, 무엇을 기다리고 있지? 모든 것이 쉬우리라 생각한 건 아니겠지? 네가 행한 기적과 표지, 설교를 통해 인간의 무딘 마음이 그 메시지를 알아듣고 쉽게 회개하리라 믿었던 건 아니겠지?

사랑하는 아들아, 사람들이 과연 어떠한지를 그대로 받아들여야 한다. 흙으로 만들어진 인간, 하느님의 탓이 아닌 우리 인간의 탓으로 우리가 죄인인 것을!

아들아, 나 역시 이러한 인간의 나약함을 입고 너를 세상에 낳았어. 너는 의인이 아니라 죄인을 구원하기 위해 세상에 왔지. 네가 말했듯이 너는 길을 잃어버린 양, 제멋대로고 막된 인간들을 찾아온 것 아니니? 아들아, 힘과 용기를 내어 앞으로 나아가거라. 하느님이 너와 함께하시니 모든 것이 잘될 거야."

나는 이렇게 예수를 위로했지만, 모든 어머니들이 지닌 그 특유의 직관으로 예수에게 곧 고난이 닥쳐올 것을 예감하고 있었어.

하지만 예수가 아무 말도 하지 않았기에 나는 예수가 십자가에서 그토록 비참한 죽음을 맞으리라는 것까지는 알지 못했단다. 그저 그 순간에는 오직 예수를 위로하고 힘을 불어넣고 싶었어. 예수는 아주 부드러운 눈빛으로 나를 바라보고 양팔로 나를 끌어당겼어. 그러고는 부드러운 손길로 나를 감싸 안으면서 내 손과 이마에 입을 맞췄지.

지금도 예수의 입맞춤과 포옹을 얼마나 그리워하는지! 내가 이 세상을 떠나 하늘나라로 가고 싶어 하는 이유는, 바로 사랑하는 예수와 헤어지지 않는 영원한 만남을 누리고 싶어서란다.

그날 예수를 떠나 카나로 가기 전에, 나는 마음속에 항상 간직했던 질문, 점점 커지는 그 질문을 예수에게 물었어.

"아들아, 이제는 내게 분명히 말해 다오, 네가 누구인지를!"

그러자 예수는 웃으며 "어머니, 제가 당신의 아들이지 누구겠어요?" 하면서 말머리를 돌리려 하더구나. 그래서 나는 정색을 하면서 다시 물었어.

"물론 내 아들이라는 것은 너무나 잘 알고 있다. 그러나 애야, 진실로 묻고 싶은 것이 있단다. 가브리엘 대천사가 너를 잉태했다고 알리며 '지극히 높으신 분의 아드님'을 낳을 것이라고 말했어. 너는 과연 누구지?"

예수는 내게서 몸을 빼더니 그 방의 가장 구석진 곳으로 갔어. 그곳에서 내게 등을 돌려 앉은 채 위용을 갖추고 이렇게 응답했어.

"어머니, 아직은 때가 아니에요. 제가 말씀드려도 혼란스럽기만 하고 이해하지 못하실 거예요. 장차 지극히 높으신 하느님의 영이 오셔서 지혜의 힘으로 어머니를 덮쳤을 때 비로소 모든 것을 알게 되실 거예요. 단 한 가지만 말씀드린다면, 저는 천지창조 때부터 하느님 아버지와 한 몸이라는 거예요."

이렇게 말하더니 다시금 나를 바라보았어.

"어머니, 이제부터 제가 혼자 있게 해 주세요. 저는 기도를 드려야 해요. 어머니는 이미 저를 위로해 주셨어요. 이제는 하느님 아버지가 저를 위로해 주실 차례에요. 저는 하느님 아버지와 어머니, 두 분의 위로가 필요해요. 저는 두 분의 아들이니까요. 천상의 아버지와 이 세상의 어머니는 각자 해 주실 일이 있지요."

말을 마친 예수는 다시 내 곁으로 다가와 애정이 가득한 입맞춤을 했어. 나는 예수가 기도할 수 있도록 자리를 떠났단다.

밖으로 나와 걸으니 안개가 자욱한 길을 지나듯 어지러움과 혼란이 밀려와 갈피를 잡을 수가 없더구나. 갈릴래아 지방의 작은 마을 나자렛의 한 여인이 이해하기에는 너무나 벅찬 일이었기 때문이란다. 예수의 '천지창조 때부터'라는 말이 자꾸만 내 머리에서 메아리처럼 맴돌았어. 천지창조 때부터!

그렇다면 예수는 단순히 메시아나 파견자 혹은 예언자도 아니었어. 그보다 훨씬 큰 존재란 말이지! 이사야 예언자보다도, 다윗 임금보다도, 혹은 모세나 우리의 성조 아브라함보다도 훨씬 더 큰 존재!

도대체 예수는 누구인가? 예수가 바로 하느님이라는 말인가? 나는 다시 나 자신에게 물음을 던졌어. 그분이 하느님이라면 나는 누구인가? 예수를 어떻게 대해야 하는가? 과연 나는 무슨 자격으로 예수를 가르치고 양육했으며 심지어 어린 시절에 예수를 나무라기까지 했단 말인가?

도무지 알 수가 없었어. 내가 태중에 품고 젖을 물려 양육한 예수는 누구란 말인가!

고민 끝에 더 이상 혼란에 빠지지 않기 위해 이 모든 것을 신비로 여기고 가슴속 깊이 간직하기로 했어. 그리고 요한 너와 함께 카파르나움을 떠났지.

그리고 예수의 말처럼 이와 같은 큰 신비를 이해할 수 있는 나의 때는 아직 이르지 않았다는 것, 또한 나 역시 마음의 준비가 되지 않았다는 것을 알았단다.

나는 다시 카나로 돌아왔단다. 답을 찾을 수 없는 혼란에 빠지지 않겠다고 결심한 덕분에 차분한 마음으로 리아의 집에 들어갔지. 예수가 언급한 하느님의 영이 오시기로 한 그 시간에야 비로소 내 의문이 말끔히 가시리라 믿으며, 소박하고 단순한 마음으로 그 신비를 기다렸어.

하지만 예수는 장차 어떠한 운명에 처할 것인지? 그 생각을 하면 근심과 두려움을 떨칠 수가 없었단다. 나와 마찬가지로 너희 또한 예수의 말을 이해하기 힘들 것이고, 더 나아가 수석 사제들이나 율법 학자들, 지식인들이나 권력가들, 이스라엘 백성 또한 그와 같지 않겠니? 선조들로부터 항상 전능하신 하느님을 경외하라고 교육받은 이스라엘 민족이 그 하느님이 사람이 되셨다는 것을 어떻게 받아들일 수 있겠니? 우리 종교는 거룩하신 하느님의 형상을 만드는 것조차 그분에 대한 모독이라고 엄하게 금하고 있는데, 그 하느님이 사람이 되어 현존하시며 사람들 가운데에서 함께하신다는 사실을 어떻게 용납할 수 있겠니?

예수의 실패는 불을 보듯 너무나 자명한 일이었고, 나는 두려움에 떨 수밖에 없었어. 비록 이 모든 일 뒤에 하느님이 함께하시고 예수를 도우시리라는 것을 확신했지만 말이야.

시간이 흘러 디스리월(히브리력으로 일곱 번째 달)인 가을로 접어들었어. 예수와 너희 제자들은 초막절(오순절, 과월절과 함께 이스라엘의 의무적인 3대 순례 대축제)을 거행하기 위해 다시 예루살렘으로 올라갈 계획이라고들 했지.

그런데 예수는 또다시 소위 가족 대표단이라는 친척들에게 시달려야만 했어. 예수가 어떤 위험에 처했는지 그들 역시 잘 알면서도 이렇게 말하더구나.

"자네는 여기를 떠나 그대를 따르는 추종자들(예수의 제자들을 일컬음)과 유다 지방으로 가게. 자신이 알려지기를 원하는 사람은 그 누구도 숨어서 비밀리에 일을 하지 않는다네. 사람들이 눈으로 직접 볼 수 있도록 공공연히 일을 하게나. 그리하여 세상에 자신을 드러내도록 하게."

아무리 시간이 흘러도 그들을 생각하면 지금도 내 마음이 아파 온단다. 그들은 일가친척이면서도 자신의 영달과 안위를 위해 예수가 고향에서 멀리 떠나도록 부추겼어. 시간이 지나면서 예수가 적의 표적으로 지목을 받는 상황이 두려웠던 것이지.

이 가족 대표단과의 두 번째 만남은 첫 번째와는 사뭇 달랐다는 것을 나중에야 알게 되었어. 평소처럼 소식은 뒤늦게야 내게 도착했으니 말이야. 카나에 있던 나는 예수가 그들의 요구에 몹시 고통을 받다가, 결국 그들이 원하는 대로 하기로 작정하고 책상 위에 이런 글을 남겼다는 이야기를 나중에야 들을 수 있었단다.

"아직 제 시간이 오지 않았지만 여러분의 시간은 항상 여러분의 손안에 있습니다. 세상 사람들의 증오를 두려워하지 마십시오. 그들은 여러분을 미워하지 않을 것입니다. 그들이 증오하는 것은 바로 저입니다. 제가 그들의 잘못된 삶, 비뚤어진 행적을 고발하기 때문이지요. 여러분은 저와 아무런 관련이 없으니 안심하고 예루살렘으로 올라가 초막절을 치르도록 하십시오. 저는 가지 않을 것입니다. 아직 저의 시간이 이르지 않았습니다."

예수는 그들과 함께 가지 않았지만, 자신의 계획만은 실행하길 원했어. 친척들은 초막절을 지내기 위해 예루살렘으로 서둘러 떠나갔고, 예수는 믿을 수 없는 그들을 떨쳐 버리고 너희 제자들과 함께 예루살렘으로 서서히 올라갔지.

예수가 어떠한 아픔을 겪으면서 그 길을 갔을까? 사람들 앞에 나서지 않기 위해 숨어서 움직여야 하는 예수의 그 마음을 생각하면 아직도 가슴이 저미는구나!

예수는 죽음이 두려워서가 아니라, 하느님 아버지께 가기까지 이 지상에서 해야 할 일이 너무나 많이 남아 있었기 때문에 그 고통을 견디고 있었어. 하지만 예수는 그 시간이 다가오고 있다는 것 또한 잘 알고 있었단다.

요한아, 예수가 성읍 예루살렘까지 올랐던 그 길에 대해서는 네게 말할 것이 별로 없구나. 고향 나자렛보다 카나의 리아 집에 있을 때 소식이 더욱 빠르고 정확하게 전해졌어. 나자렛에서 사람들의 증오를 참아야 했던 것과는 달리, 리아의 집에서는 사람들의 온정 속에서 지낼 수 있었다. 그러나 내 불안은 가시지 않았어. 들려오는 작은 소식에도 기뻐하기도, 감탄하기도, 또 놀라기도 했단다.

들리는 소식 중에는 간음하다가 붙잡힌 여인을 예수가 죽음에서 구했다는 이야기도 있었어. "너희 가운데 죄 없는 자가 먼저 저 여자에게 돌을 던져라."라고 말했다고 하지.

이렇게 말한 예수가 얼마나 자랑스러웠는지! 비록 무죄했지만, 나 역시 이 같은 위험에 처할 뻔하지 않았니? 그것 이외에도 태어나면서부터 눈먼 사람을 고친 일 등 여러 소식이 들려왔단다. 그 기적들을 행하는 이가 바로 내 아들이며 지극히 높으신 하느님의 아들, 곤경에 처한 사람들을 돕고, 자신은 어떻게 되든 개의치 않는 예수였지. 그 순간 성경 말씀이 떠오르더구나.

"내 아버지와 어머니가 나를 버릴지라도 주님께서는 나를 받아 주시리라."(시편 27,10)

예수는 인간을 이토록 사랑했어. 예수는 이 세상에 머무는 동안 양들을 위해 목숨을 내놓은 착한 목자였지. 예수는 또한 이렇게 말했어.

"아버지는 내가 목숨을 내놓기 때문에 나를 사랑하신다. 그렇게 하여 나는 목숨을 다시 얻는다. 아무도 나에게서 목숨을 **빼앗**지 못한다. 내가 스스로 그것을 내놓는 것이다. 나는 목숨을 내놓을 권한도 있고 그것을 다시 얻을 권한도 있다. 이것이 내가 아버지에게서 받은 명령이다."

바로 이 말로 인해 너희 제자들과 유다인들 사이에 다시 논란이 일어났다지? 너희가 '아버지'라는 예수의 말로 시비를 벌이고 있을 때 나는 '목숨을 내놓는다'는 말에 집중했단다. 이는 결국 이 지상에서의 예수의 삶이 종국에 다가서고 있다는 암시였기 때문이지.

예수는 호시탐탐 자신의 생명을 노리는 적들에 둘러싸여 스밧월 겨울까지 예루살렘에 머물렀어. 거기에서는 봉헌절(유다교의 축제일 중 하나) 축제가 벌어지고 있었지. 그곳에서 유다인들이 다시 돌을 집어 예수를 치려고 했지만, 예수는 그들을 벗어나 요르단으로 갔어. 조금이라도 휴식을 취하고 다가올 수난을 준비하고자 했던 것이지.

요한아, 예수의 수난과 죽음에 대해서는 내일 다시 이야기하자. 그것을 생각하는 것만으로도 또다시 영혼에 지울 수 없는 상처를 받게 되는구나. 저 시메온이 예언한 대로 내 가슴은 예리한 칼로 찔리는 듯하구나!

십자가와 함께 걸어가다

 요한아, 지금까지 베타니아에 사는 라자로의 가족에 대해 전혀 말하지 않았구나.

 사실 너희 제자들 중 누군가가 그들에 대해 말한 적이 있는 것 같아. 요한 너였는지 아니면 다른 제자였는지는 정확히 기억나지 않지만 말이야. 그 당시에 예수를 사랑하고 따르는 이들이 많았기 때문에 라자로와 그의 누이들, 마리아와 마르타도 그들 중 몇 명이라고 막연히 생각했던 것 같구나.

 예수를 자기 집에 맞아들인 그 가족들! 마리아는 예수의 발치에 앉아 예수의 말을 들었고, 마르타는 갖가지 시중을 드는 일로 분주했다고 했지.

마르타가 "주님, 제 동생이 저를 혼자 시중들게 하는데도 보고만 계십니까? 저를 도우라고 동생에게 일러 주십시오."라고 말하자, 예수는 "마르타야, 너는 너무 많은 일을 염려하고 걱정하는구나. 그러나 필요한 것은 한 가지뿐이다. 마리아는 좋은 몫을 택했다."라고 말했다고 했어.

너희에게 이 이야기를 듣고 예수가 지닌 깊은 지혜에 새삼 감탄했단다. 예수는 남성의 마음뿐만 아니라 우리 여성의 마음 또한 깊이 알고 있었던 것이지. 즉, 여성의 두 가지 마음, 온전히 말씀에 전념하고 싶은 마음과 온갖 집안일 탓에 끊임없이 움직여야 할 것 같은 마음을 알고 있었어. 물론 우리는 이 두 가지 마음을 잘 조화시켜야겠지.

라자로의 집이 그 고장에 갈 때면 항상 찾는 곳이라고 했지? 베타니아에서 예수를 찾는 긴급한 전갈이 왔다고 하더구나. 그런데 그 당시에 예수는 성전에서 유다인들에게 돌팔매질을 당할 뻔한 위협을 받고 성읍을 떠나야 했어. 그때 마르타와 마리아 자매가 사람을 보내 "주님께서 사랑하시는 이가 병을 앓고 있습니다."라고 소식을 전했지. 예수가 속히 그들 집으로 와 줄 것을 간청한 것이었단다. 하지만 상황이 조금도 나아지지 않은 상태에서 다시 예루살렘을 경유해 베타니아로 가는 일은 매우 위험했어.

파스카 축제가 다가오고 있었기 때문에 다시 성읍으로 들어가야 했지만, 아픈 라자로의 집을 방문하는 일이 더 긴급한 일이었지. 그러나 예수는 그 즉시 베타니아로 가지는 않았어. 제자들이 그곳으로 가는 일은 위험하다고 조언했기 때문이지.

예수는 제자들의 말에 수긍한 듯 이틀을 더 보냈지만, 갑자기 라자로에게 가겠다고 말했어. 그러자 너희가 이구동성으로 "스승님, 바로 얼마 전에 유다인들이 스승님께 돌을 던지려 했는데, 다시 그리로 가려고 하십니까?" 하며 극구 만류했다고 했지. 하지만 예수는 "우리의 친구 라자로가 잠들었다. 내가 가서 깨우겠다."라고 대답했다고 들었어. 예수는 이미 라자로의 죽음을 알았던 것이지. 그러자 항상 호기심으로 불타는 젊은이 토마스가 "우리도 스승님과 함께 죽으러 갑시다."라고 말하며 함께 나섰어.

그렇게 크나큰 위험이 기다리는데도 죽음을 무릅쓰고 끝까지 예수를 따르고자 달려든 너희의 용기가 참으로 장하더구나.

예수는 장차 예루살렘에서 벌어질 일에 대해 잘 알고 있었어. 그 당시 나는 여전히 리아의 집에서 머물고 있었단다. 한참 뒤에 나 예수를 만나 이야기를 나눌 수 있었지. 그때는 예수가 스스로 십자가의 길로 나아갈 결심을 한 후였다. 비록 내게 아무 말도 하지 않았지만 어떤 일이 일어날지 너무나 잘 알았던 것이지. 자신의 의지로 받아들인 그 시간이 이르렀음을!

요한아, 라자로의 부활은 카나 혼인 잔치의 기적과 매우 흡사했단다. 물을 포도주로 바꾼 기적을 행할 때 예수는 내게 이렇게 말하지 않았니?

"어머니, 저에게 무엇을 바라십니까? 아직 저의 때가 오지 않았습니다."

이번에 행한 표지는 카나의 혼인 잔치에서처럼 내 요청에 의해서가 아니라 예수가 자신의 벗을 위해, 이 지상에서의 마지막 날들에 행한 사랑의 표현이었다는 차이점이 있을 뿐이었단다. 그리고 장차 이 사랑의 행위는 다른 표현으로 마치게 될 것이었지.

예수는 오직 하느님의 사랑을 세상에 전하기 위해 왔단다. 모두를 위한 이 사랑은 특히 가련한 사람들, 하느님의 사랑이 더욱 필요한 죄인과 가난한 이들, 병상에서 신음하는 이들과 고통받는 이들을 위한 것이었어.

이러한 하느님의 사랑이 사람이 되어 왔고, 이제 그 사랑은 도움이 필요한 베타니아의 라자로 가족에게 가서 표현되도록 예수를 이끌었지.

이 같은 사랑을 거스르는 것은 바로 예수를 거부하는 것과 같았어. 그 어떤 상황에서도 두려움을 모르는 이 사랑은 모든 위험도 기꺼이 감수하는 것이었지.

과연 예수의 '때'가 왔단다. 하지만 예수는 지상의 삶이 막바지에 이른 이 시기에도 자신을 간절히 부르는 벗들의 요청에 눈감을 수 없었단다. 예수가 세상을 등진 라자로를 구원하기 위해 베타니아로 향한 것은, 이제까지 예수가 수없이 들었던 임종자들의 간원에 대한 응답과도 이어져 있었어.

요한아, 정말 수많은 이들이 하느님을 모르면서도, 자신의 비참함으로 인해 하늘을 우러러 탄원의 기도를 바친단다. 많은 이들이 자신의 구원을 위해 영혼의 의사, 구세주를 찾아 하늘을 향해 부르짖는 것이지!

그 봄날, 예수는 베타니아를 향해 가면서 곧 다가올 수난에 앞서, 나와의 이별을 준비하고 있었지. 그리하여 요한 네가 내가 있는 카나로 오지 않았니?

하느님이면서 인간인 예수! 예수는 이 지상의 마지막 날을 앞두고 어머니인 내게 인간으로서 의지하려 했던 것이지.

요한아, 네가 리아의 집으로 찾아와 예수가 베타니아로 오길 원한다고 말했을 때, 나는 크나큰 두려움에 잠겼단다. '혹시 병이 난 것은 아닐까? 어떤 다급한 일이 생긴 것은 아닐까?' 온갖 생각이 꼬리를 물고 일어나더구나.

이제까지 예수가 자신의 곁에 머물게 하기 위해 나를 부른 일이 없었기에 나는 불안해졌단다. 나의 이런 심경을 읽은 네가 나를 안심시키려는 듯, 예수가 단지 이번 파스카 축제를 함께 보내고자 자신을 보낸 것이라고 강조했지만, 나는 예수의 신변에 어떤 일이 생겼거나, 아니면 앞으로 어떤 심각한 일이 일어날 것을 직감했어. 이러한 두려움을 너에게 감추기 위해 노력하면서, 너를 따라 베타니아로 갔지.

우리가 도착했을 때는 이미 라자로의 부활이라는 큰 기적이 일어난 후였어. 그의 가족은 물론 주변 마을 사람들도 기쁨과 놀라움으로 들떠 있었지. 예수의 말을 듣고자 하는 사람, 자신도 고쳐 달라고 도움을 청하러 온 사람 등 수많은 사람들이 예수를 만나기 위해 밀려들었어. 또한 그들은 죽음에서 다시 살아난 라자로를 보러고 했어. 그가 정말로 살았는지 확인하고자 한 것이지.

사실 나도 예수의 이 큰 기적에 몹시 놀랐단다. 동시에 안도하며 가슴을 쓸어내렸어. 그리고 내가 지금까지 예수에 대해 지나치게 커다란 근심을 지녔던 것은 아닌가 하며 나 자신을 돌아보게 했단다. 나이 든 여인의 지나친 노파심인가 싶기도 했고 말이야.

그러나 예수를 만나자 내 근심이 지나친 것이 아님을 바로 알 수 있었단다. 예수는 다시 살아난 라자로와 그의 누이 마르타와 마리아, 그리고 예수를 존경하고 사랑하는 사람들 사이에 둘러싸여 있었어. 하지만 매우 고통스러워하는 것이 내게 역력히 전해졌단다. 예수의 상황이 매우 심각한 국면으로 치닫고 있었던 것이지.

내가 도착한 첫날은 이미 날이 저물어서 긴 대화를 나눌 수 없었단다. 예수는 단지 뜨거운 포옹과 입맞춤으로 나를 반길 따름이었지. 내 방문을 환영하며 날이 밝으면 조용히 대화할 시간을 갖게 될 것이라고만 했어. 날이 밝자 니코데모가 급한 전갈을 보내왔어. 예수를 특별히 사랑한 그는 다급한 상황을 전했단다.

"서둘러 베타니아를 떠나십시오. 바리사이들이 당신을 죽이려고 음모를 꾸미고 있습니다. 라자로의 기적을 두고 그들은 매우 분개했습니다. 어떤 값을 치르더라도 당신을 죽이겠다고 결의했고, 라자로까지 없애려고 계획하고 있습니다."

그러자 너희 제자들 모두가 사색이 되어 안절부절못하더구나. 하지만 예수만 그 상황에서 침착함을 잃지 않았어. 예수는 베타니아를 떠나고 싶지 않았지만, 라자로의 가족이 위험에 빠질 수 있다는 생각에 광야에서 가까운 에프라임이라는 마을에 가서 제자들과 함께 머물렀단다. 예수는 그 어떤 일이 있더라도 빠른 시일 내에 이곳으로 다시 돌아와 파스카 축제를 거행하게 될 것이라고 말했어. 요르단으로 가지 않고, 또 유다인 가운데 드러나지 않게 광야로 간 것은, 적들의 기세를 잠시나마 누그러뜨리려는 의도일 것이라고 생각했지.

예수는 나를 보면서 이렇게 말했어.

"어머니, 가장 안 좋을 때 제게 오시게 되었네요. 어머니를 안심시키기 위해 거짓말을 할 생각은 추호도 없어요. 그야말로 무익한 일이 될 테니까요. 모든 상황은 어머니가 보시는 것과 같아요. 그렇지만 어머니, 우리 모자는 잘 알고 있지요. 이를 위해 제가 세상에 왔다는 것을! 이런 상황에 어머니를 오시도록 해서 죄송해요. 그리고 어머니가 받으실 고통을 잘 알기에 마음이 더 아파요.

하지만 마지막을 향해 가는 이때 어머니의 포옹과 입맞춤과 축복을 받지 않고서는 도저히 다음 길로 발을 뗄 수가 없을 것 같아요. 어머니, 제발 아무것도 두려워하지 마세요. 어머니는 여기에 잘 계실 수 있어요. 제가 가는 이 길이 마지막이 아니에요. 아직 저의 '때'에 이르지 않았어요. 비록 그 시간이 얼마 남지 않았지만! 어머니, 우리는 다시 만나게 될 거예요."

예수는 다시 내 곁을 떠났어. 나는 그를 따르려고 무척 애를 쓰면서도 두려움과 불안을 떨쳐 내지 못한 너희의 모습을 가만히 지켜보았단다. 라자로의 부활로 기쁨에 넘치던 너희들이 이제는 먹구름이 덮친 듯이 온통 어두운 표정이었지. 마치 스승인 예수의 능력을 잊은 것처럼 말이야.

그렇게 너희는 두려움과 의심을 쫓아 버리지 못하면서도 예수의 뒤를 따라나서더구나!

예수와 함께 라자로도 집을 떠나야 했어. 바리사이들이 부활한 그도 죽이려고 혈안이 되었기 때문이지. 마르타와 마리아는 내 양옆에 서서 떠나는 그들을 눈물로 보냈단다. 하지만 나는 혹시 길을 떠나기 전에 예수가 나를 다시 살피지 않을까 하여 울지 않으려고 마음을 굳게 먹었어.

예수가 어머니인 내 위로를 받고자 이곳으로 나를 불렀는데, 오히려 내가 비탄에 젖어 우는 모습을 보일 수는 없지 않겠니? 지금 나에게 의지하고 싶은 예수에게 고통을 안기지 않기 위해 나는 강한 모습으로 있었어.

나는 예수가 어릴 적에 그에게 큰 버팀목이 되어 준 것처럼 예수를 위로했지. 만일 내 마음이 이끄는 대로 비탄에 잠겨 대성통곡을 했다면 예수를 위로하기는커녕 오히려 고통을 더했을 거야.

내 예측은 어긋나지 않았어. 시야에서 아주 멀어지기 전에 예수는 나를 다시 바라보았지. 먼 곳에서 예수가 나에게 손짓했단다. 우리는 서로의 마음을 너무나도 잘 읽고 이해했어. 비록 짧은 순간이었지만, 우리의 시선이 마주쳤고 그것만으로 충분했지. 예수와 나는 서로의 처지와 앞으로 해야 할 일을 잘 알고 있었어. 나는 예수에게 의지할 곳이 되어야 한다는 것을, 그렇게 해야만 예수가 하느님께 부여받은 사명을 비로소 수행할 수 있다는 것을 믿고 확신했어. 비록 우리는 고독했지만!

요한아, 내 말을 오해하지 말아 다오. 너와 다른 제자들 그리고 내 옆에서 우는 마르타와 마리아의 사랑을 의심한 것은 결코 아니란다.

내가 정말 하고 싶은 말은, 너희 제자들은 앞으로 예수에게 무슨 일이 생길지, 무엇을 감내해야 하는지를 짐작조차 못했다는 거야. 내가 감지한 예수의 고독은 사람들이 흔히 느끼는 것이 아니었어. 마음 가장 깊은 곳에서 느끼는 절대적인 고독이었지. 예수가 오래전부터 느껴 온 고독을 나는 그때 처음으로 느꼈어. 예수가 하느님 아버지로부터 그리고 사람들로부터 버림받은 고독을 느낄 때 의지할 곳으로, 결코 자신을 저버리지 않을 어머니인 나를 찾았던 것이란다.

예수가 제자들과 라자로와 함께 베타니아를 떠나 북쪽으로 갔다는 소식이 삽시간에 퍼졌어. 예수가 예견한 대로, 예수를 죽이려고 혈안이 되었던 자들은 내심 쾌재를 불렀단다. 예수의 적들은 예수가 갈릴래아로 다시 향할 것이라고 짐작하면서도, 예수의 처신을 두고 자신들이 두려워 피하는 비겁한 행동이라고 단정했어. 그리하여 예수를 죽일 계략을 잠시 접었지. 이는 곧 다가올 파스카 축제를 준비하기 위한 것이기도 했어. 하지만 예수의 적들은 계속 예수의 일거수일투족을 예의 주시했단다. 심지어 예수의 제자 중 한 사람을 자신들의 첩자로 삼는 데 성공했지. 파스카 축제가 다가오면서 혹시나 예수가 예루살렘에 다시 오지 않을까 전전긍긍하면서 말이야.

그들은 예수가 다시 나타나 성전을 발칵 뒤집을까 안절부절못하고 있었어. 즉 바리사이들이나 종교 지도자들, 로마 군인들에게 대항해, 사람들이 폭동을 일으키지 않을까 두려워한 것이지.

그런데 놀랍게도 예수는 파스카 축제를 불과 엿새 앞두고 베타니아로 다시 돌아왔단다. 라자로도 너희와 함께 왔지. 예수는 가능한 사람들의 이목을 끌지 않기 위해 시외 변두리로 먼저 들어갔어. 하지만 얼마나 많은 눈들이 예수를 지켜보고 있었는지! 예수의 행보는 곧 수석 사제들과 바리사이들에게 알려졌어. 예수는 단 며칠만 남은, 지상의 마지막 순간에, 그리고 결정의 순간이 다가오기 전에 자신의 죽음을 조용히 준비할 시간을 원했지.

그러나 불가능했단다. 예수가 다시 왔다는 소문이 퍼져 나가자 지난번처럼 군중이 다시 떼를 지어 몰려들었기 때문이야. 이렇게 되자, 예수는 지금까지 몸을 피해 가능한 한 자신을 드러내지 않던 태도를 바꾸어, 대낮에 자신을 완전히 드러냈단다. 마치 아무것도 개의치 않는 듯 말이지.

예수는 라자로에게 그날 밤에 잔치를 열어 달라고 했어. 그리고 모든 벗들과 자신을 반대하는 이들까지도 잔치에 초대하라고 일렀지. 하지만 결국 그날 밤의 잔치는 라자로의 집이 아닌 시몬의 집에서 열렸단다.

시몬은 예수에게 나병이 치유된 사람이었어. 이 잔치의 막을 내린 것은 마리아라는 여인이었는데, 그녀는 값이 비싼 순 나르드 향유 한 리트라를 가져와서, 예수의 발에 붓고 자기 머리카락으로 예수의 발을 닦아 주었어. 그러자 나중에 예수를 팔아넘긴 유다 이스카리옷이 항의했지.

"어찌하여 저 향유를 300데나리온에 팔아 가난한 이들에게 나누어 주지 않는가?"

그러자 예수가 말했어.

"이 여인을 그냥 두어라. 그리고 내 장례를 위해 이 기름을 간직하게 하여라. 사실 가난한 이들은 늘 너희 곁에 있지만, 나는 늘 너희 곁에 있지는 않을 것이다."

예수의 말을 들은 마리아는 눈을 들어 예수를 올려다보고는 그 자리를 뜨더구나. 눈물을 흘리면서…….

잔치는 끝났지만, 사람들 대부분은 예수의 메시지를 알아듣지 못했어. 너희 제자들 역시 예수의 말이 무엇을 의미하는지 알지 못해 목소리를 낮추고 수군거렸지.

하지만 이에 대해 깊게 생각할 여유조차 없이 또 다른 일이 닥쳤어. 예수가 너희 두 사람, 즉 베드로와 너를 도성 안으로 보내면서 파스카 음식을 차리라고 명한 것이지. 그러자 너희는 이구동성으로 "수석 사제들과 율법 학자들이 스승님을 제거하기 위해 혈안이 되어 있는데 다시 예루살렘으로 가시다니요? 안 됩니다." 하고 만류했어. 너희는 예수가 성읍으로 올라가지 않도록, 마음을 바꾸도록, 최선을 다해 애타게 말했어. 모두들 차라리 라자로의 집에서 파스카 축제를 거행하는 것이 합당하다고 했지. 하지만 예수는 너희의 충정 어린 권고를 받아들이지 않았단다. 그리하여 예수는 친구인 아리마태아의 요셉의 집에서 축제를 치르기로 결정했지. 대사제의 저택과 가까이에 위치한 요셉의 집은 유다인 중에서도 가장 부유한 이들이 모여 사는 곳에 있었어.

예수는 자신의 수난의 날에 관한 모든 것을 준비하고 있었어. 자신을 죽이려 덤비는 적들의 계략이 아니라 자신의 계획으로 일을 일구어 나갔단다. 예수는 폭력을 쓰지 않고 스스로 원수의 손에 넘겨지는 것을 수락할 계획이었지.

예수는 제자들과 작별하고 나와 단 둘이 남게 되자, 내게 물었단다.

"어머니, 힘드시지요?"

내가 그렇지 않다고 하자 예수는 잠시 산책하기를 권했어. 그 당시 베타니아 마을의 주변에는 올리브 나무로 뒤덮인 들판과 끝없는 밀밭과 보리밭이 있었지. 그날은 아름다운 닛산월(히브리력으로 첫 번째 달)인 어느 봄날이었어. 기후도 온화했고, 아직 이른 아침이어서 태양도 그다지 뜨겁지 않더구나. 대자연조차도 우리 모자를 위해 가장 아름다운 자태를 보여 주는 듯했어. 나비와 벌들은 꽃 사이를 날아다니며 양식을 나르기에 분주했고, 종달새 역시 소리 높여 노래했단다.

우리는 침묵 속에서 그 아름다운 대자연을 거닐었어. 어머니와 아들, 그러면서 동시에 스승인 예수와 제자인 나! 우리 모자는 한동안 침묵을 지키며 함께했지. 사실 우리에게 말은 필요하지 않았단다.

예수는 앞으로 벌어질 일에 대해 말하는 것을 꺼려 했고, 나 역시 예수의 입에서 흘러나올 말이 두려웠어. 한참을 걷다가 예수가 잠시 앉자고 권하더구나. 거기에는 돌무더기가 쌓여 있었는데, 우리는 그중 한 곳에 걸터앉았어. 예수가 말하기 시작했어.

"어머니, 얼마나 근사한 날씨인가요! 하느님 아버지는 제가 이러한 절경을 보지 못한 채 당신께 건너가는 것을 원치 않으신 모양이에요! 폭풍우나 천둥 번개 대신 이렇게 좋은 날씨를 주셨으니 말이에요!"

예수는 이렇게 말한 후에 내 반응을 살피더구나. 나는 줄곧 침묵했단다. 내가 예수의 종말에 대해 거부하거나 통곡하는 것 모두 다 부질없는 일이 아니겠니? 아무것도 모르고 있다는 듯 그 고통스러운 시간을 잊어버리라는 말을 건네서 무슨 소용이 있겠니? 나는 단지 예수를 올려다보면서 그가 이어서 말하기를 기다렸단다. 예수는 내 생각을 바로 알아차리고, 내 손을 꼭 힘주어 잡더니 이렇게 말하더구나.

"어머니, 어머니는 모든 것을 다 아시지요. 어머니께는 아무것도 숨길 수 없고, 차라리 그것이 더 나을 것 같아요. 어머니, 제게 일어날 비극을 짐작하고 계시지요? 그러니 제가 지금부터 드릴 말씀을 신중하게 받아들여 주세요. 이는 단순히 어머니를 위로하기 위해 드리는 말씀이 아니에요. 앞으로 일어날 일에 대한 헛된 희망이나 위로를 드리기 위한 말도 아니고, 또한 어머니를 안심시켜 드리기 위한 말도 아니에요. 어머니, 저는 죽을 겁니다. 그들이 저를 죽일 거예요."

예수의 입술에서 이 말이 흘러나오자 그토록 단단히 작정했던 나도 억장이 무너지는 고통을 숨길 수 없었단다. 예수도 이를 알아차렸지.

"그래요 어머니, 모든 것을 미리 아시기 바랍니다. 이번 목요일 밤, 수석 사제들과 백성의 원로들이 보낸 무리가 저를 죽이려고 덮칠 거예요. 무지막지한 그들에 의해 저는 비참한 죽음을 맞게 되겠지요. 이는 모두 성경에 쓰인 그대로 제게서 이루어져야 할 일입니다.

하지만 어머니, 이 한 가지는 기억해 주세요. 저는 다시 살아날 거예요. 라자로의 부활을 기억하시지요? 이와 같은 권능을 아버지가 제게 주셨어요. 지금 그분이 저와 함께하십니다.

제가 다시 살아날 것이니 어머니, 부디 마음을 평화롭게 간직하세요. 물론 저의 부활은 라자로와는 다를 것입니다. 그리고 어머니, 분명 모두가 제 곁을 떠나갈 거예요. 배신하는 사람도 생길 것이고요."

예수가 말을 마칠 때까지 나는 줄곧 침묵했단다. 예수는 다시 내 두 손을 꽉 움켜쥐고 쓰다듬었어. 예수의 고통이 내게 고스란히 전해져 내 영혼이 아파 오더구나.

"네, 어머니, 모두가 절 버릴 것입니다."

정말 그렇구나! 요한아, 거의 모두가 떠났지. 너는 한순간의 나약함으로 예수를 떠났지만, 곧 뉘우치고 예수 곁으로 돌아왔어. 몇몇 용감한 여인들도 내 곁에서 끝까지 함께했고 말이야. 요한아, 이 이상 더 길게 말하고 싶지 않구나.

그러나 이 한 가지는 네게 말하고 싶다. 비록 인간들이 잔악무도했지만 이 일은 하늘에서 이미 정한 것이고, 예정된 일이었다는 것을! 예수는 계속해서 말을 이었어.

"어머니, 그로부터 사흘 후에 저는 부활하여 어머니를 찾아올 거예요. 제가 어머니를 만나러 올 것이니, 이곳에서 기다려 주세요. 이곳이 가장 안전하니까요. 그 후의 일은 제가 알려 드릴게요.

그러니 지금은 저를 위해 끊임없이 기도해 주세요. 저는 아버지의 뜻을 이루어야 하니까요. 사랑하는 어머니, 우리는 이 일을 행해야만 해요. 그것이 바로 제 사명을 성공적으로 수행하는 것이 될 테니까요. 어머니, 이제 드디어 저의 '때', 저의 시간이 오고 있어요. 제가 그토록 사랑하는 인류의 구원을 위해 저는 지금 이 예정된 일을 완수해야만 해요.

어머니, 제발 지나치게 슬퍼하거나 고통스러워하지 마세요. 물론 그것이 불가능하다는 걸 잘 알고 있지만요. 어머니가 믿음을 잃지 않는 것으로 저는 충분해요. 어떤 일이 벌어지든지 하느님 아버지가 저와 함께 계시다는 것을 의심하지 마세요. 장차 일어날 일들은 그분의 뜻이에요. 이 같은 믿음을 어머니가 잘 간직하시길 부탁드려요. 지금 저에게는 어머니의 믿음이 필요해요. 어머니가 생각하시는 것보다 훨씬요."

그러고는 더 이상 아무 말도 하지 않았어. 예수는 나를 바라보는 그 간절한 시선을 거두고 하늘을 올려다보더구나. 태양이 예수의 양 볼을 입맞춤하듯 비추었고, 우리에게 그늘을 주던 올리브 나무의 잎들이 바람에 흩날렸어.

예수는 너무나 아름다웠어. 지금 생각해 보면, 그때가 예수가 보낸 이 지상의 마지막 시간 바로 직전이었지.

예수는 눈에 맺힌 눈물을 내게 숨기려고 하더구나. 나는 자리에서 일어나 내가 항상 가지고 다니던 아마포로 그의 눈물을 닦아 주었어. 예수의 두 눈은 부드러우면서도 슬픔에 잠겨 있었단다. 나는 자리에 앉은 예수의 손을 잡고 이렇게 말했지.

"아들아! 난 너의 어머니란다. 만일 이런 일이 일어날 것을 네가 태어나기 전에 미리 알았다면 내가 어떻게 했을까? 아마 그럼에도 불구하고 나는 하느님께 '네.'라고 말씀드렸을 테지만 말이야.

사랑하는 아들아, 내가 너의 어머니가 된 것은 큰 축복이며, 너와 함께 살아온 긴 시간은 은총의 나날들이었단다! 나는 너를 사랑했고, 너의 사랑을 받았지!

네 곁에 머물 수 있었던 것은 지상의 그 어떤 것과도 바꿀 수 없는 보화였어. 그러나 너는 지금 너의 마지막 '때'에 이르렀다고 말하는구나. 아들아, 언제 어디서든지 내가 너와 함께하고 있음을 의심하지 말아 다오. 내가 대지 위에 온전히 서 있기를 부탁한다면 난 반드시 그렇게 하마. 단 한 방울의 눈물도 흘리지 말라고 한다면 그렇게 하마. 어떠한 일이 일어나든 그러한 일을 허락하신 하느님과 그분의 사랑을 믿으라고 말한다면 또한 그렇게 하마.

너는 내 아들! 내 살에서 나온 살! 나를 기억해 다오. 비록 내가 많은 것을 다 이해하지는 못하지만, 아들아, 너의 모든 말을 믿고 따르겠다. 인간으로서 하느님을 이해하고자 한다는 것 자체가 어리석은 일이 아니겠니?

아들아, 너를 다시 한 번 안아 보고 싶구나. 그리고 함께 마을로 내려가자꾸나. 제발 슬픈 얼굴을 하지 말아 다오. 우리에게 다가올 일들! 우리가 각자 행해야 할 몫을 잘 해낼 수 있도록 노력하자! 우리에게 죽음의 시간이 다가온다고 해도 대지 위에 굳건히 서 있도록 하자! 그리하여 하느님이 우리에게 원하시는 것을 수행하고 있다는 자랑과 존엄으로 우리 마음에 평화를 간직하도록 하자꾸나."

요한아, 나 역시 잘 모르겠구나. 어떻게 이런 말을 예수에게 할 수 있었던 것인지! 마음으로부터 나 자신조차 미처 알지 못했던 거대한 힘이 나왔단다. 하지만 사실대로 말하자면 그 당시 내 마음은 천 갈래 만 갈래로 찢어져 있었지. 오직 통곡하고 싶을 따름이었어. 예수에게 "아직 시간이 있으니 이 자리를 피하고 보자."라고 소리치고도 싶었단다.

요한아, 나는 예수의 어머니였고, 어떤 희생을 치르더라도 그를 지키고 싶었어. 예수가 태어나던 때, 헤로데 임금이 목숨을 노리자 이집트로 피신했던 것처럼 말이야. 어린 시절에 예수가 병치레를 할 때나 어떤 위험에 빠질 때마다 항상 그를 지키려고 애썼단다.

그런데 지금 우리 모두의 버팀목인 예수가, 어머니인 내게 자신이 의지할 곳이 되어 달라고 청하는구나. 예수는 얼마나 큰 희생을 내게 요구하는 것인지! 마지막 보루와 같은 일말의 희망마저 사라지고 오직 눈물과 희생, 온 마음과 넋을 앗아 가는 고통만이 나를 둘러싸고 있었단다.

내 마음은 그야말로 비탄에 잠겨 있었지만, 나는 겉으로는 평온해 보이려고 노력해야 했어. 나는 예수를 일으켜 세우고 그의 아름다운 머리를 쓰다듬었어. 그리고 예수와 함께 마을로 돌아왔단다.

요한아, 내가 여기 있다. 예수를 마을로 들어가게 하여 사명의 길로 나아가도록 등을 떠민 내가! 그 길은 다름 아닌 십자가의 길! 그것이 예수의 운명이었지. 예수는 이 지상에서 무죄한 어린양, 세상의 죄를 대신하도록 산 제물로 바쳐진 하느님의 어린양이었어.

내가 예수를 떠밀었단다. 바로 내 손으로! 예수가 이를 원했기 때문이지. 이것이 바로 하느님 아버지의 뜻이고, 내 아들 예수의 뜻이라는 것을 알았기 때문이란다.

이토록 정신을 잡고 있기 힘든, 내 능력을 넘어서는 이 극한 상황에서 하느님의 뜻을 수행할 수 있었던 것은, 하느님 아버지와 예수가 그렇게 하기를 내게 바랐기 때문이란다. 그 순간에 내 역할은 창조주이며 피조물인 예수를 지탱하는 것이었지.

예수, 내 아들! 여기를 벗어나자고 말하는 대신, 그 쓴잔을 내가 대신 마시겠다고 자청하는 대신, 나는 예수를 고통의 바다로 밀어붙였단다. 나도 내가 어디에서 그런 힘이 솟아났는지 알 수 없었지. 예수를 그토록 사랑하면서 말이다. 우리 모두 예수에게 의지하지 않았니? 그러면서도 예수가 더 이상 자신을 스스로 지탱하지 못할 때는 내가 예수를 지탱해 주고자 했어. 예수는 하느님으로부터 내게 왔고, 나는 연약한 여인이지만 예수의 어머니였어. 하느님의 은총 안에서 한 어머니가 자녀를 위해 못할 일이 있을까? 예수가 십자가의 길로 나아가도록 격려한 것은 오히려 그를 돕는 길이었지. 그리하여 왜, 어떻게 해야 하는지 전혀 모르면서도 나는 예수의 뜻대로 행동할 수 있었단다.

우리가 라자로의 집으로 돌아왔을 때, 예수는 이 모든 것을 내 양팔과 가슴에 묻고 다시금 당당하고 확고한 모습을 되찾았어. 그때 내 가슴은 모두 타 버린 잿더미와 같았지만…….

그러나 요한아, 바로 이것이 예수의 구원 사업을 위해 내가 치러야만 하는 몫이었단다. 십자가 위에서의 예수의 처참한 죽음으로 인해 내가 알게 된 나의 역할이었지.

그때는 묵상을 길게 할 시간도 없더구나. 라자로의 집에 많은 이들이 속속 도착했기 때문이야. 그들 중에는 나의 평생지기인 친척 마리아, 야고보의 모친 그리고 시몬, 유다의 모친도 있었지.

파스카 축제일이 다가오자 갈릴래아 사람들과 나자렛 사람들 역시 도성 예루살렘으로 올라왔어. 내 친척들도 이 기회에 자신의 아들들을 직접 만나 보고 싶어 했지. 예수와 제자들이 베타니아 마을의 라자로 집에 묵고 있다는 소식을 듣고 그리로 왔다가 내가 함께 있는 것을 보고 무척 놀라면서도 반가워하더구나.

그때 예수가 아리마태아의 요셉에게 보냈던 너와 베드로가 돌아왔지. 너희는 예수가 부탁한 파스카 음식을 차릴 큰 이층 방을 요셉이 준비했다고 말했어. 더불어 요셉이 파스카 축제 하루 전날에 음식을 차린다는 것을 이해할 수 없어 했다는 것과 유다인들이 그토록 예수를 잡기 위해 혈안인데 구태여 다시 예루살렘으로 온다는 것 역시 납득하지 못했다고 전했지. 그럼에도 불구하고 요셉은 위험을 무릅쓰고 파스카 만찬 준비를 모두 마쳤어. 요셉이 예수를 따르는 제자 중 한 사람이라는 사실은 수석 사제들과 율법 학자 등 백성의 지도자들 사이에 퍼져 있었지.

너희는 파스카 축제를 거행하기 위해 곳곳에서 몰려온 수많은 사람들이 과연 예수가 생명의 위협을 무릅쓰고 파스카 축제를 거행하기 위해 예루살렘으로 올 것인가를 두고 논쟁한다는 이야기도 전했어.

그때 너희는 폭동이 일어날까 두려워하여 성읍 곳곳에 병사들이 배치되어 삼엄한 경비에 들어갔다는 소식도 전했지. 그들은 초기에 폭동을 진압하기 위한 만반의 준비를 마쳤어.

최근에는 열혈당원이 군중을 선동하여 로마인들의 압제에 대항한 폭력 시위를 적극 권장하고 유도했는데, 그러한 열혈당원도 성읍으로 속속 도착했단다.

갈수록 태산이더구나. 한 치 앞도 볼 수 없는 상황으로 치달았지. 그때 예수가 너희 제자들에게 이렇게 일렀어.

"내일 우리 모두 예루살렘으로 가자."

예수의 말에 너희들은 술렁거렸지. 놀라움과 동시에 두려움으로 동요하는 너희를 바라보면서 예수는 이렇게 덧붙였어.

"걱정하지 마라. 아직 나의 '때'가 이르지 않았다. 나는 이제 어린 나귀를 타고 예수살렘에 들어가겠다."

이 말이 끝나자마자 유다 이스카리옷이 외쳤지.

"아니, 스승님께서 어린 나귀를 타고 입성하신다고요? 적어도 메시아라면 말이나 수레에 올라타야 격에 맞지 않습니까?"

그러자 예수가 그를 부드럽게 바라보면서 이렇게 타일렀단다. 예수는 유다를 사랑했기 때문이지.

"사랑하는 유다야, 아직도 내가 하는 말을 이해하지 못했니? 우리는 세상 사람들처럼 처신해서는 안 된다는 것을 수없이 말하지 않았니? 세상의 권력자들은 다른 이들이 자신들을 섬기게 하고, 또한 가장 좋은 자리만을 차지하려고 애쓴단다. 그렇지만 우리는 항상 다른 이들을 섬겨야 하고 가장 작은 것, 가장 미천한 일들을 솔선수범해서 해야 하지.

유다야, 어린 나귀는 타기에 그다지 나쁘지 않단다. 또한 다른 동물을 탈 돈으로 가난한 이들을 위해 쓸 수 있지 않겠니?"

유다는 입을 다물었어. 예수의 말이 그 전날에 마리아가 값진 향유를 예수에게 붓는 것을 보고 자신이 한 말에 대한 응답이란 것을 깨달았기 때문이지.

그러자 너희들은 더 이상 이의를 제기하지 않고 모두 잠자리에 들었어. 제각기 근심과 걱정을 가슴에 담은 채 말이야. 내 고통도 결코 적은 것은 아니었지만, 예수의 그 태산과 같은 고통, 이 지상의 모든 죄를 대신 지고 가는 예수의 고통에 비할 수 있었겠니?

나는 잠자리에 누워 밤새도록 하느님께 기도를 올렸단다. 가능하면 예수 대신 내가 그 고통을 짊어지게 해 달라고 거듭 간청드렸지. 기도를 올리다가 문득 깨달을 수 있었어. 예수는 하느님이고 이 짐을 져야만 한다는 것, 즉 이 고난이 예수가 완수해야 하는 지상의 사명이라는 것을 말이야. 비록 나는 그다지 아는 것이 많지 않았지만, 지상의 그 누구도 내가 지닌 영예, 예수의 어머니라는 분명한 사실을 부정할 수는 없었지. 그리하여 전지전능하신 하느님께 감히 이렇게 아뢰었단다.

"하느님! 저의 태중에 당신의 아드님을 잉태하도록 하신 하느님! 지금 예수가 이 지상에서 짊어진 그 무거운 짐을 제가 대신 지도록 허락해 주소서. 제가 그 모든 짐을 다 질 수 없다면 예수의 멍에를 조금이라도 가볍게 할 수 있도록 제게도 나누어 주소서. 전능하신 하느님, 이 지상에서 그 대가를 대신 치러야 하는 사람이 있다면 그 사람이 바로 제가 되도록 해 주소서. 제게 자비를 베푸시어 저도 예수의 고통에 일부라도 함께할 수 있도록 허락해 주소서.

하느님! 예수의 고통을 덜고 제가 그 짐을 지도록 해 주소서. 지금 모든 멍에를 짊어지고 가는 예수는 저보다 당신의 도움이 더 간절히 필요합니다. 그리고 제가 항상 두려워했던 예언자 시메온이 말한, 가슴을 관통하는 것과 같은 아픔을 제게 주시고 예수가 절망하지 않도록 도와주소서.

하느님, 고통의 바다에 예수를 홀로 두지 마소서. 예수의 고통과 절망, 슬픔에 저도 함께하겠습니다! 예수가 이토록 처연한 마음에 잠겨 있을 때 제가 편하고 안일하게 지낼 수는 없는 일입니다."

요한아, 이것이 바로 그 모든 일이 다 끝날 때까지 전능하신 하느님께 내가 끝없이 바친 기도였단다.

누군가를 사랑한다는 것은, 너와 내가 예수를 사랑하는 것처럼, 세상을 마치기 전까지 사랑하는 이가 생명을 즐기고 행복을 누리면서, 희망하는 모든 것을 이루고 완성하기를 바라는 것 아니겠니? 만약 사랑하는 이가 고통스럽게 죽어 간다면 차라리 그 죽음이 내 몫이 되기를 바라지 않겠니?

요한아! 네게 한 가지를 말하고 싶구나. 그 수난이 있기 전날, 밤을 지새우며 전능하신 하느님께 올린 내 기도를 하느님이 들어주셨단다. 그것은 거룩하신 하느님이 나를 크게 위로하신 것뿐만 아니라 하느님 역시 고통에 처한 예수와 함께하신다는 것, 즉 예수와 함께 하느님 아버지도 고통을 겪으셨으리란 것이었지.

더불어 내 고통이 예수의 수난을 조금이나마 덜 수 있으리라는 확신을 얻었어. 가장 고통스러운 순간에 내 시선이 예수의 고통을 덜 수 있는 유일한 위로이며 또한 의지가 된다는 것을 굳게 믿었단다.

그 이튿날, 예수는 아침 일찍 너희와 함께 예루살렘으로 올라갔지. 너희는 어디서 스승이 탈 어린 나귀를 구할 것인가에 관해 수군거렸지? 그때 예루살렘에는 예수가 온다는 소문이 퍼져서 많은 군중이 몰려왔어. 군중 속에 갈릴래아 사람이 하나 있었는데, 그가 어린 나귀를 가지고 있었지. 몰려든 인파는 한결같이 "호산나! 주님의 이름으로 오는 분은 복되시어라."라고 외쳤단다.

예수가 기적을 행한 후, 사람들이 예수를 임금으로 섬기려 하자 예수는 그들을 피해 다른 곳으로 가지 않았니? 그런데 이번에는 달랐어. 예수는 군중이 자신을 "이스라엘의 임금님"이라고 부르는 것을 마다하지 않았지.

예수는 몰려든 군중을 자극하거나 선동하지 않았어. 그들이 기뻐 환호성을 지르며 애정을 표하는 것을 그저 지켜볼 뿐이었단다.

예루살렘으로 온 예수는 성전에서 열혈당의 한 우두머리를 만나게 되었어. 그는 예수에게 폭력으로 로마인들을 무찌르자고 제안했지만 예수는 이를 단호하고 명백하게 거부했지. 이는 며칠 후에 예수가 내게 직접 말한 일이야. 예수는 그 우두머리에게 "폭력은 안 된다."라고 엄하게 말했지. 그리고 이렇게 덧붙였단다.

"이는 내 아버지 하느님이 원하시는 것이 아니다. 칼로 흥하는 자는 모두 칼로 망한다."

그러자 그 열혈당의 우두머리는 예수에게 최후통첩을 했어.

"미리 귀띔해 주는 것이오만, 당신의 제자들 중에는 배신자도 있소. 우리에게 편승하든지 말든지 당신 마음대로 하시오. 그러나 우리와 함께하지 않는다면, 당신이 우리의 도움이 필요하다고 해도 우리는 당신을 결코 돕지 않을 것이오."

그러자 예수는 그에게 이렇게 말했어.

"너희의 길과 내 길은 다르다. 나는 길 잃은 이스라엘 백성을 구원하러 왔다. 너희는 파괴를 일삼고 생명을 약탈하여 이 지상에 왕국을 세우려고 하지만, 내가 건설하고자 애쓰는 하느님의 나라는 여기가 아니다. 또한 나는 폭력을 거부하며 오직 사랑으로 나라를 세우려 한다.

지금 너희는 폭력을 통해 승리할 것이라 믿는다. 폭력을 써서 전투에서 몇 번 이길 수도 있다. 그러나 너희는 끝내 패배할 것이다. 비록 나는 얼마 지나지 않아 생명을 잃겠지만, 곧 다시 살아나 영원히 살게 될 것이다."

그러자 열혈당의 우두머리는 화가 나서 자리를 박차고 떠나가 버렸어. 이 일은 곧 바리사이들 귀에 들어갔지. 그들은 속으로 쾌재를 불렀어. 예수를 제거할 계략을 차근차근 진행할 수 있었기 때문이야. 이 거대한 음모에 가담한 자들은 그들뿐만이 아니었어. 수석 사제들과 종교 지도자들도 함께했지. 그 모두가 백성의 눈을 피해 벗어날 수 없는 죄명을 예수에게 씌우기 위해 음모를 꾸몄어.

예수는 파스카 이틀 전에 다시 베타니아에 있는 라자로의 집으로 돌아왔어. 아마도 나와 마지막 작별을 하기 위해 온 것 같더구나. 하느님 아버지께 돌아가기 전 이 지상의 마지막 시간, 그토록 어두운 암흑의 밤들을 견디기 위해 한 번 더 내 위로를 받고 싶었던 것이지!

 예수와 나는 다시 마을 외곽에 있는 들판으로 나갔어. 그곳에서 우리는 대화를 엿듣는 사람이 없는, 인적이 드문 조용한 곳까지 걸어갔단다. 예수는 몹시 흥분해 있었어. 예수는 늘 하느님에 대한 열정을 가지고 모든 이가 하느님의 뜻을 실현하도록 이끌었지. 이제 일어날 일들이 지극히 높으신 하느님의 계획이라고 제자들에게 말하곤 했지만, 그날 예수는 자신의 고통과 번민에서부터 아버지조차 자신을 저버린 것이 아닌가 하는 의혹에 이르기까지, 자신의 절망과 고뇌를 내게 숨김없이 토로했어.

 그래, 우리는 이제 올리브 동산에서 예수가 올린 청원의 기도를 이해할 수 있게 되었지! 예수가 가장 고통스러워하던 그 시간에 제자인 너희들은 잠들어 있지 않았니? 너희의 마음은 앞섰지만 몸은 따르지 않던 그 시간! 사실 너희는 예수의 강인한 모습, 힘차고 평온한 모습만 보아 왔기에 예수가 겪는 고통의 시간을 함께하기에는 역부족이었단다.

 하지만 어머니인 나는, 그를 내 양팔에 안고 위로하지 않았니? 나는 예수가 인간으로서 느낀 고독과 고뇌, 유혹과 어두운 밤을 너무나 잘 알고 있었단다.

 요한아, 예수는 저 로마 신전의 석상과 같은 무감각한 존재가 아니라 진정한 인간이었어. 그렇기 때문에, 위로와 의지할 곳, 그리고 저 끔찍한 고뇌의 시간을 버티게 할 안식처가 필요했지.

이 같은 예수의 마음을 너희는 전혀 몰랐어. 사실 상상조차 하지 못했지. 예수를 그토록 사랑하고 따랐던 요한, 너 역시도 이 점은 간파하지 못했어.

오직 여인이며 어머니인 내가 이를 감내했단다. 또한 몇몇 여인들이 예수가 그토록 고통스러워하던 비탄의 순간에 힘이 될 수 있었어. 하지만 사실 예수에게 힘이 되어야 하는 일은 어머니인 내게 주어진 일이었지.

나에게는 예수가 그 무엇도 꾸미거나 숨길 필요가 없었어. 나는 예수를 조용히 다독였고, 그는 모든 것을 내게 하소연했단다. 예수의 삶이 마지막에 이를 때까지, 하느님 아버지께서 원하시는 그 목표에 다다를 때까지, 나는 예수에게 힘을 줄 수 있기를 바라며 그를 위로했어.

그날 예수와의 대화는 며칠 전과는 사뭇 달랐지. 우리는 말없이 오랫동안 들판을 거닐었어. 그리고 나무 그루터기에 걸터앉았지. 긴 침묵이 흘렀단다. 가끔 말을 나누었지만, 그다지 중요한 내용은 아니었어. 하지만 내가 예수 곁에 머무는 것이 그에게 힘을 줄 수 있었지. 점심때가 되어 라자로의 집으로 돌아가기 전에, 예수는 예루살렘에서 열혈당의 우두머리와 나눈 대화를 내게 말해 주었단다. 그리고 자리를 털고 일어나기 전에 이렇게 강조했어.

"어머니, 무슨 일이 일어나든지 저에 대한 의혹이나 하느님 아버지의 사랑에 대한 의심을 품지 마세요. 어머니, 하느님은 사랑이십니다. 잊지 마세요!

무엇을 보시게 되든지 믿음을 간직하세요. 제게는 어머니의 믿음이 필요해요. 우리 모자 사이에 유일하게 존재하는 마음의 교감, 어머니가 어디에 계시든지 저는 어머니의 믿음을 느낄 수 있습니다. 그래서 어머니께 청하는 거예요. 믿음 안에서 굳건하게, 쓰러지지 말고 우뚝 서 계셔야 해요. 그것만이 저의 유일한 희망이자, 최후의 보루가 될 거예요. 아버지도 이것만은 허락하실 거예요."

비록 예수에게 아무런 말도 하지 않았지만 사실 나는 대성통곡하고 싶었단다. 하지만 그러는 대신 더욱 강하게 예수의 목을 끌어안았지.

사실 내 마음은 예수가 원하는 것과 정반대였지만, 그 모든 것을 접어 두고 나는 아무 말도 덧붙이지 않았어. 내가 무슨 말을 하든, 분명히 흐느낌으로 변할 것이기 때문이었단다. 지금 이 순간, 내 지지와 위로가 필요한 예수에게 나약한 모습을 보인다면 예수의 고뇌를 더할 뿐이라고 생각했어. 이는 내가 어머니로서 취할 태도가 결코 아니었지.

나는 스스로를 진정시키면서 예수의 이마에 입을 맞추었어. 그리고 고통의 순간을 줄이기 위해 서둘러 예수의 손을 잡고 라자로의 집으로 다시 돌아가기 위해 걸음을 재촉했단다. 겨우 몇 발자국을 떼었을 때, 예수가 나를 끌어안았어. 비록 짧은 순간이었지만, 내게는 영원한 포옹 같았지. 예수는 얼굴을 내 가슴에 파묻고 잠시 울었단다. 그러더니 띄엄띄엄 말했어.

"어머니, 제가 왜 이럴까요? 왜 이토록 끔찍한 고통에 떨고 있을까요? 오래전부터 이 시간이 올 거라는 걸 잘 알고 있었으면서도 왜 제 마음은 벗어나라고 부추기고 있을까요? 그것은 분명 하느님의 뜻을 거스르는 것인데, 왜 마음과 육신이 죽음을 거부하기 위해 몸부림칠까요?

어머니, 저는 지금 두려움과 놀라움에 떨고 있어요. 제 자신이 너무나 약하다는 것을 절감하고 있고, 앞으로 나아갈 힘도 부치는 것 같아요. 두려움이 강함보다 더 크게 저를 자극하고 있어요. 예전에 광야에서 마귀에게 유혹을 받았을 때보다 더 심하게 저를 흔들고 있어요. 어머니, 기도해 주세요. 하느님 아버지께 이 고난의 시간이 길지 않게 해 달라고 말씀드려 주세요."

예수는 한참 동안 이렇게 내 품에 있었어. 나는 전능하신 하느님께 예수의 고통을 줄이고 힘을 주시기를 간청했지. 시간이 지나 평정을 되찾은 예수가 힘겹게 미소를 지으며 말했단다.

"어머니, 사랑합니다. 셀 수 없이 어머니를 사랑한다고 말씀드렸지만 그것으로는 부족한 듯해요. 사랑하고 존경해요. 또한 어머니가 자랑스러워요.

이제 곧 일어날 일은 하느님과 저의 일이지만 동시에 어머니의 일이기도 해요. 다시 어머니께 청하니, 마음의 전투에서 제가 이길 수 있는 힘을 주시도록 하느님 아버지께 기도해 주세요. 어머니의 기도에는 힘이 있어요. 지금은 그것을 인식하지 못하실 수도 있지만, 어머니를 그토록 사랑하시는 하느님은 어머니의 기도를 결코 거절하지 못하실 거예요.

하느님께 지금으로부터 영원히 당신의 뜻을 이루시기를 기도해 주세요. 저와 모든 사람이 항상 그분의 뜻을 실현할 마음을 간직하도록 청해 주세요.

저는 지금 가요. 어머니, 베타니아와 예루살렘 그리고 땅끝에서 저희를 기다리는 사람들을 위해! 이 세상에 있는 그 수많은 고통을 위해! 어머니와 저는 그들을 치유할 처방을 가지고 있잖아요?

어머니 부디 잊지 마세요, 저는 사흘 후에 부활한다는 것을!"

요한아, 이것이 전부란다.

다음 날은 로마인들이 자기들의 우상인 제우스(그리스-로마 신화에 나오는 신들의 우두머리)를 섬기는 날이었어. 예수와 너희 제자들은 점심을 먹은 후 예루살렘에 입성했지. 예수는 그날이 바로 파스카 축제를 거행해야 하는 날이라고 했어. 너희와 나 역시 이날 축제를 거행하려는 예수의 의도를 헤아릴 수 없었지만, 자신이 특별히 사랑하는 제자들을 위해 정한 것이라는 생각이 들더구나. 내가 예수와 깊은 대화를 나누었던 것처럼, 예수 역시 너희 제자들과 이 만찬을 즐기길 원했을 거야.

예수는 이 축제에 대해서도, 이어서 일어날 일에 대해서도 아무 말도 하지 않았어. 그렇지만 나는 이것이 예수의 지상에서의 마지막 순간이라는 것과 드디어 그 시간에 이르렀다는 것을 알아챘단다.

예수는 라자로의 가족과 일일이 작별을 고하면서 "다시 만날 때까지"라고 말하고는 떠났단다. 한 사람, 한 사람 모두에게 포옹과 입맞춤을 해 주면서 내 부모님과 요셉이 세상을 떠날 때 그들의 이마에 했던 십자가 표시를 일일이 그어 주었지.

드디어 내 차례가 왔어. 예수는 아무 말도 없이 나를 오랫동안 안아 주었단다. 모두가 거리로 나서자, 예수가 나를 돌아보며 말했어.

"어머니, 잘 아시지요? 하느님은 사랑이시라는 것을요! 사흘 뒤에 만나요, 어머니."

예수와 너희가 떠나자 남은 사람들이 내게 "스승님의 말씀은 무슨 뜻인가요?"라고 묻기 시작했어. 나는 예수의 말을 이해했지만, 단지 이렇게 대답했단다.

"글쎄, 예수의 일이겠지. 내일 파스카 축제에 돌아오지 않고 아마 다음 주에 올 모양이지!"

나는 예수가 너희와 올리브 나무 그늘로 들어서는 것을 지켜보았어. 해는 이미 중천에 떠 있었고 더위가 몰려오기 시작하더구나. 예수의 뒤를 쫓던 너희는, 그 고통을 전혀 모르는 채 기쁨과 흥분에 들뜬 아이들 같았단다. 며칠 전 "호산나, 주님의 이름으로 오시는 분은 복되시어라." 하고 열광하던 이스라엘 백성의 환호가 아직도 너희 입가에 단꿀과 같은 여운으로 남아 있는 모양이었지.

내 시야에서 예수와 너희 일행이 완전히 사라지기 직전, 예수는 다시 나를 바라보았어. 비록 멀리 떨어져 잘 보이지는 않았지만, 예수가 고통받고 있다는 것을 느낄 수 있었단다. 우리는 손을 흔들어 작별 인사를 대신했어. 우리의 손이 바람 속에서 흔들리더구나. 영원히 그 시간을 붙잡아 두려는 듯, 영원히 다시 포옹할 수 없는 것을 대신하듯이 말이야.

그때가 살아 있는 예수, 아직 건강하고 한없이 아름다운 예수의 마지막 모습이었단다. 이후에 다시 만난 예수는 온갖 학대와 고문 탓에, 너무나도 참혹한 모습이었으니까!

예수가 내 곁에 있는 동안, 나는 결코 나약한 모습을 보이지 않으려고 필사의 노력을 다했어. 그 때문에 나는 결국 온몸의 힘이 다 빠져 버렸지.

나는 예수가 떠난 후, 방으로 들어가 예수를 위해 하느님께 기도를 올렸어.

"하느님, 가능하다면 이 잔을 거두어 주소서. 그러나 당신 뜻대로 하소서. 다만 한 가지 청이 있습니다. 저 역시 예수와 함께 이 고난의 잔을 나누도록 해 주소서."

훗날 내 이 기도가 예수의 청원 기도와 같았다는 것을 알게 되었단다. 아마 우리 모자는 비록 몸은 떨어져 있었지만 같은 시간, 같은 내용의 기도를 하느님께 바쳤던 모양이야.

나는 오랫동안 기도를 올린 후 잠자리에 들었어. 비록 날이 저물어 가고 있었지만, 아직 해는 완전히 지지 않은 시간이었어. 나는 거의 탈진해서 곧 잠이 들었단다. 그런데 얼마 지나지 않아 무엇인가 이상하다는 것을 느끼고 즉시 잠자리에서 일어났어. 내 몸이 마치 아기를 낳은 듯한 생생하고 기이한 체험을 하게 된 거야.

시간이 지난 후에야 알게 되었는데, 그때는 예수가 빵과 포도주로 스스로를 인류 모두에게 바친 바로 그 순간이었어. 이는 예수에게 또 다른 탄생이었지. 비록 우리는 떨어져 있었지만, 나 역시 이 신비롭고 생생한 체험을 통해 고통 속에서 환희가 솟아오르는 것을 느꼈어. 그때는 이 기쁨이 어디에서 비롯된 것인지는 알지 못했지만!

신기한 체험을 하고 나서, 나는 몸을 일으켜 잠자리를 빠져나왔어. 그러자 예수가 느끼는 모든 것이 내 육신과 영혼으로 들어왔단다. 이 믿을 수 없는 일을 모두 설명하기는 어렵지만, 이토록 강하게 예수의 고통과 고뇌, 그리고 비탄을 손에 잡힐 듯 생생하게 느낀 적은 한 번도 없었단다.

처음에는 내게 무슨 일이 일어나고 있는지 이해하지 못했어. 하지만 곧 고통받는 예수와 내가 하나로 포개지고 있다는 것을 깨달았지.

요한아, 너희가 나중에 그날 밤 일에 대해 내게 말해 주었지만, 나는 이미 내 몸 안에서 그 일을 함께 체험했단다.

아마 하느님이 나의 청을 들어주신 것이었을 테지. 나는 예수의 고난을 함께 나누게 해 달라고 하느님께 수없이 청했으니 말이야. 예수와 내 사랑이 한 몸, 한 마음, 한 지체가 되어 모든 것을 함께 겪는다는 것은 전혀 이상한 일이 아니었어. 이것은 내 간절한 바람에 대한 하느님의 응답이기도 했지. 고통을 함께 나누고, 고난의 일부라도 덜게 해 주는 것이 바로 나의 몫이었어.

예수의 수난은 나의 수난과는 비교도 되지 않을 만큼 크고 무거웠단다. 예수는 하느님이고 나는 피조물인 인간이 아니니? 예수는 세상의 죄를 대신 짊어지고 가는 하느님의 어린양이었고, 나는 인간으로서 예수의 어머니가 된 것뿐이지 않니?

그렇지만 요한아, 나는 비록 피조물이지만, 예수의 어머니였고,

예수의 어머니가 된 특은은 바로 지금 이 순간을 위한 것이었지!

예수의 영광스러운 순간에 모든 이가 예수를 섬기고 싶다며 눈에 보이는 아첨을 할 때, 나는 단 한 번도 내 권리, 하느님의 어머니라는 이 영예를 언급하지 않았어. 그런 순간에는 예수에게 내가 필요하지도 않았지만 말이야.

그러나 모든 이가 예수에게 등을 돌리고, 심지어 가장 가까운 곳에서 그분의 삶을 지켜본 너희 제자들도 예수를 의심하는 순간이야말로 내가 예수의 어머니라는 권위를 당당히 내세울 시간인 듯하더구나.

이는 바로 예수의 요청이기도 했지. 내 권리! 예수의 어머니라는 이 자격! 이것은 나를 예수 곁에 머물 수 있게 하는 특은이기도 했단다. 비록 멀리 있더라도, 순간순간 예수를 따를 수 있게 하는 은혜 말이야. 예수를 사랑하고 도울 수 있는 특은! 이보다 더 큰 상이 어디에 있겠니? 예수가 올리브 동산에 올라 피땀 흘리는 고뇌의 시간을 보낼 때부터 우리의 합일을 방해할 수 있는 것은 아무것도 없었어. 내가 예수와 한 몸으로 일치한 것을 예수 역시 알 것이라 믿는단다.

요한아, 이는 내가 하늘나라에 가서 예수와 헤어짐 없는 영원한 만남을 이루었을 때 분명하게 알게 되겠지! 그날이 그다지 멀지 않기를 바란다. 어느 순간부터인지는 정확히 알 수는 없지만,

나는 예수와 내가 완전히 합일하고 있다고 확신했단다. 비록 수난 중에 있는 예수가 이를 감지하지 못한다 하더라도, 내 영혼이 예수의 영과 합일하는 것은 하느님 아버지의 허락으로 예수의 고통을 덜어 주기 위한 은총이었던 것이지.

나는 땅에 엎드려 고뇌와 두려움에 싸인 간절한 기도를 하느님께 바쳤어. 그 순간, 예수의 고독과 번민이 고스란히 내게 전해졌단다. 예수는 올리브 산에 올라가 무릎을 꿇고 간절한 기도를 바치고 있었어. 땀이 핏방울처럼 땅에 떨어졌지. 예수의 수난을 내가 대신할 수 있다면! 내가 예수를 대신해 피 흘릴 수 있다면! 그때는 예수가 "아버지, 이 잔을 제게서 거두어 주십시오. 그러나 제 뜻이 아니라 아버지의 뜻이 이루어지게 하십시오."라는 기도를 막 마친 후였어.

그때, 예수를 잡으러 온 수석 사제들과 성전 경비대장들이 칼과 몽둥이를 휘두르는 소리가 내 귀에 생생하게 들렸단다. 동시에 배신자 유다의 입맞춤이 내 뺨에 전해졌지. 그때 처음으로 악한 영이 실제로 내 곁에 있다는 것을 체험했단다.

요한아, 그다음에 일어난 예수의 참혹한 수난은 네가 더 잘 알고 있지? 너와 베드로, 야고보와 너희 제자들 모두의 배반을 나는 알고 있단다. 예수를 버리고 도망친 너희 몇 사람이 늦은 밤, 베타니아로 나를 찾아왔을 때 나는 예루살렘으로 향할 채비를 갖추고 기다리고 있었지. 예수가 얼마나 고통을 당했을지! 나는 이 모든 것을 다 알고 있었단다.

사랑하는 요한아, 이 모든 것을 알면서도 나는 예수를 배신한 너희를 용서했어. 이 용서가 하느님에 대한 사랑에서 온 것인지 아니면 하느님의 뜻을 실현하려는 내 의지에서 온 것인지는 나도 잘 모르겠구나.

다만 한 가지 분명한 것은, 그토록 참혹한 수난의 길을 가는 예수에게 내가 줄 수 있는 건 가장 완벽한 성덕인 용서였단다. 예수의 극심한 고난을 일부라도 덜 수 있으리라는 마음에서 나온 결단이었는지도 모르겠구나.

내가 고통에 짓눌려 쓰러진다면 예수 역시 그러할 것만 같았어. 예수의 내가 힘을 모아야 이 세상을 지배하려 달려드는 악의 세력에 맞서 끝내 승리할 수 있기 때문이지. 이 전투는 악에 대항한 선의 투쟁이었고, 아담 이래 인류의 타락을 교사한 사탄과의 전투였어. 드디어 인류를 죄악에서 구원하기 위한 하느님의 시간에 이른 것이지.

은밀히 모습을 감추고 인간의 마음을 악으로 물들이던 사탄이 이제는 당당히 고개를 쳐들고 공개적으로 최후의 발악을 했단다. 사탄은 이 지상에 존재하는 선을 완전히 쳐부수고 자신의 왕국을 세우기 위해 혈안이었지. 창조주인 하느님에 대해 충정심을 지닌 사람들까지 온전히 이 지상에서 몰아내기 위해 미쳐 날뛰었어.

해골 터라고 불리는 골고타를 향해 예수가 걸어가고 있었어. 악의 세력에 뒤덮인 그때, 예수를 희생시키려 덤벼드는 마귀들! 하지만 이 사악한 마귀들을 조금도 두려워하지 않는 한 여인, 예수의 어머니인 내가 있었지!

이 지상의 첫 인간인 아담에게는 어머니가 없었어. 그렇기에 악을 멀리하고 선을 행하도록 이끌어 준 이도 없었지만, 지금은 아니란다. 하와가 간악한 뱀의 사주를 받고 그의 꾐에 넘어가 인류에게 죄를 가지고 왔다면, 이제는 또 다른 한 여인에 의해 인류가 구원되어야 할 시기에 이른 것이지. 그리고 그러한 사명이 내게 주어졌음을 깨달았단다.

그래 요한아, 그 수난이 시작되던 날 밤, 나는 선과 악의 치열한 싸움이 시작되었다는 걸 알았어. 어둠의 세력이 판을 치는 그 순간에도, 나는 하느님의 뜻을 받아들이고, 예수의 사랑에서 멀어지지 않으려고 혼신의 힘을 다했단다. 나는 예수가 넘어질 때마다 예수를 지탱하고 어둠의 세력과 싸워 승리하도록 끝없이 힘을 불어넣었지. 예수를 위해 나는 너희 제자들의 배신도 용서할 수 있었단다.

비단 너희뿐만이 아니라 예수를 팔아넘긴 유다와 예수를 십자가에 못 박은 모든 사람을, 예수와 마찬가지로 나 역시 용서할 수 있었어. 그리하여 나는 너와 다른 제자들을 나무라지 않을 수 있었지.

이 세상에 존재하는 악을 물리치려면 오직 선으로만 무장해야 하지. 용서와 자비가 아닌 다른 방법으로는 결코 악을 이길 수 없단다. 다른 일을 언급하기 전에 무엇보다 이 점을 분명히 말하고 싶구나.

그날 너와 필립보, 토마스, 야고보, 유다가 한밤중에 베타니아에 도착해서 모두에게 예수가 붙잡힌 소식을 알렸지.

라자로는 니코데모와 아리마태아의 요셉에게 연락했어. 산헤드린(고대 유다의 최고 의결 기관으로, 종교상·사법상의 재판권을 가짐)에서 사형 선고를 받지 않을 방법을 찾기 위해서였지. 베드로와 너의 형 야고보는 예루살렘이 상황이 어떻게 진행되는지 지켜보기 위해 남아 있었어.

너는 내 앞에 무릎을 꿇고 눈물을 흘렸지. 올리브 동산에서 제 목숨을 다해 예수를 구하지 못하고 도망친 것을 후회하며……. 네가 예수를 얼마나 사랑했는지 나 역시 잘 알고 있었단다. 요한아, 예수도 너를 얼마나 사랑했는지!

나는 너를 일으키며 이 모든 잘못을 용서하시는 하느님의 사랑과 예수의 마음을 전했지. 그리고 너의 어머니로서 너를 위로했단다.

하지만 라자로와 그의 두 자매들은 내가 예수에게 가는 것을 필사적으로 막았어. 당시에는 그것이 최선이었고, 나는 어쩔 수 없이 받아들였단다. 예수 곁에 있을 수는 없지만, 고독한 내 방에서 예수의 고통과 함께할 수밖에…….

너희는 서둘러 예루살렘으로 돌아갔고, 우리 여인들은 베타니아에 남았어. 마르타와 마리아, 친척들과 나는 진정한 보호처를 찾았단다. 그것은 바로 함께 모여 기도하는 것이었지. 우리는 라자로의 집 중앙에 있는 가장 큰 방에 모여 무릎을 꿇고 기도했어. 사람들은 눈물과 탄식을 그치지 못했지만, 나는 그들을 진정시켰지. 그리고 마음을 가다듬고 말했어.

"자매들이여, 지금이 바로 우리가 진정한 여인임을 보여 줄 때입니다. 우리는 지금 통곡하고 있을 때가 아닙니다. 아직 살아 있는 예수에게는 우리가 필요합니다. 예수에게는 우리의 비명이나 비탄이 아니라, 우리의 기도와 강인함이 필요합니다. 그러니 한탄은 그만둡시다. 예수에게 충실하다는 사실을 증명하기 위해 지금 우리는 예수를 믿고, 예수가 가르쳐 준 대로 선으로 악을 이겨 내야 합니다. 사랑은 미움이나 증오를 이깁니다. 전능하신 하느님께 예수가 이 치열한 전투에서 승리하길, 그리고 예수를 지켜 주시기를 기도합시다. 그 어떤 일이 벌어지든 우리는 예수가 우리에게 손수 가르쳐 준 것, 하느님 사랑이 무한하다는 것을 믿어야 합니다. 흔들리지 맙시다."

우리는 새벽이 밝아 올 때까지 기도했어. 침묵 속에서 기도했지만, 때때로 한 자매가 큰 소리로 시편을 봉독하며 지극히 높으신 하느님께 슬프게 하소연했어. 그때 우리 모두는 하느님을 아버지라고 부르며 도움을 간절히 청하는 기도를 올렸단다.

내 영혼은 예수와 합일해 있었어. 나는 예수의 가장 어려운 순간이 이미 지났다는 생각이 들었지. 예수가 올리브 동산에서 하느님께 고통에 찬 기도를 올리던 그 시간뿐만 아니라, 우물처럼 깊은 감옥에 갇혀 있던 시간에도 내 영혼 안에서 예수의 두려움을 고스란히 느낄 수 있었어. 이제 예수는 더 이상 버틸 힘이 없는 듯 했어. 그리고 그 순간, 나를 찾는 예수의 음성을 들었단다.

"어머니, 이리로 와 주세요. 제게는 어머니가 필요해요."

나는 자리에서 벌떡 몸을 일으켰어. 모두들 놀란 눈으로 나를 바라보았어. 하느님이 내게 무언가 통보하신다는 것을 알아챈 듯 했지.

내 머리카락이 마구 흐트러졌고 눈이 충혈되어 있었지만, 눈물을 흘리지는 않았어. 하지만 친척들의 얼굴은 눈물로 온통 젖어 있었지. 나는 그들에게 이렇게 말했어.

"우리 예루살렘으로 올라갑시다. 예수가 나를 부르고 있어요. 예수는 우리가 곁에 와 있기를 원하니, 그의 마지막 시간에 그와 가까이 머물도록 합시다."

　우리는 더 이상 지체하지 않고, 예루살렘으로 달음박질하여 올라갔어. 이제 시간이 얼마 남지 않은 예수를 만나기 위해 발걸음을 재촉했지. 나는 젊지 않았을 뿐더러 극심한 고통으로 기운도 없었지만, 거의 뛰고 있었어. 그러는 사이에 예수는 총독 관저로 끌려가 채찍질을 당했고, 나는 그 고통을 내 몸 안에서 생생하게 느꼈어. 그리고 순결하고 무죄한 예수의 머리가 가시관에 깊이 찔리는 것 또한 느꼈단다.

　예수가 고통스럽게 매를 맞을 때 나도 몇 번인가 땅에 쓰러졌어. 하지만 친척들이 부축하러 오기 전에 나는 다시 몸을 일으켜 달려갔지. 넘어져 무릎이 깨지고 피가 흥건했지만 그런 것에는 신경을 쓸 겨를이 없었어. 이는 내가 마음 쓸 일이 아니었어. 지금 예수가 큰 고통을 당하며 상처마다 피를 쏟고 있으니 말이야!

　우리가 도착한 예루살렘은 그야말로 들썩거리고 있었어. 입에서 입으로 전해진 소식은 삽시간에 도성 전체에 퍼졌지. 저 해골 터에서 있을 처형! 그때는 이미 예수가 십자가형을 선고받은 후였단다.

　예수는 처형장인 해골 터로 가고 있었어. 수많은 군중이 예수를 뒤따랐어. 군중 속에서 우리 여인들은 한 줌의 새털과 같았단다. 어디로 가야 하는지 무엇을 해야 하는지 몰라 참으로 막막했지. 그 와중에도 우리는 군중이 떠들어 대는 말을 놓치지 않고 들었어. 예수의 제자들을 찾는다는 이야기나, 수석 사제들이 예수를 따르는 무리를 색출하기 위해 혈안이라는 이야기도 들었어. 그러나 또 한편에서는 사람들이 예수를 동정한다는 말도 들렸단다. 좋은 사람이었다거나, 수많은 기적을 행한 사람이었다고 말이야. 또는 지나치게 세상을 앞서 나갔다거나 종교 지도자들을 비판해 이런 불행을 맞았다고 이야기하는 사람들도 있었지. 그중에는 혀를 차며 예수가 처한 상황을 애석해하는 사람들도 있었어. 그와는 반대로, 예수가 메시아라면 마지막 순간에 기적을 행하지 않겠는가 하며 십자가에 못 박히는 극한 상황을 지켜보려는 사람들도 있었단다.

하지만 그 모든 이가 한결같이 생각하는 바가 있었어. 예수가 진정한 메시아라면 십자가 위에서 세상을 뜨는 일은 없으리라는 것이지. 만일 예수가 한 사람의 죄인으로 수치스럽게 죽는다면, 예수는 그런 죽음이 마땅한 사기꾼에 불과하고 세상을 속인 죗값을 마땅히 받아야 한다는 이야기였어. 그리고 정말 그러하다면 예수와 그의 추종자들의 헛된 꿈과 망상을 사전에 차단한 종교 지도자들은 옳은 결단을 내렸다는 것이었지.

나는 너무나 황망하여 정신을 잃을 지경이었어. 무엇을 해야 할지 도무지 갈피를 잡을 수가 없었지. 예수가 갇혔던 감옥 가까이로 가려 했으나, 폭동을 두려워한 로마 군인들이 삼엄하고 엄중한 경비를 하고 있어 그렇게 할 수 없었어. 그저 수많은 군중의 파도에 실려 성벽 밖 해골 터로 향할 따름이었지.

성문으로 다가서자, 갑자기 땅을 울리는 군중의 함성이 들렸어. 우리는 석상처럼 굳었지. 성문 밖 좁은 길로 인파가 몰려드는데, 그 사이에서 무엇이라도 팔아 보려는 상인들이 노점을 열어 흥정을 벌이고 있었단다. 몸을 피할 겨를도 없이 밀려드는 인파에 실려 겨우 길모퉁이로 몸을 밀어 넣었을 때였어. 로마 군인들이 삼엄한 경계를 하며 예수와 다른 수인들을 처형장으로 끌고 가는 것이 보였지. 빈틈없는 경계 속에서 수인들을 호송하는 것은, 행여나 예수를 지지하는 무리가 예수를 구하기 위해 무력을 쓰지 않을까 두려워한 까닭이었단다. 그들은 폭동이 일어날까 봐 두려워했지.

예수의 곁에 있던 제자들은 모두 도망쳐, 예수를 따르는 무리 중에 제자들은 흔적조차 없었어. 우리 여인들만이 오직 눈물로 하느님께 도움을 간구하며 그 자리를 지켰지. 우리에게 두려움은 없었지만, 심장은 미친 듯이 뛰었단다. 내 충실한 벗인 친척 마리아는 예수의 비참한 처지와 예수를 따르던 아들을 떠올리며 그 기구한 운명에 흐느꼈어. 마르타와 막달레나라고 불리는 마리아,

클로파스의 아내 마리아, 그리고 시몬과 유다의 모친은 내 맞은편에 있었단다.

바로 이때, 요한 네가 두려움에 떨면서 나타나더구나. 너는 어미 잃은 강아지처럼 인파를 헤집고 있었다. 혹여나 피신처를 마련할 수 있을까 헤매는 가련한 어린 짐승 같아 보였지. 너는 우리를 발견하자 미친 듯이 사람들을 헤치고 우리 곁으로 달려왔어. 그리고 내 품에 안겨 마구 울기 시작했지.

"어머니, 아무것도 해 드릴 수가 없었어요. 저 참혹한 광경을 보지 마세요, 어머니. 제가 본 스승님의 모습은 예전의 그분이 아니에요. 보지 마세요, 제발!"

나는 품에 안긴 너를 더욱 세게 끌어안았어. 나는 어금니를 악물었단다. 그리고 하늘을 우러러 내가 쓰러지지 않고 끝까지 예수 곁을 지킬 수 있는 힘을 달라고 간절히 기도했어.

아직 예수는 보이지 않았지만, 군중의 침묵과 로마 군인들의 고함 소리에서 예수를 가깝게 느꼈지. 나는 그 누구보다 이를 생생히 실감했단다. 내가 예수의 수난을 함께 치른다는 것을 예수도 잘 알고 있다고 확신했어. 예수는 내 가슴에, 그리고 나는 예수의 가슴에 함께 있었던 것이지!

골고타로 오르는 길에 예수가 나를 찾았어. 나는 예수의 얼굴을 마주하게 되었단다. 고통스러운 예수의 시선이 내게 이렇게 요청하고 있었어.

"어머니, 어머니의 충실함과 믿음! 바로 그것만이 제 유일한 의지가 됩니다."

나 역시 기진했지만, 예수의 말을 또렷하게 느꼈단다. 나는 그 자리에서 눈을 감고 하느님께 기도했어. 내가 단 한 번도 포기하지 않은 아주 특별한 기도를 말이야! 기도하면 할수록 점점 예수와 나 사이에 있는 신비의 장막이 점점 옅어졌어. 예수의 이름을 부를 때마다 사람인 예수가 내 안으로, 내가 예수 안으로 들어가 하나로 포개지는 것을 체험했단다.

예수가 우리 곁을 스쳐가자 용감한 마리아 막달레나가 소리쳐 예수를 불렀어. 그렇지만 나는 아무 말도 입 밖에 내지 않았단다. 예수가 고통에 얼룩진 모습으로 나를 바라보았어. 나는 예수가 내게 바라는 모습으로, 그리고 믿음과 희망의 눈길로 예수에게 응답했지. 그때 한 사람이 "이분이 그의 어머니다!"라고 외쳤어. 로마 군인들은 큰 소요가 일어날 것이 두려워 우리 모자 사이를 헤집고 들어와 갈라놓았어. 그리고 예수를 떠밀면서 걸음을 재촉했지.

우리는 아무 말도 할 수 없었어. 그저 애절한 마음으로 서로를 바라볼 뿐이었지. 하지만 우리는 그것만으로 충분했단다.

나는 예수의 고통을 보았고 예수도 내 고통을 보았어. 예수는 내 믿음을 보고 갈증을 씻어 냈지. 나에게 의지하시는 하느님! 하느님인 예수가 짊어진 세상의 모든 죄, 그 무거운 짐을 지고 가면서, 한 인간으로서 나에게 의지한 거야. 나는 예수의 어머니로서 이 모든 것을 참고 견뎠단다. 내가 비탄과 좌절에도 쓰러지지 않았던 것은 하느님 아버지에 대한 한결같은 믿음 때문이었어.

나는 그때 하느님 아버지께 받은 힘과 위로를 예수에게 전하는 다리 역할을 수행하고 있었어. 그분이 예수에게 직접 힘을 불어넣는 대신, 이 지상에 마지막 남은 쓴잔의 한 방울까지 다 마실 수 있도록 피조물인 한 인간을 이용했어. 바로 내게 하느님 아버지의 신성한 힘을 전하는 역할을 부여한 것이었지.

나는 군인들이 예수를 처형장으로 밀어붙이는 것을 보았어. 그때, 군중이 다가서지 못하도록 여러 겹으로 둘러싼 로마 군인의 뒤편으로 한 여인이 예수에게 다가가 피와 상처로 얼룩진 얼굴을 아마포로 닦았어. 그 용감한 여인의 이름은 베로니카라고 하더구나. 우리가 그녀 곁으로 다가가자 내가 예수의 어머니라는 사실을 안 그녀가 나를 안았어. 그러고는 예수의 얼굴을 닦았던 아마포를 내게 보였어.

"이것 좀 보세요! 여기에 주님의 얼굴이 묻어 있어요!"

그 하얀 아마포에는 예수의 고운 얼굴이 아니라, 온갖 모욕과 학대, 고문으로 일그러지고 피로 뒤덮인 고통의 얼굴이 묻어 있었어. 비록 고통스러운 얼굴이었지만, 예수의 모습을 알아보기에는 충분했지. 베로니카가 나에게 아마포를 건네며 말했어.

"이 아마포를 드릴게요. 어떻게 스승님의 얼굴이 여기에 담겼는지 알 수 없지만 말이에요."

나는 예수의 인호印號가 박힌 그 아마포에 얼굴을 묻었어. 그러면서 큰 슬픔과 고통 속에 나를 내맡기지 않기 위해 애를 썼단다. 내가 이 자리에 쓰러져 통곡한다면, 예수는 골고타를 향해 가는 극심한 비탄 속에서 위로가 아니라 고통을 받을 것이 분명했지. 그렇기에 나는 이를 악물며 흔들리는 마음을 다잡았어. 나는 대지 위에 우뚝 서서 십자가의 길을 가는 예수를 북돋아 주어야 했단다. 내가 예수의 얼굴이 찍힌 그 아마포를 네게 건네자 너 역시 크게 놀란 듯하더구나. 너는 지금까지도 그것을 소중하게 보관하고 있지 않니?

해골 터는 예전부터 극악한 죄인을 처형하는 곳으로 악명 높았지. 우리가 도착했을 때 이미 앞서 십자가형을 받은 두 죄수가 높이 세운 십자가에 매달렸더구나. 마지막으로 중앙에 예수가 매달리게 될 큰 십자가가 있었어!

군사들이 십자가 아래로 나아가려는 우리를 막아섰단다. 우리는 아무리 힘을 쏟아도 예수를 볼 수 없었지. 예수의 적들과 호기심으로 몰려든 철부지 같은 구경꾼들이 벌 떼처럼 몰려 있어서 한 발자국도 앞으로 나아갈 수 없었단다.

예수의 양손과 발에 대못을 박는 그 처절한 장면을 목격하지 못한 것은 아마도 지극히 높으신 하느님의 은혜였을 테지. 내가 손수 짜서 만들어 입힌, 솔기 없이 위에서부터 짜 내려가 꿰맨 자국이 한 곳도 없는 속옷까지 군사들이 가져가 나누어 갖는 모습을 보지 못한 것 또한 하느님의 도우심이었을 거야.

그 순간, 로마 군인들이 예수가 달린 십자가를 높이 들어 올렸단다. 나는 그제야 예수의 모습을 똑똑히 볼 수 있었지. 그때 처음으로 군중이 입을 다물었단다. 심지어 예수를 그토록 증오하고 죽음으로 몰아넣은 자들까지도 말이야.

십자가 아래 모인 사람들은 기적이 일어날 것을 기대하며 침묵 속에서 기다렸단다. 그러다가 예수의 양발을 박는 마지막 못질 소리와 함께 빈정대고 조롱하는 말, 온갖 모욕과 악의에 찬 독설과 저주가 쏟아졌지. 예수를 빈정대던 군사들조차 피에 굶주린 늑대처럼 덤벼드는 사람들을 떼어 말려야 했을 정도였단다.

이미 이런 참상이 일어날 것이라고 마음을 다잡았지만, 실제로 내 눈앞에 펼쳐지자, 도무지 믿을 수가 없더구나. 평범한 모습의 여인이 입에 담을 수도 없는 독설을 하며 예수를 모욕하고 있었지! 예수에게 침을 뱉고 저주를 퍼붓는 남자는 예수에게 치유받아

중풍이 나은 자가 아니었니? 그리고 그 뒤에 뒷짐을 지고 서서 예수의 죽음을 기뻐하는 수석 사제들과 바리사이들! 그들은 눈엣가시인 예수가 영원히 죽음 뒤로 사라져 버린다며 환호하고 있었어.

나는 더 이상 서 있을 기력마저 잃고 쓰러졌단다.

내 곁에서 나를 지키던 너조차 그 순간에는 아무것도 할 수가 없었어. 나는 비탄이나 절망에 차올라 땅에 쓰러진 것이 아니었지. 다만, 모든 힘이 빠져나갔기 때문이었어. 너희가 나를 부축해 일으켜 세우고, 누군가가 내 입가를 축여 주더구나.

나는 다시 십자가 곁에 서 있고자 온 힘을 다했어. 군중이 계속해 고함을 치며 떠들었지만, 그들은 이미 내 눈에 들어오지 않았단다. 오직 한 가지, 내 아들이 어떻게 되었는지, 그것 한 가지만 알고자 필사적으로 몸부림쳤단다.

예수는 내가 온전히 탈진한 것을 알았을까? 그로 인해 예수도 역시 탈진했을까? 여러 가지 생각에 혼란스러웠지만 휘청거리는 다리에 힘을 주면서 내가 앞으로 나아갈 수 있게 도와 달라고 하느님께 청했어. 마침내 길이 트이자, 눈앞에 참혹한 장면이 드러났단다.

예수의 시선이 나를 찾았고, 눈이 마주친 우리는 말없이 서로를 격려했어. 예수가 이 수난의 순간에 결코 패배하지 않도록 나는 힘을 되찾아야 했지. 예수는 십자가 위에서 침묵으로 내게 도움을 요청했어. 오직 어머니인 나만이 행할 수 있는 도움을!

요한아, 네게 말했는지 모르겠구나. 십자가에 매달린 예수 곁으로 달려갔을 때 그곳에 먼저 와 있던 사람 중 하나가 우리에게 이러한 예수의 말을 전했단다.

"저의 하느님, 어찌하여 저를 버리셨습니까?"

그 순간, 아마 내가 실신했던 것 같구나. 그때 어머니인 나마저 정신을 잃고 쓰러지자 예수는 절대적인 고독을 느껴야만 했을 거야. 하지만 요한아, 십자가 아래 섰던 너와 나, 그리고 용감한 여인들은 결코 잊을 수 없는 예수의 유언을 듣게 되었지!

예수는 혼신의 힘을 쏟아 "어머니, 이 사람이 어머니의 아들입니다."라고 말하고 나서, 너에게 "이분이 네 어머니시다."라고 했어. 예수가 왜 이런 말을 했는지 이해하는 데는 많은 시간이 걸렸단다.

요한아, 너는 예수가 공생활을 시작할 때부터 온 마음과 정성을 다해 예수를 따르던 제자였어. 예수는 그런 너를 가장 사랑했고, 나 역시 너를 무척 사랑했지. 또한 너는 예수의 부탁으로 나를 보살펴 준 고마운 제자이기도 했어. 예수는 네게 수차례에 걸쳐 어머니인 나를 돌봐 주라고 부탁했지. 그 덕분에 우리가 더욱 친밀하지 않았니?

예수가 십자가 위에서 너를 아들로 주기 이전에, 나 또한 요한 너를 진정한 아들로 생각하고 있었단다. 수난의 마지막 시간에 우리가 함께 십자가 아래 서 있는 것을 보고 예수가 매우 안심했을 거라는 생각이 드는구나. 나를 너의 어머니로 인도한 것은 비단 이런 이유 때문만은 아니었지만 말이야. 또 다른 큰 이유가 있다는 것을 시간이 한참 지난 후에야 알게 되었단다.

아무튼 그때 나는 모든 것을 송두리째 빼앗긴 듯한 공허감으로 내 몸 전체가 난도질당하는 듯했어. 요한아, 내가 비록 너를 사랑하지만, 이 세상 누구도 예수가 내 안에 차지한 자리를 대신할 수는 없었단다. 예수가 내게 주었던 위로를 대신할 수 있는 사람도 없었지. 그것은 내 마음속에 존재하는 예수에 대한 모성애에 기인한 것이었어. 어머니로서 누구나 느끼는 감정이며, 나쁜 것은 아니었지만, 나는 이 모든 자연적 감정까지도 오롯이 하느님께 봉헌해야 했지. 그것이 하느님을 향한 내 의무였고, 내 마음과 영혼을 하느님의 뜻이 지배하시도록 해야 하니 말이야.

하느님은 예수를 주었다가 다시 거두어 가셨어. 하느님이 내게 주신 생명을 내게서 다시 앗아 가신 것이지.

예수는 지상의 마지막 순간에 나에게 다른 이들을 받아들이라고 말했어. 그토록 비참한 십자가의 죽음으로 이끈 이들까지도 용서하고 사랑하라고 했지. 예수가 사랑한 것처럼 나 역시 그들을 사랑하라고 말이야.

예수가 세상을 떠나고 있을 때 나 역시 세상을 떠나고 있었어. 예수가 깊은 고독을 느꼈을 때 나 역시 모든 것을 잃어버린 고독의 나락으로 떨어지는 체험을 했단다.

그러나 요한아, 역설적이지만 바로 그 순간부터 나는 결코 하느님과 멀어지지 않으려고 노력했어. 오직 하느님을 위해 모든 것을 내려놓으려고 혼신의 힘을 다 쏟았지.

그리고 내 아들인 너를, 예수를 사랑하고 돌본 것처럼 자녀로서 사랑하고 돌보겠다고 십자가 위의 예수에게 약속했어. 침묵 속에서! 예수는 내 뜻을 바로 알아채고, 안도하듯 깊은 숨을 내쉬었지.

그때였어. 예수가 군사들을 쳐다보며 "목마르다."라고 말했지. 거기에는 신 포도주가 가득 담긴 그릇이 놓여 있었는데, 그들 중 한 사람이 신 포도주를 듬뿍 적신 해면을 우슬초 가지에 꽂아 예수의 입에 대어 주었어. 예수는 그 신 포도주를 맛보았지. 이것이 이 지상에서 예수의 육신이 받은 마지막 위로였어.

시간이 흐른 뒤에야, 나는 예수가 느낀 그 갈증이 과연 무엇이었는지 정확히 알게 되었단다. 예수는 영원히 목마르지 않게 할 물을 주는 원천지였지. 인간의 마음에 흐르는 죄의 바닷물을 모두 마셔야 했던 예수는, 자신의 마음을 타는 목마름으로 표현한 것이었단다.

　예수는 신 포도주를 마신 후에 하늘을 우러러 보더니 이어 내게 시선을 돌리며 말했어.

　"다 이루어졌다."

　그리고 곧 고개를 숙이고 숨을 거두었어.

　요한아, 그 순간을 어떻게 설명할 수 있을까? 갈릴래아에서부터 나를 따라온 여인들, 특히 마리아는 비탄에 젖어 자신의 머리를 마구 쥐어뜯으며 통곡하더구나. 하지만 내 마음은 오히려 진정되고 있었으니, 참으로 이상하지? 그 상황에서 평온을 찾아가는 내가 어딘가 잘못된 것은 아닐까 하며 나조차도 무척이나 놀랐어. 요한아, 그때 너는 내 품에 안겨 고개를 떨어뜨리고 오열했단다. 내가 너희보다 예수를 덜 사랑한 것 같은 생각까지 들더구나.

　나는 이러한 자신을 꾸짖었어. 방금 예수가 세상을 떠났고, 분명 내 가슴은 슬픔에 가득 차 있건만 절망스럽지가 않다니! 처형장에 있는 것만도 얼마나 고통스러운 일인지! 예수는 채찍질과 고문으로 인해 처참한 모습으로 세상을 떠났고, 창에 찔린 옆구리에서는 아직도 선혈이 낭자하게 흐르는데……. 가시관을 쓴 예수의 머리에서 흐르는 피로 얼굴조차 알아볼 수 없게 되었는데…….

　대담한 사람이라도 얼굴을 돌리지 않을 수 없는 참혹한 광경이었어. 더욱이 나는 예수의 어머니가 아니니? 예수는 내 사랑의 결정체였고 말이야. 그런데 십자가 위에서 저토록 비참한 몰골로, 형체마저 알아볼 수 없는 모습으로 세상을 떠나다니!

예수의 이 지상에서의 마지막 시간들! 자신의 사명을 완수하라고, 그 처절한 싸움에서 결코 패배하지 말라고, 나는 얼마나 강한 마음으로 예수를 독려했는지! 전능하신 하느님이 예수에게 등을 돌리신 것만 같은 순간에도, 그분의 힘이 예수에게 닿게 하기 위해 나는 다리와 같은 역할을 충실히 수행했단다. 예수가 숨을 거둔 지금, 나는 예수를 그토록 고통스럽게 하여 내 가슴을 갈가리 찢어 놓은 이들에게 지금까지 참고 견뎠던 비탄과 고통과 절망의 한恨을 토해내야 하지 않겠니?

하지만 나는 그럴 수가 없었어. 그것은 바로 나락과도 같은 절망의 늪으로 끝없이 빠져 들어가고 있는 너희 때문이었단다. 너희의 절망과 비탄을 지켜보면서 나 역시 그와 같은 모습을 할 수는 없었어.

너희는 나를 잡아당기면서 그곳을 떠날 것을 권했어. 내가 평온함을 유지하는 것을 본 너희는 내가 고통으로 정신이 이상해졌다고 생각하는 듯했지. 여인들은 예수를 무덤으로 정중하게 모실 터이니 더 이상 비탄에 잠기지 않도록 서둘러 이 자리를 떠나는 것이 좋겠다고 내게 거듭 권했어. 너는 아리마태아의 요셉을 찾아 떠나면서 친척인 마리아에게 나를 부탁했지.

어느덧 해가 저물어 어스름한 빛이 몰려오자, 자신들이 저지른 일에 만족한 사람들 대부분이 떠났어. 그곳에는 처형된 수인들과 군사들, 얼마 남지 않은 구경꾼과 우리들 몇 명밖에 남지 않았단다. 뒤돌아 몇 발자국 옮겼지만, 이렇게 예수를 두고 떠날 수 없다는 생각이 들더구나. 내가 느끼는 기이한 감정이 무엇인지 도무지 알 수 없었어.

저 십자가에 못 박혀 세상을 떠난 이가 바로 내 아들 예수라는 것과 예수와 이렇게 작별할 수는 없다는 생각에 가슴이 미어졌어. 마지막으로 예수를 내 품에 안지 않고는 돌아설 수 없었지.

나는 나를 돌봐 주던 여인들이 말리는 것을 뿌리치고, 맥이 빠져 휘청거리는 발걸음으로 돌아섰어. 그 참혹한 십자가 옆에 이르자 군사들이 처형된 수인의 몸에 박힌 못을 빼고 있었어. 그는 예수에게 "선생님의 나라에 들어가실 때 저를 기억해 주십시오."라고 간청했던 죄수였어. 그의 마지막을 지켜본 이들이 그가 평화로운 죽음을 맞았다고 말하더구나. 그의 시신이 땅 한구석에 내동댕이쳐 있었어. 아무도 돌봐 주는 사람 없이, 그를 기억하며 눈물 흘리는 사람 없이 말이야. 그저 외롭고 가련한 몸을 웅크리고 있었지.

군사들이 또 다른 죄수의 몸에 박힌 못을 빼내고 나서, 마지막으로 예수에게 다가갔어. 역시 같은 일을 하려고 말이지. 그때 마리아 막달레나가 그들에게 다가가 간곡하게 부탁했단다.

"돌아가신 이분이 무덤에 평온히 묻히실 수 있도록, 우리 일행 중 한 사람이 빌라도 총독에게 청원하러 갔습니다. 시신을 함부로 다루지 말아 주세요. 우리가 이분을 모실 수 있게 해 주세요."

그녀의 부탁에 예수에게 신 포도주를 해면에 찍어 주었던 군사가 자신이 직접 가장 힘든 일을 하겠다며 동료들을 설득했어. 그는 동료들을 물리고 직접 못을 빼내고는 예수를 십자가에서 정중하게 내렸어. 그리하여 나는 예수를 다시 내 품에 안을 수 있었단다.

예수는 이 세상을 떠났지. 육신은 망가졌고, 심장은 뛰지 않았어. 예수의 빛나던 눈동자는 끔찍한 모습으로 열려 있었단다. 가시관을 씌웠던 자리에 가시가 낸 처참한 상처들! 고문과 채찍질에 찢긴 예수의 몸! 몸을 뒤덮은 상처! 그리고 피! 피! 피!

나는 바위에 걸터앉아 조용히 예수의 몸을 끌어안았어. 예수의 몸은 힘없이 땅으로 미끄러지듯 누웠지. 마리아 막달레나와 여인들은 한없이 눈물을 흘리며 온갖 정성을 다해 조심스럽게 예수의 몸을 깨끗이 닦았어. 흙과 피투성이가 된 그의 몸을!

그러는 동안 나는 예수의 몸을 끌어안고 있었단다. 예수의 두 눈을 감기고, 두 눈과 이마에 부드러운 입맞춤을 했지. 그때 내가 이해하지 못했던 표시, 내 부모님과 요셉이 임종을 맞을 때 예수가 그들에게 해 주었던 십자가 표시가 떠올랐어. 나는 비로소 그 뜻을 이해할 수 있었어. 지금은 내가 그 십자가를 예수의 이마 위에 그을 차례였던 것이지.

나는 다시 예수를 포옹하고 그의 양팔을 잡았어. 생명이 없는 예수의 팔이 맥없이 양쪽으로 늘어졌지. 그때 네가 빌라도의 허가를 받고 돌아왔단다. 아리마태아의 요셉이 그에게 시신을 거두게 해 달라고 청했다는 소식을 내게 전했지. 그는 바위를 깎아 만든 자신의 무덤에 예수를 정중히 모실 것이라고 했는데, 그 무덤은 도성과 그다지 멀지 않은 곳에 있었어.

너는 내가 예수를 안고 있는 모습을 보자, 왜 어머니를 다시 이곳으로 돌아오게 했느냐며 그 자리에 있던 여인들을 나무랐지. 그때 내 마음은 배가 난파되어 막 가라앉기 직전에 물 위에 뜬 나무 조각 하나를 꼭 움켜쥔 사람의 마음 같았어. 너를 내 아들로 그리고 나를 너의 어머니로 인도한 예수의 권위로, 너는 부드럽지만 단호한 목소리로 내게 말했지.

"어머니, 저와 함께 이곳을 떠나요. 스승님의 시신은 이분들이 돌봐 드리도록 하고 우리는 집으로 가요."

나는 너의 말을 거부하지 않았어. 그 순간까지도 내 눈에서는 단 한 방울의 눈물도 흘러내리지 않았다. 비구름에 싸여 있는 듯, 내게 도무지 무슨 일이 일어나고 있는지, 내가 그곳에서 무엇을 했는지조차 알 수 없었어. 예수는 이제 세상 사람이 아니게 되었는데, 나는 아직까지 이렇게 살아 있다니! 정신을 차리기 어려웠지만, 조금씩 침착함을 찾아가려고 필사적으로 노력하고 있었단다.

너의 말에 따라 나는 예수에게 마지막 작별의 인사를 하면서 이렇게 말했어.

"아들아, 다시 만나자. 너는 결코 혼자가 아니란다. 걱정하지 않아도 돼. 모든 것이 잘될 거야. 나는 너를 정말 사랑한단다. 아들아, 우리 다시 만날 때까지, 안녕."

내 작별 인사말을 들은 너와 여인들이 흐느꼈어. 너희는 이 지상에서 잃어버린 아들을 다시 만나자고 말하는 내가 고통으로 정신을 놓아 버렸다고 생각한 모양이더구나.

나 스스로도 무슨 말을 하고 있는지 알지 못했지. 사실 그 말을 한 것은 내 육신이 아니라 내 영혼이었단다.

베타니아로 돌아가기에는 너무나 늦은 시간이었어. 그날은 별빛조차 흐렸지. 안식일인 토요일이 서서히 시작되고 있었지만, 한 걸음을 떼는 것조차 힘들었단다. 너는 그런 나를 니코데모의 집으로 데리고 가 주었어. 니코데모는 너희 제자들처럼 앞으로 일어날 일을 두려워하고 있었어. 예수를 죽인 종교 지도자들이 예수의 추종자들을 모두 색출하려고 혈안이었기 때문이지. 그럼에도 불구하고 니코데모와 그의 아내는 나에게 친절하게 대해 주었어. 그들은 내가 머물 방까지 나를 안내해 주고, 하인을 시켜 내가 깨끗이 씻고 옷을 갈아입도록 도왔단다. 나는 곧 잠자리에 들었어. 니코데모와 너희 일행은 파스카 축제 음식을 들었지만, 실상 축제가 아닌, 장례 예식을 거행한 것과 다름없었지.

잠자리에 들었지만 잠이 오지는 않더구나. 그렇다고 눈물이 흐르지도 않았어. 몸이 이리저리 둥둥 떠다니는 듯했지. 지금까지 있었던 일들을 정리하는 것이 불가능했단다.

그런데 가장 이상한 일은 예수의 죽음을 직접 내 눈으로 확인했는데도, 내 마음속에서는 예수가 죽지 않았다는 느낌이 강하게 일었다는 거야. 제자들과 최후의 만찬을 들던 때부터 마지막 순간까지 완벽한 일치를 이루어 모든 것을 교감하던 그 연대는 사라지고 없었지만, 그럼에도 불구하고 나는 계속 예수를 느끼고 있었단다.

하지만 그때는 그러한 느낌이 오히려 당황스러웠어. 나는 그저 간절히 예수와 이야기를 나누고 싶었단다……. 그런데 그렇게 되지가 않더구나. 그래서 나는 처음으로 하느님께 이렇게 여쭈었어.

"하느님, 예수는 지금 어디에 있습니까? 그에게 무슨 일이 일어난 것입니까? 그리고 앞으로 무슨 일이 일어나게 되나요?"

나는 하느님께 거듭 여쭈었지.

사실 내 근심은 너희의 것과는 큰 차이가 있었단다. 너희는 예수가 진정한 구세주인지, 공생활 동안 예수가 선포한 모든 것이 그의 죽음으로 수포로 돌아가는 것은 아닌지 등에 관해 근심했지만, 나는 예수 그 자체에 관해 근심했으니까. 그렇다고 해서 예수의 메시지나 사명을 중요하게 생각하지 않았던 것은 아니야. 나는 예수를 사랑했단다. 너희는 예수의 이상理想과 기적 등 눈에 드러나는 표지를 사랑했지. 그렇기에 너희는 예수의 죽음에 놀랐고 혼돈 속에서 위기를 맞은 것이 아니니?

그러나 나는 그 모든 것보다 예수 그 자체를 사랑했어. 내가 알고 싶은 것은 예수에게 무슨 일이 일어났는지, 그리고 왜 지금 예수의 생사를 전혀 느낄 수 없는지 하는 것이었어.

그때 조금씩 희미하게, 부드럽고 감미로운 하느님의 현존을 감지하게 되었단다. 따뜻한 하느님의 손길이 나에게 평온을 되찾으라고, 그리고 이 시간 동안 인내하라고 타이르는 듯했어.

모든 것이 잘 되고 있다는 것, 아들 예수에 대한 믿음을 간직하라는 것, 그리고 고통의 시간이 이제 얼마 남지 않았다는 것을 내 마음의 귀에 대고 속삭이시는 듯했지. 그때서야 비로소 '다시 살아날 것'이라는 예수의 말이 떠올랐단다.

그래, 예수는 지금 살아 있어. 그곳이 어디인지 알지는 못하지만 분명 살아 있어! 그렇기 때문에 나는 예수의 죽음을 전혀 느낄 수 없는 것이지! 내가 눈으로 본 것만이 사실인 것은 아니라는 뜻이기도 했어.

요한아, 바로 이것이었어. 내 눈으로 직접 예수의 처참한 수난과 죽음을 목격하고서도 너희 제자들처럼 절망에 빠지지 않았던 이유 말이야.

바로 예수가 살아 있다는 확신, 곧 부활할 것이란 믿음이 거대한 파도처럼 내 마음에 밀려오자, 나는 곧 평온을 되찾을 수 있었단다. 내 심장은 기쁨으로 빠르게 고동치기 시작했어. 그러다가 지금까지 나를 에워쌌던 극심한 피로가 다시 몰려오면서 나는 처음으로 깊은 잠에 빠져들었지.

누구도 내 휴식을 방해하지 않았어. 나는 토요일 정오가 되어서야 긴 잠에서 눈을 떴단다. 집 안은 평온을 되찾은 것처럼 보였지. 내가 큰방으로 들어서자 니코데모의 아내 라켈이 미소를 지으며 나를 반겼어. 하인들의 시중을 받으며 식사를 마친 나는, 서둘러 예수의 무덤에 가고 싶었어. 하지만 니코데모의 가족이 오늘은 안식일이며, 또 전날 밤 파스카 축제를 치렀으니 지금 이곳을 떠나는 것은 현명한 처사가 아니라고 말렸단다. 또한 예수의 무덤 주변에서 광신도를 만난다면 그가 덤벼들지도 모른다고 걱정했지. 너희 제자들 모두 두려움에 휩싸인 탓인지 아무도 우리가 묵고 있는 이곳으로 찾아오지 않는다고 하더구나. 이렇게 안식일인 토요일이 지났어.

니코데모의 아내 라켈은 무척 상냥하고 나를 친절하게 대했어. 그녀 역시 남편의 안위를 걱정했지만, 혹시나 내가 눈치라도 챌까 봐 내색하지 않기 위해 신경을 쓰더구나.

그녀와 식사를 마친 후, 나는 내 방으로 돌아왔어. 날이 밝는 대로 무덤으로 달려가려고 마음을 먹었기에 시간이 흐르길 기다렸단다. 나는 방에서 무릎을 꿇고 기도했어. 마음은 이미 평온을 되찾은 후였지만, 나는 오직 한 가지만을 거듭 기도했지.

"하느님! 예수를 제 아들로 주셔서 감사드립니다. 그리고 제가 어머니로서 예수를 양육할 수 있도록, 또 예수가 성장하는 것을 지켜보면서 행복할 수 있도록 허락하신 것 또한 감사드립니다. 30여 년간 예수의 곁에서 그토록 크나큰 애정을 받은 순간들을 주신 것도 감사드립니다. 하느님, 제가 무엇이기에 이토록 큰 선물을 주셨습니까?

당신의 아들 예수는 제가 하느님을 아버지라고 부르도록 가르쳤습니다. 예수의 수난과 십자가의 죽음을 함께 짊어지고 나갈 수 있도록 허락해 주신 것도 감사드립니다. 예수를 위해 희생하고, 힘겨운 전투를 치르고, 고통을 함께 겪게 하신 것 또한 감사드립니다. 예수가 수난의 고통스러운 시간을 이겨 나갈 수 있도록, 그리고 제가 예수와 합일하도록 허락해 주신 것 또한 감사드립니다.

비록 지금은 예수의 현존을 희미하게 느낄 뿐이지만, 예수가 다시 살아나 제게 돌아올 것을 압니다. 그때에 저는 다시 예수와 함께 있게 될 것입니다. 저는 언젠가 하느님 아버지와 우리 모두 영원히 함께할 것을 알기에, 이 또한 미리 감사드립니다.

하느님, 제게 베푸신 당신의 모든 사랑에 감사드립니다. 또한 제가 어머니이며 동시에 제자로 예수를 따를 수 있게 해 주신 것과 예수의 마지막 순간에 제가 힘이 될 수 있도록 허락해 주신 것에 감사드립니다. 무엇보다 예수가 죽지 않고 살아 있음에 감사드립니다."

요한아, 감사의 말씀을 올리면서 비로소 내 눈에서 눈물이 흐르기 시작하더구나. 그동안 마음에 꾹꾹 눌러두었던 고통을 속속들이 쏟아 놓은 뒤여서, 눈물을 흘린 후에는 더욱 깊은 평화를 맞을 수 있었단다. 대지를 촉촉하게 적시면서 아무것도 손상시키지 않는 부드러운 봄날의 단비처럼!

나는 무릎을 꿇고 기도하다가 한참 동안 눈물을 흘리고 또 흘렸어. 그러다가 양팔로 머리를 감싼 채 문득 잠이 들었지. 그렇게 얼마나 잤을까?

아주 오래전에 가브리엘 대천사를 만나 예수를 잉태했다는 소식을 들었을 때처럼 누군가가 내 방에 와 있음을 불현듯 느끼고는 벌떡 몸을 일으켰어. 매우 깊은 밤이었지만, 내 곁에 특별한 빛이 번지고 있는 것을 발견했지.

그곳에 누군가가 와 있었어! 나는 그가 누구인지 물을 필요도 없었단다. 그곳에 바로 예수가 있었지! 예수는 내가 잠에서 깨어나길 기다리며 나를 지켜보았던 거야.

"아들아!"

나는 기쁘게 외치며 예수의 품 안으로 달려갔어. 그와 동시에 예수 또한 나를 기쁘게 불렀단다.

"어머니!"

예수가 내 헝클어진 머리를 쓸어 넘기며 말했어.

"이제 안심하세요, 어머니. 모두 지나갔어요. 저는 지금 여기에 어머니와 함께 있어요."

그러고는 예수가 내게 입을 맞추었어.

요한아, 네게 진실로 말하지만, 그는 분명히 예수였어. 예수의 따뜻한 입맞춤, 그의 음성과 잊을 수 없는 그 부드러운 시선! 분명히 예수가 나를 찾아온 거야!

요한아, 예수가 평소와 같은 모습이었는지 아니면 달리 변한 모습이었는지 묻지 말아 다오. 그것은 내가 신경을 쓸 부분이 전혀 아니었단다. 그는 어떤 의심의 여지도 없는 바로 예수였으니 말이야. 내가 착각하거나 환영을 본 것은 아니란다. 내 손으로 직접 예수를 얼싸안고 어루만졌으니까. 예수 역시 내 얼굴을 쓰다듬으며 연신 입맞춤했단다.

"우리는 승리했어요, 어머니! 결국 악은 패배했고요. 정말로 힘겹고 고통스러운 전투였지만, 드디어 우리가 해냈어요. 어머니! 어머니 역시 당신 몫을 잘 해내셨지요. 물론 그러한 힘은 하느님이 주셨지만요. 어머니가 저의 바로 옆에서 믿음과 희망을 잃지 않고 우뚝 서 계신 것이 제게 큰 힘과 위로가 되었어요.

하느님은 저를 결코 홀로 내버려 두지 않으셨으나, 그 어느 인간의 위로도 허락하지 않으셨어요. 하지만 어머니의 위로만은 허락해 주셨지요. 어머니는 제게 생명을 주신 분이니까요. 어머니는 영원히 복되신 분으로 칭송받으실 거예요. 이제부터 수많은 이들이 자신의 고통과 비탄 중에 간원의 기도를 청하게 되고, 도움과 전구를 청하게 되겠지요.

어머니는 영원히 전구자의 역할을 하게 되실 거예요. 어머니는 모든 이의 어머니가 되실 것이기 때문이지요. 모든 이를 위해 전구하시는 분! 이것이 바로 어머니의 새로운 사명입니다."

"내가 모든 이의 어머니가 된다고?"

나는 다소 의아한 마음에 예수에게 되물었단다.

그러자 예수는 천천히 다시 말해 주었어.

"네, 어머니, 모든 이의 어머니가 되시는 거예요. 저는 이미 구원을 받은 사람들을 위해 이 세상에 온 것이 아니에요. 길 잃은 이들, 특히 저의 적들, 가장 악한 일을 행한 자들, 바로 그런 사람들을 구원하기 위해 세상에 온 것이지요.

어머니, 어머니는 모든 이의 어머니가 되셔야 해요. 가까이 있는 이들에게서부터 이 일을 시작하셔야 하지요. 그들이 서로 다투지 않도록 도와주세요. 자녀들이 많은 가정의 어머니처럼 서로 싸우는 자녀들을 화해시켜 주세요. 어머니는 가깝게 있는 이들뿐만 아니라 멀리 있는 이들에게도 어머니가 되셔야 해요. 당신 아들인 저를 모르고 멀리 떨어져 있는 이들, 심지어 저를 미워하거나 무시하는 이들에게도 어머니로서 사랑을 베푸셔야 해요.

어머니, 저는 의인들을 위해서가 아니라 죄인들의 회개를 위해 목숨을 바쳤어요. 그들 모두를 사랑하고 그들 모두가 구원되기를 바라고 있어요. 이를 위해 하느님이 사람이 되신 것이니까요. 여기에서는 어머니의 사랑 안에서 제가 받아들인 그 누구도 제외될 수 없어요. 그들 모두가 저의 형제가 되도록 어머니는 그들의 어머니가 되셔야만 해요. 하느님이 저의 아버지이신 것처럼!

어머니, 사실 저는 어머니를 잘 알아요. 어머니는 그토록 고통을 받으셨지만 그 누구도 미워하지 않으신다는 것을. 어머니는 마음속에서 그 누구도, 아무리 극악한 죄인이라도 제외하지 않으신다는 것을요!

어머니는 모두를 다 사랑하고 잘 돌보아 주시리라고 믿어요. 특히 제 십자가의 표지를 품고 살아가는 이들을 더욱 사랑해 주시겠지요. 그리하여 죄인들까지도 어머니의 사랑 안에 모두 품고, 그 누구도 하느님을 멀리하지 않도록, 영원한 생명과 참된 행복에서 벗어나지 않도록 어머니는 혼신의 힘을 다하실 거예요."

우리는 침대에 앉아 날이 밝아 올 때까지의 긴 시간을 마주보며 깊은 대화를 나누었단다. 이야기하다가 서로 포옹하기도 하고, 손을 꼭 잡기도 했지. 말할 때는 물론이고, 간혹 대화가 끊어질 때에도 우리가 함께하고 있다는 사실은 더할 나위 없는 큰 기쁨이었단다.

날이 밝아 오자, 예수가 나에게 작별을 고하더구나.

"어머니, 이제 마리아 막달레나와 여인들을 만나러 가야 해요. 모든 것이 새롭게 시작되는 순간이에요. 그들이 모든 두려움을 극복하도록 도와주세요. 어머니, 항상 평화롭게 지내셔야 해요. 그리고 기도하시는 것을 결코 잊지 마세요. 어머니가 청하시는 것은 하느님께서 결코 거절하지 않으실 거예요."

예수는 마지막으로 긴 포옹과 입맞춤을 했단다.

꿈길을 밟고 고요하게 왔던 것처럼, 예수는 또 그렇게 내 곁을 떠나갔단다. 그때 문득 시원하고 부드러운 바람이 창문을 통해 내 방으로 흘러 들어오더구나. 예수가 떠난 후에도 나는 오랫동안 그 자리에 앉아 있었어. 놀라움을 감출 수 없으면서도 평화롭고 충만한 기쁨이 넘쳐 났지. 더 이상은 아무것도 생각할 수가 없더구나. 어떤 결론을 내릴 수도 없었고, 기도를 드릴 수는 더더욱 없었지. 다만 예수가 남기고 간 말을 거듭 생각했단다. 예수의 말 한마디, 예수의 현존, 포옹과 입맞춤!

 예수가 살아 있다고 생각하자 끝없이 눈물이 흘러 뺨을 적셨어. 나는 비로소 숨을 돌릴 수 있었단다. 감사의 눈물과 승리의 눈물이 내 볼을 타고 흘러내렸지.

기쁨과 눈물의 시간

요한아, 나는 조용한 그 방에 홀로 머물러 있었어. 그런데 그다지 오랜 시간이 지나지 않아, 갑자기 니코데모의 저택이 웅성거리는 소리와 흐느끼는 소리로 가득 찼어. 그러더니 방문이 조심스럽게 열리고, 라켈이 마리아 막달레나와 함께 나타났지. 라켈은 눈물을 흘리고 있었고, 마리아 막달레나는 어쩔 줄 몰라 하는 모습이었어.

라켈은 내게 전할 말이 얼마나 큰 충격이 될지를 생각하며 무척이나 입을 떼기 힘들어했단다. 라켈은 누군가 예수의 시신을 훔쳐 갔다고 믿는 모양이었어. 아마도 마리아 막달레나가 이른 새벽 예수의 무덤에 갔다가 시신을 찾지 못하자, 그 충격에 정신을 놓았다고 생각하는 듯했지.

"마리아 막달레나가 드릴 말씀이 있다고 합니다. 오늘 아침에 일어난 일이랍니다."

라켈이 이렇게 말머리를 떼자 마리아 막달레나는 더 이상 참을 수 없다는 듯이 들뜬 목소리로 외쳤어.

"저는 주님을 뵈었어요, 그분은 살아 계세요. 부활하셨다니까요! 제게 말씀도 건네셨고요. 저는 그분을 얼싸안고 그분의 발에 입을 맞추고, 예전 어느 날처럼 저의 눈물로 그분의 발을 적셔 드렸어요. 주님은 살아 계세요. 정말이에요!"

마리아 막달레나는 이렇게 말하면서 내 옷을 부여잡고 정신 나간 사람처럼 울고 웃었어. 마치 그동안 마음속 깊이 감추어 왔던 영혼의 고통을 모두 폭발시키는 듯했지.

두 여인은 매우 흥분했고 초조함을 감출 수 없었지만, 정작 그들이 놀란 것은 내 태도와 반응이었지. 그들의 말을 들은 나는 더 이상 아무것도 감출 수 없었어.

"내 딸들이여!"

나는 입을 열었어. 나도 그 순간 그녀들을 왜 이렇게 불렀는지 나도 잘 모르겠구나. 부활한 예수가 내게 부여한 권능에 의해, 나 스스로도 그것을 잘 인식하지 못하면서도 그들을 이렇게 불렀던 것 같아.

"놀라지 말아요. 내 아들 예수는 살아 있어요. 부활한 것이지요. 이를 이상하게 생각하지 말아야 합니다. 이미 예수가 말한 것을 두 사람은 기억하지 못하나요?"

나는 그들에게 되물었지만, 그들을 꾸짖거나 훈계하려는 것은 아니었어. 경악하고 있는 그들에게 내게 일어난 일들을 들려줄 따름이었지.

"예수는 바로 이 자리에서 한참 동안 나와 함께 있었어요. 그리고 날이 밝아 오자, 마리아 막달레나를 만나기 위해 무덤으로 다시 간다고 했지요."

내가 말을 마치자, 마리아 막달레나는 땅에 쓰러지듯 내 앞에 무릎을 꿇더구나. 여전히 갈피를 잡지 못하던 그녀가 내 옷을 강하게 잡으면서 다시 물었어.

"주님을 보셨다고요? 그렇다면 모두에게 말씀해 주세요. 베드로, 라켈, 니코데모에게도 말씀해 주세요. 제 말은 믿지 않지만 어머니의 말씀이라면 모두가 다 믿을 거예요. 그들은 제가 미쳤다고 생각한다고요! 하지만 스승님은 정말 살아 계세요! 제가 분명히 그분을 뵈었어요. 유령이 아니라, 살과 뼈, 그분의 음성까지 그대로였어요. 자비롭고 부드러운 그분의 음성이었다니까요! 그리고 그분이 제 이름을 불러 주셨어요. 주님이 말씀하실 때마다 저 역시 부활하는 것 같았어요!"

마리아 막달레나가 이렇게 외치자, 라켈은 이 말을 믿어야 하는지 혼란스러워했어. 이때 네가 니코데모와 함께 나타났다. 니코데모는 평소의 침착함을 완전히 잃어버린 듯 매우 흥분해 있었어. 누구의 말을 믿어야 할지 종잡을 수 없었던 그는, 먼저 아내인 라켈에게 말했지.

"요한이 무덤을 보고 왔는데, 예수님의 시신이 감쪽같이 사라졌다고 하오. 정말로 그분이 부활했다는 것이오? 그렇다면 그분이 정말로 하느님과 함께 계시다는 증거가 아니오?"

그때 너는 니코데모가 갈팡질팡하는 것을 지켜보면서 엄숙히 고백하더구나. 기억하니? 너는 내게 다가와 내 양손에 입맞춤을 한 후 이렇게 말했지.

"어머니, 저는 믿어요."

그러더니 너는 내 품에 안겨 눈물을 쏟기 시작했어. 그래, 아들아! 오직 "믿어요."라는 그 한마디 말만이 필요한 순간이었지. 그것만으로 충분하니까!

이어 내가 두 여인에게 들려준 말, 예수가 내게 한 말을 다시 너와 니코데모에게 말했지. 니코데모는 나와 마리아 막달레나의 말을 듣고 크게 감격했지만, 라켈은 여전히 반신반의하는 모양이었어. 니코데모는 저녁에 아리마태아의 요셉과 만나겠다고 했어. 요셉을 찾아가 장차 무엇을 해야 할지를 의논하겠다는 것이었지.

날이 금방 저물어 저녁 무렵이 되었어. 나는 마리아 막달레나와 함께 있었어. 정신을 수습한 그녀는 헝클어진 머리카락과 옷매무새를 가다듬고 나와 함께 기도했지. 그러는 동안 니코데모의 집에 여인들이 당도하여 우리와 함께 기도했단다.

아리마태아의 요셉과 만나기 위해 니코데모가 집을 나서려 할 때, 요한아, 네가 나를 부르러 왔지. 그때 집주인인 니코데모가 "이러한 중요한 회의에는 남자들만이 가야 합니다."라며 내 동행을 막았어. 여인들은 고함을 지르거나 울기 쉽고, 그러면 중대한 일을 논하는 회의에 막대한 지장을 초래할 수 있다는 것이 그의 주장이더구나. 나는 그 말을 들으며 아무 말도 하지 않았어. 그저 너희의 결정에 따르기로 마음먹었지. 그러자 요한 네가 나서서 이렇게 말하더구나.

"이분은 예수님의 어머니이십니다. 그 누구도 아들에 관해 논하는 자리에 어머니의 입회를 거부할 수 없습니다. 만일 어머니가 가지 않으신다면 저 역시 그 자리에 참석하지 않으렵니다. 이분 없이 무슨 일을 도모한다는 것은 의미가 없기 때문입니다."

니코데모는 네 말을 듣고 자신의 잘못된 생각을 깨달았단다. 그는 부끄러워하며 내게 용서를 청했지. 그리고 만남의 장소로 가기 위한 채비를 서둘렀어. 나는 니코데모에게 기왕에 이렇게 모였으니 마리아 막달레나도 데려가자고 말했지만, 그녀는 이렇게 말했어.

"저는 가지 않겠습니다. 아직까지 흥분이 가라앉지 않았고, 마음 또한 진정되지 않았기 때문입니다."

마리아 막달레나는 완전히 평온을 되찾은 상태가 아니었을 뿐만 아니라, 제자들 대부분이 그녀의 말을 믿지 않았기 때문에, 함께하면 오히려 역효과가 날까 봐 염려했던 거야.

이렇게 우리 세 사람은 그날 오후, 극비리에 요셉의 집에 갔지. 남들의 이목을 끌지 않으려 늦게서야 출발했기에 우리가 도착했을 때는 이미 해가 진 후였어. 우리 일행 세 사람은 함께 들어갔지만, 나머지 제자들은 둘씩 나뉘어 조심스럽게 출입문을 두드렸어.

요셉은 출입문 앞에서 우리를 기다리고 있다가 정중히 맞았고, 다음 사람이 도착할 때까지 문을 굳게 걸어 잠그고 기다렸단다. 그 자리에 토마스만 오지 않았지? 그는 군사들이 엄중하고 삼엄하게 지켰는데도 예수의 시신이 사라진 것에 대해 종교 지도자들이 어떤 말을 하는지 알아보는 중이었던 것으로 기억하고 있단다.

저택의 문을 단단히 걸어 잠그고 난 후에 회의를 시작했는데도 너희는 두려움에 휩싸여 있더구나. 그에 반해 나는 평온했고, 심지어 기쁘기조차 했어.

회의가 시작되자, 제일 먼저 베드로가 자리에서 일어나 마리아 막달레나가 예수를 보았다는 것을 알렸어. 하지만 어처구니없게도 경비병이 잠든 사이에 예수의 제자들이 그의 시신을 훔쳐 갔다는 소문이 퍼지고 있다고 덧붙였지.

나는 그의 말을 묵묵히 경청했어. 베드로는 잠시 말을 끊었다가 다시 말을 이었지.

"저는 제자 중 누구도 스승님의 시신에 손을 대지 않았다는 것을 잘 압니다. 하지만 우리는 주님께서 살아 계실 때 우리들에게 하신 말씀, 즉 사흘 만에 부활할 것이라는 말씀을 기억해야 합니다. 요한과 그의 형 안드레아는 이 부활이 실제로 일어났다고 믿습니다. 하지만 저는 아직 그렇게 단정할 수는 없다고 생각합니다."

그러자 요한 네가 내 앞으로 다가와 내게 토요일 밤부터 다음 날 아침까지 일어난 일, 즉 예수의 발현을 모두에게 말해 줄 수 있는지 물었지. 그 자리에서 그 일을 밝히는 건 무척이나 힘겨운 일이었어. 내가 겨우 입을 떼려는 바로 그 순간이었다.

내가 전날 밤 본 그 빛, 그 광채! 바로 그 빛이 우리 한가운데에 찬연히 머물더구나! 이 광채 안에서 부활한 예수가 나타나 말했다.

"평화가 너희와 함께!"

그러더니 예수가 자신의 손과 발 그리고 옆구리의 상처들을 보였지. 너희는 유령을 보듯 너무나도 두려워했어.

나는 기쁨에 넘쳐 예수에게 다가가 다시 포옹하고 싶었어. 하지만 나를 지나치게 드러내서는 안 될 것 같았지. 비록 내 마음은 환희로 뛰고 있었지만 말이야. 예수의 지난 공생활 동안 그랬던 것처럼, 나는 사람들 앞에 나를 드러내지 않고 그 자리에 잠자코 머물러 있었단다.

곧 예수가 정말 부활했다는 것을 깨달은 너희는 너무 기쁜 나머지 어쩔 줄 몰라 하더구나. 나는 예수의 부활을 다시 수긍할 필요도, 살아 있는 그의 모습에 다시 위로를 얻을 필요도 없었으니, 그 시간은 온전히 너희를 위한 것이었지.

그때 예수가 이렇게 말하더구나.

"평화가 너희와 함께하기를! 아버지가 나를 보내신 것처럼 나도 너희를 보낸다."

이렇게 이르고 나서 너희에게 숨을 불어넣으면서 말했어.

"성령을 받아라. 너희가 누구의 죄든지 용서해 주면 그가 용서를 받을 것이고, 그대로 두면 그대로 남아 있을 것이다."

예수가 말을 마치자, 모두가 함성을 지르며 예수를 둘러싸고 얼싸 안으며 뜨거운 포옹을 나누었지! 네가 베드로나 다른 제자 모두를 제치고 제일 먼저 예수에게 달려가 품에 안기더구나. 예수의 부활을 이미 마리아 막달레나의 증언과 내 말을 통해 아주 조금의 의심도 없이 그대로 믿었기 때문에, 너는 예수를 보고도 두려워할 이유도, 어안이 벙벙할 이유도 없었던 것이지.

너희가 겨우 평정을 되찾자, 예수가 몸을 돌려 나를 찾더구나. 예수는 내가 너희와 함께 있다는 것을 이미 알고 있었어. 나는 예수와 또다시 만났다는 사실에 더할 나위 없는 기쁨을 느끼고 있었지. 너희가 예수의 방문에 환호하는 것을 조용히 지켜보면서 말이야. 조용히 한 귀퉁이에 기대어 앉아 있던 나를 예수가 다가와 일으켜 세웠어. 그리고 긴 포옹과 함께 내 이마와 뺨에 입맞춤을 해 주었지.

쉽게 표현할 수 없는 크나큰 희열과 환희로 내 마음이 고양되었단다. 부활한 예수를 내 양팔로 포옹할 수 있어서 행복했고, 너희가 다시 예수를 굳게 믿게 되어서 그 또한 행복했지. 예수가 죽음을 이기고 승리해서 행복했고, 하느님이 예수가 이 지상에서 선포한 말씀뿐만 아니라 예수가 지닌 신성神聖 또한 보여 주셔서 행복했고 말이야.

그 후 예수는 여러 날이 지난 후에 다시 나타났어. 자기 눈으로 직접 보지 않아 예수의 부활을 믿지 않던 제자에게도 자신이 유령이 아니라 실제로 살아 있음을 보였지. 또한 예수는 자신의 메시지의 가장 근본적인 것을 제자들이 다시 깨달을 수 있도록 했고, 제자들 스스로 그 메시지대로 살며 이를 선포하도록 명했어.

예수가 마지막으로 나타나 너희가 보는 앞에서 승천했을 때 나는 그 자리에 있지 않았단다. 나는 다시 베타니아에 있는 라자로의 집에 돌아와 있었지.

나는 그때 평소처럼 조용히 기도를 드리고 있었어. 예수와의 내적 교류는 예수가 부활한 후, 단 한순간도 끊어진 적이 없었단다.

기도에 잠심해 있을 때 갑자기 예수가 가깝게 느껴졌어. 문득 눈을 들어 보니 예수가 내 곁에 와 있었단다. 예수는 온화한 미소를 지으며 나를 바라보았지만, 내게 할 말이 있다는 것을 곧 알아챘어.

"어머니, 이제 제가 떠날 시간이 되었어요. 그렇지만 결코 슬퍼하지는 마세요. 우리는 곧 다시 만날 테니까요. 마음 같아서는 어머니를 바로 모시고 가고 싶지만, 어머니는 아직 이 지상에서 하실 일이 남아 있답니다."

시랑히는 예수의 말을 들으며 나는 미끄러지듯 자리에 주저앉았어. 침묵 속에서 그 어떤 반대 의사도 표하지 않았고, 하느님의 계획에 이의를 제기할 마음도 없었지만, 어머니로서 사랑하는 아들을 이 땅에서 더 이상 볼 수 없다는 건 실로 가슴 아픈 일이었지.

내가 사랑하는 예수가 이 지상을 영영 떠나고, 이와 같은 방문도 없으리라 생각하니 억장이 무너지는 듯하더구나. 이렇게 손에 잡힐 듯이 내 앞에 와 있는 예수와의 만남이 이제 마지막이라니! 우리 모자의 영적 일치도 끝인 것일까?

온몸을 뒤덮는 고독에 눈물이 쏟아질 것만 같았어. 내 생각을 읽은 예수는 미소를 지으며 내 손을 꼭 쥐고 말했어.

"어머니, 우리의 이별은 잠시입니다. 그것도 결코 완전한 이별이 아니지요. 저는 항상 어머니 곁에 머물 거예요. 그것이 사실임을 곧 알게 되실 겁니다.

사랑하는 어머니, 단지 어머니에게 제가 필요한 것이 아니라, 저 역시 어머니가 필요해요. 어머니가 제 옆에 계셨으면 좋겠어요. 저는 동시에 저의 제자들 곁에도 함께 머물고 싶어요. 어머니와 제자들에 대한 사랑이 저를 난처하게 하네요. 하지만 이처럼 사랑을 받기만 하는 것이 아니라 주는 것 또한 어머니의 사명이지요. 제자들이 이 점을 깨닫도록 도와주세요.

지극히 전지전능하신 하느님을 떠받치면서 그분께 의지하는 저는, 하느님이며 인간인 저는, 그토록 사랑하는 사람들의 사랑이 필요해요.

어머니, 제자들이 언제쯤 이해할까요? 비단 그들뿐만 아니라, 그들을 통해 저를 알게 될 인류가 이 사랑을 헤아릴 수 있을까요? 사람이 되어 세상에 온 하느님이 단지 어떤 이상이나 메시지만을 전하러 온 것이 아니라 인간으로서 기뻐하고 슬퍼했다는 것을 깨닫게 될까요?

어머니, 그들이 하느님의 사랑을 이해한다는 건 결코 쉽지 않을 거예요. 받으려고만 하는 사람들 혹은 무엇이라도 얻어 내려고 저를 찾는 사람들, 그들은 자신이 하느님께 무엇을 받고 있는 지 결코 알지 못할 거예요. 오직 하느님을 사랑하는 영혼만이 비록 힘겹고 벅차더라도 이를 느낄 수 있게 될 거예요. 이를 위해서는 어머니의 도움이 필요합니다."

말을 마친 예수와 나는 평상시보다 훨씬 긴 포옹을 나누었어. 내 눈에서는 감출 수 없는 눈물이 흘러내렸지. 예수는 부드러운 작별의 입맞춤과 함께 자신의 옷소매로 눈물을 닦아 주었단다. 그러고는 내 앞에 서서 자신을 축복해 달라고 청했어.

"내가 어떻게 하느님을!"

나는 거세게 고개를 흔들며 이를 거부했지. 동시에 예수 앞에 무릎을 꿇고 그의 두 눈을 올려다보면서 양손에 입을 맞췄어. 그리고 이렇게 외쳤단다.

"나의 아들, 나의 하느님! 이 순간 축복을 주어야 할 사람은 내가 아니라 바로 너여야 하지."

예수는 계속 부드러운 미소를 지으며 양손을 내 머리 위에 올려놓더니 침묵 속에서 기도했어. 그런 후에 예수는 내 눈동자를 들여다보며 내 이마에 십자가 표시를 했단다.

"어머니, 두려워하지 마세요. 수난과 죽음을 맞기 위해 떠날 때도 드렸던 말씀입니다. 하느님의 사랑을 절대로 의심하지 마시고 사람들에게 이 사랑을 알려 주세요.

무슨 일이 벌어지더라도, 비록 하느님이 멀리 계신 듯 느껴지더라도 하느님 아버지와 성령, 그리고 제가 어머니 곁에 늘 머물고 있다는 것을, 또한 제가 모든 사람과 함께한다는 것을 잊지 마세요."

우리는 마지막 짧은 작별의 포옹을 했어. 그리고 예수는 내게서 몸을 빼더니 내게 올 때처럼, 소리 없이, 조용히, 깊은 밤 속으로 떠나더구나.

사랑하는 요한아, 더 이상 많은 설명이 필요하지 않을 듯하구나. 그 이후의 일들은 너도 자세히 알고 있으니까. 너는 나를 한시도 홀로 두지 않았지.

복음 전파에 어려움을 겪을 때에도, 우리 종교의 전통에 관한 문제로 너희의 의견이 분분할 때에도, 너희가 다툴 때에도, 이방인을 공동체에 받아들이는 문제로 논란이 있을 때에도 너희는 일일이 나와 상의했지. 예수가 승천한 이후에 내 사명 중 하나는 너희를 일치시키는 것이라는 생각이 들었단다.

그로부터 우리는 여러 해 동안 예루살렘에 함께 머물렀지만, 예수가 부활한 후 몇 년이 지나 스테파노가 순교하자, 너는 나를 보호하기 위해 서둘러 다른 곳으로 거처를 옮기게 했어. 정말 떠나고 싶지 않은 곳이었지만!

요한아, 그로부터 벌써 10여 년이란 세월이 흘렀구나! 지금 내 주변에는 너와 베드로를 도와 예수의 메시지를 전파하기 위해 조금도 쉴 틈 없이 뛰고 있는 주님의 귀한 일꾼인 바오로가 있단다. 그도 내게 깊은 애정을 지니고 있지.

여기저기서 들려오는 기쁜 소식! 힘차게 뻗어 가고 그 결실을 맺고 있는 복음! 비록 우리 땅에서는 아직도 박해와 위협이 그치지 않지만 말이야.

요한아, 지금 나의 가장 큰 근심은, 예수로 인해 거대한 가족이 된 우리 모두에 대한 것이란다. 이 가족 구성원들의 일치 말이지. 나는 예수로 인해 이 대가족의 어머니가 되었고, 그들이 항상 하나가 되기를 희망한단다.

그렇기 때문에 요한아, 예수가 최후의 만찬에서 유언을 남긴 것처럼 나 역시 유언을 하고 싶구나. 영원하신 하느님께 나아갈 날이 이제 얼마 남지 않았다는 예감이 든단다. 매일매일 예수의 부름이 더 가깝게 느껴지는구나. 곧 우리 모자는 이별 없는 영원한 만남을 누릴 듯하다.

돌이켜 보면, 내가 너무나 오랜 세월 동안 너를 내 곁에 붙잡아 두었던 것 같구나. 너 역시 예수의 메시지를 세상 끝까지 전하기 위해 먼 길을 떠나고 싶은 열망이 있지 않니?

그런 너의 열망을 알면서도 내 곁에 붙잡아 두는 것은 지나친 욕심으로 느껴지는구나. 그래서 나는 예수와 함께 그리고 전지전능하신 하느님과 함께 영원히 머물 수 있기 위해 내 시간을 서둘러 주시기를 간절히 바라며 기도를 올리고 있단다. 분명히 그 시간이 머지않아 다가올 것이라는 확신이 드는구나.

 요한아, 지금부터 내가 하는 말을 받아 적어 다오. 이는 내 유언이란다. 내 유언을 내가 사랑하는 모든 자녀에게 보내기를 바란다.

"아들 예수가 사랑하는 모든 형제자매들에게 평화를 빕니다.

 저는 이 지상에서 순례의 여정을 마치기 전에, 여러분의 어머니로서 여러분에게 작별의 인사 없이 떠나고 싶지 않아 이렇게 유언을 남깁니다. 부디 주님인 예수의 권능으로 여러분의 어머니가 된 나의 마지막 말을 귀담아들어 주세요.

 가장 먼저 여러분에게 하고 싶은 말은 하느님이 존재하신다는 것과 하느님은 사랑이시라는 것입니다.

 그분이 먼저 우리를 사랑하셨습니다. 우리에게 또는 우리가 사는 세상에 어떠한 일이 일어나더라도 결코 하느님의 사랑을 의심해서는 안 됩니다.

 지금 우리가 살아가는 세상은 인간의 사고와 지혜를 숭상하는 그리스-로마 문화의 지배를 받고 있습니다. 그에 영향을 받아 점점 하느님에 대한 신앙을 잃어 가는 듯합니다.

우리 선조들이 지녀 온 이 믿음을 내 아들 예수가 다시금 일깨워 주었습니다. 하지만 여러분은 이를 단지 머리로만, 혹은 이상으로만 생각하는 듯합니다.

우리의 신앙은 이보다 훨씬 더 위대하고 더 큰 것인데 말이지요. 믿음! 믿음이란 하느님의 사랑을 믿는 것이고, 어떤 상황에서도 하느님을 의심하지 않고 따르는 것입니다. 비록 여러분이 원하는 바대로 다 이루어지지 않는다 해도 말이지요. 오히려 이루어지지 않을 때야말로 더욱 믿음이 필요한 때입니다. 그로 인해 희망이 움틀 것이고, 그 희망이야말로 오늘, 지금 이 어두운 사막을 견뎌 나가게 할 힘이 될 것입니다. 육신의 죽음이라는 장막 저 너머에서 우리를 기다리는 희망! 예수가 손수 낙원의 문을 열어 줄 것입니다. 희망 없이는 지상의 수많은 시련과 장애들을 극히 한정된 인간의 시야로 견디고 지탱할 수는 없을 것입니다.

그런데 요즘 들어 사랑하는 내 아들딸인 여러분이 점점 더 목소리를 높여 다투는 것을 보게 됩니다. 예수가 한 말을 논리적으로 분석하거나 풀이하는 가운데 견해 차이로 일어나는 일들이지요. 이 같은 논쟁이나 분쟁들은 여러분의 어머니인 나와 예수를 슬프게 한다는 것을 알아주길 바랍니다.

나는 사랑이야말로 이 모든 분쟁이나 논란보다 중요하다는 것을 일깨우고 싶습니다. 논쟁에서 이긴다고 한들 형제를 잃는다면 무슨 소용이 있나요?

나는 내 자녀들인 여러분이 완전한 일치를 이루기를 진정으로 바랍니다. 하나가 되지 못하고 분리된다는 것은 가슴 아픈 일입니다. 예수는 하느님 아버지께 나아가기 전, 최후의 만찬에서 제자들을 위해 기도하며 이렇게 말했습니다.

'저는 더 이상 세상에 있지 않지만, 이들은 세상에 있습니다. 저는 아버지께 갑니다. 거룩하신 아버지, 아버지께서 저에게 주신 이름으로 이들을 지키시어 이들도 우리처럼 하나가 되게 해 주십시오.'

예수는 하느님 아버지께 여러분이 하나가 되도록 특별한 은총을 청했습니다. 거룩하신 하느님 아버지와 아들 예수와 하느님의 영이 하나이듯이, 당신의 자녀들도 하나 되기를 바랐던 것이지요.

만일 여러분이 일치하지 못한다면 서로를 비난하며 지울 수 없는 상처만을 깊게 남기면서, 결국은 모두가 파멸하게 될 것이 분명합니다.

하지만 나는 사람들의 마음을 흔들어 대는 악의 힘도 잘 압니다. 그렇기 때문에 염려와 근심으로 이런 충고를 하는 것이지요. 항상 일치하도록 하세요. 상대방이 비록 내가 원하는 모습이 아니더라도 서로를 그대로 받아들이며 사랑할 때, 그 사랑을 통해 결국 하나가 될 때, 여러분은 강한 성벽처럼 원수들의 모든 집요한 공격을 물리칠 수 있게 될 것입니다.

이와 같은 일치는 원수들을 물리치는 것뿐만이 아니라, 그러한 여러분의 모습을 보는 다른 이들에게 함께하고자 하는 욕망을 불러일으킬 것입니다. 여러분이 서로 다투면서 어떻게 다른 이들에게 하느님의 선하심을 전할 수 있겠습니까? 서로 이를 갈고 미워하면서 무슨 낯으로 하느님의 사랑을 말할 수 있겠습니까?

여러분이 하나로 일치할 때 사람들은 여러분이 서로를 얼마나 사랑하는지를 보며 감탄하게 될 것입니다.

사랑하는 자녀들이여! 나는 한 사람의 어머니였습니다. 내가 그 역할에 가장 이상적인 모습을 보였다거나 내가 훌륭했다고 말하는 것이 아닙니다. 내 태중에 온 예수는 하느님이지만 진정한 인간이기도 했습니다. 나는 예수의 어머니였기에 여러분에게 이것을 증언할 수 있습니다.

인간인 예수는 더위와 추위, 배고픔과 갈증, 고통과 기쁨 등 인간이 겪는 모든 감정을 체험했습니다. 예수는 인간을 도왔지만 동시에 인간의 도움이 필요했습니다.

예수는 하느님이고 여러분의 힘이며 성채입니다. 그렇지만 그는 동시에 인간이기에 예수에게는 여러분이 필요합니다. 또한 여러분 마음속에서 우러나는 진정한 사랑에 민감하고, 여러분이 범하는 죄나 무관심으로 인해 고통을 받습니다. 또한 참인간이며 참하느님인 예수는 여러분 한 사람 한 사람을 몹시 사랑합니다. 그리하여 여러분으로 인해 행복을 느끼기도 하고 고통을 당하기도 하지요.

여러분이 이 점을 완전히 이해하기는 어려울 것입니다. 그러나 다른 사람을 진심으로 사랑해 본 일이 있거나, 지금 누군가를 사랑하는 사람은 예수의 이러한 마음을 상상할 수 있을 것입니다. 사랑이 무엇인지 알지 못하는 사람은 결코 예수를 이해할 수 없을 것이고, 사랑이신 하느님을 만날 수도 없을 것입니다. 지금 이와 같은 말을 하는 나도 하느님의 참사랑을 완전히 이해하기까지 적지 않은 시간이 필요했습니다.

내 품에 안긴 그토록 작고 연약한 아기, 헤로데 임금의 칼을 피해 저 멀리 이국땅까지 피난을 가며 소중하게 지킨 아기, 그 아기가 전능하신 하느님의 아들이란 것을 내가 완전히 이해하기까지는 또한 많은 시간이 필요했지요.

이것이 바로 신비! 인간의 지혜나 상식으로 이해할 수 없는 신비입니다. 그러나 머리가 아닌 마음으로 이 신비를 묵상한다면 훨씬 쉽게 이해할 수 있을 것입니다.

가장 중요한 것은 하느님은 사랑이시라는 것입니다! 바로 그 사랑을 우리에게 가르치기 위해 예수는 이 세상에 왔고, 인간을 그토록 사랑하기 때문에 십자가의 치욕스러운 죽음도 받아들인 것입니다.

사랑하는 내 자녀들이여! 나는 고통의 가치에 대해서도 말하고 싶습니다. 내 아들 예수로 인해 어머니인 나 역시 큰 고통을 겪어야만 했지요. 다른 사람들이 이를 눈치채지 못하도록 수많은 시간 동안 침묵하며 고통을 견뎌야만 했답니다.

그러나 고통은 바로 구원입니다. 사랑이신 하느님은 그리스인이나 로마인이 섬기는 우상들처럼 우리 인간의 고통을 즐기는 잔혹한 하느님이 아닙니다. 그분은 우리의 행복만을 원하시지요.

그럼에도 불구하고 고통은 인간을 정화시킬 뿐만 아니라, 비록 이해하기 어렵다고 하더라도 우리가 다른 이들의 고통에 동참하고 그들에게 힘을 줌으로써 사람 사이의 일치를 이끌어 냅니다. 이 또한 신비라고 할 수 있지요. 예수가 십자가에서 죽음으로써 인류의 모든 고통과 죄를 구원한 것도 이렇게 이해할 수 있을 것입니다.

우리의 삶에 가끔 찾아오는 고통 역시 우리의 선익을 위해 준비되었다는 생각이 듭니다. 예수도 언젠가 이렇게 말했습니다.

'하느님의 뜻을 실행하는 사람이 내 형제요 누이요 어머니다.'

또 언젠가는 이러한 말도 했습니다.

'두 사람이나 세 사람이라도 내 이름으로 모여 기도하는 곳에 나도 함께 머물겠다.'

예수의 어머니인 나는, 나의 자녀인 여러분 모두에게 모성애를 지니고 있습니다. 그렇기에 우리가 하느님의 뜻을 실천해야 한다는 것을 강조하고 싶습니다. 즉, 우리는 하느님이 명하신 계명대로 살아야 합니다. 따라서 주님의 이름으로 모인 여러분은 하느님이 명하신 대로 서로 사랑하고 일치해야 합니다.

다툼이나 원한은 모두 잊으세요. 주님이 주신 복음의 선물을 부질없는 언쟁이나 다툼으로 다 잃어버리길 원합니까? 이와 같이 분쟁이 있는 곳, 사랑으로 일치하지 않는 곳에는 하느님이 계시지 않습니다.

혹시 여러분은 이상이나 논리적 분석에 관한 의견을 언급하면서 이렇게 논쟁하는 것이 가치가 있다고 여길지도 모르겠습니다. 그러나 그러한 다툼으로 인해 애덕도 일치도 사라지게 됩니다. 또한 그로 인해 여러분의 주님이며 형제인 하느님의 현존을 잃어버릴 것입니다.

나는 바로 이러한 이유 때문에 예수가 나를 포함한 우리 모두에게 한 사람을 중심으로 일치할 것을 수차례에 걸쳐 강조했다고 생각합니다. 그래서 베드로를 반석으로 세운 것이지요. 베드로가 제자들 중에서 가장 출중하다든가, 말씀을 보다 효과적으로 전파하여 더 많은 이들을 끌어들인다든가 하는 인간적 역량을 가늠해서가 아닙니다. 다만 그가 주님의 공동체를 사랑으로 이끌어 가도록 명한 것입니다. 우리는 베드로를 중심으로 일치해야 합니다. 만일 그렇지 않고 각자가 자기 목소리만 낸다면, 일치는 사라지고 각자 뿔뿔이 흩어져 갈라설 것이며, 결국 예수에게 등을 돌리게 되는, 적의敵意를 지닌 집단으로 전락할 것입니다.

사랑하는 자녀들이여, 마지막으로 예수의 이 말을 다시 반복하고 싶습니다.

'너희는 내가 굶주렸을 때 먹을 것을 주었고, 내가 목말랐을 때 마실 것을 주었으며, 내가 나그네였을 때 따뜻이 맞아들였다. 또 내기 헐벗었을 때에 입을 것을 주었고, 내가 감옥에 있을 때 찾아 주었다. 너희가 가장 작은 이들 가운데 한 사람에게 해 준 것이 바로 나에게 해 준 것이다.'

여러분은 예수의 이 말을 두 가지 이유에서 결코 잊어서는 안 됩니다.

첫 번째 이유는, 여러분이 사랑하지 않고서는 결코 사랑받을 수 없기 때문입니다. 하늘나라는 오직 사랑을 실현한 사람들만이 들어가는 곳임을 잊지 마시기 바랍니다.

두 번째 이유는, 사랑받기를 원하시는 하느님이 여러분의 사랑을 기다리시기 때문입니다.

  이 지상을 떠날 날을 가깝게 느끼는 지금, 또 한 가지 걱정되는 것이 있습니다. 이곳에 여러분과 함께 있을 내 아들을 두고 떠나는 일 말이지요. 내가 이상하다고 생각하지는 마십시오. 예수가 승천한 후, 나는 이 지상에서 함께하는 예수를 매 순간 느꼈습니다. 모든 이의 곤궁함을 도와주는 예수의 현존을 나는 늘 느꼈던 것이지요. 하지만 내가 하늘에 가더라도 예수를 결코 홀로 두지는 않을 것입니다. 거기에서도 이 지상을 순례하는 예수를 위해 기도하겠습니다.

  이 땅 위에서 눈물 흘리는 이들이 있다면 예수가 그들 안에서 함께 눈물 흘릴 것입니다. 그것은 예수를 다시 십자가에 못 박는 일이지요. 저 끔찍한 해골 터에서처럼!

  사랑하는 자녀들이여! 여러분이 나를 진심으로 사랑한다면 눈물 흘리는 이들을 위해 무엇인가를 행하세요. 그들로 인해 다시 십자가에 못 박히는 예수를 위해 말입니다.

  또한 진실로 나를 사랑한다면 여러분의 마음에 나를 위한 자리를 마련해 주세요. 그렇게 된다면 아직도 지상에서 고통당하는 이들 속에서 신음하는 내 아들과 함께할 수 있을 것입니다.

  여러분이 진정 예수를 사랑한다면 단지 입으로만 바치는 온갖 미사여구가 아니라, 실질적으로 예수를 돕고 예수의 힘이 되도록 도움을 드리세요. 기도도 사랑의 한 가지 표현이기는 하지만 말이지요.

　이제 내가 출발할 날이 다가오는 걸 느끼며, 내 유언을 마칩니다. 하늘나라에서도 내 자녀인 여러분을 잊지 않겠습니다. 여러분을 위해 끝없이 전구하겠습니다. 예수가 하느님 아버지께로 돌아가면서 여러분을 내 보호 아래에 둔 것처럼!

　사랑하는 자녀들이여! 다시 말합니다. 나를 기쁘게 하는 것은 하느님과 예수, 그리고 하느님의 영을 통해 여러분이 일치하는 것입니다. 여러분의 어머니인 내가 수난 중인 예수에게 그러했던 것처럼, 고통당하는 형제들에게 힘이 되어 주기를 부탁합니다.

　하느님은 사랑이심을 언제나 기억하세요. 그리고 그분 역시 여러분의 사랑이 필요하다는 것을 명심하세요. 사랑하는 마음은 끊임없이 사랑받기를 원합니다. 오직 사랑만이 사랑을 줄 수 있기 때문입니다!"

하느님은 사랑이시다

오보나의 수도원에서 발견된 에테리아 수녀의 《여행기》는 여기에서 막을 내린다. 이 번역된 작품의 진정성은 장차 전문가들이 가려낼 것이라고 믿는다. 이것이 중세나 그 후대에 쓰인 위작인지, 아니면 에테리아 수녀가 성지를 순례하는 동안 예수님이 탄생하신 이스라엘 땅에서 발견한 것인지도 시간이 흐른 뒤에 모두 밝혀지리라 생각한다.

나는 다른 지역에서 발견된 《여행기》에 이 부분이 수록되지 않은 이유를, 저 무시무시한 종교 재판의 광풍이 유럽 전역을 휩쓸고 있던 시기에 혹시 문제가 될 것을 두려워한 수도원에서 폐기한 것은 아닐까 하고 추측해 본다.

《마리아의 비밀》을 통해 우리는 성모님을 오직 '전구자'라고만 생각하던 것에서 벗어날 수 있게 되었다. 성모님과 요한 사도와의 대화를 통해 우리가 항상 생각했던 성모님의 모습, 즉 항상 침묵하시는 분으로만 받아들였던 것에 대해 달리 생각할 여지를 이 책이 마련했다고 볼 수 있다.

아시시의 프란치스코 성인의 말을 구두로 받아 적은 레온 수사는, 성모님은 제일 먼저 자신이 '어머니'이심을 강조했다는 점을 상기해야 한다고 했다. 성모님의 역할은 단지 예수님을 섬기고 그분께 봉사하시는 것만이 아니었다. 성모님은 예수님이 당신의 사명을 완수하시도록 돕는 역할을 적극적으로 수행하셨다.

우리가 이러한 점을 깊게 고찰할수록 성경에서 극히 제한된 모습으로 등장하시는 성모님에 대해 의아하게 생각하게 될 것이다.

성모님의 요청에 의한 기적이나 그분의 전구에 힘입어 일어난 일이 한둘이 아니겠지만, 복음사가들은 자칫 예수님에게서 시선이 분산되는 것을 염려한 나머지 성모님에 대한 내용 중에 극히 일부만을 드러낸 것이리라 짐작할 뿐이다. 또한 대대로 수많은 인류가 접하게 될 성경의 초점을 오직 예수 그리스도에게 모으기 위한 것으로도 보인다.

예수님은 항상 모든 것을 베푸시면서 동시에 무언가 받기를 원하시는 듯하다. 하느님은 사랑이심을 강조하는 성모님의 마지막 말씀은 요한 사도의 서간을 통해 오늘날 우리에게도 전해지고 있다.

과연 하느님은 사랑이시고, 그분이 먼저 우리를 사랑하셨다. 그러므로 그분이 사랑받고 싶어 하시고, 또 우리의 사랑을 고대하시는 것은 지극히 당연한 일이다. 마치 사랑에 빠진 사람처럼 말이다. 사랑이신 하느님을 진심으로 사랑하는 이들은 하느님의 사랑에 보답하기를 또한 원할 것이다.

우리는 지금 온갖 이론과 이념이 난무하는 시대를 살아가고 있다. 이에 대한 식별이 시급하지만, 분명한 것은 하느님은 결코 어떠한 이상이나 이념이 아니라는 것이다. 또한 인간의 사고로 만들어진 사건이나 사물은 더더욱 아니다. 하느님은 사랑으로 불타는 성심을 가지신 분이며, 우리 가운데에서 생활하시는 분이다.

따라서 하느님을 위해 우리가 할 수 있는 일은 사랑이신 그분을 사랑하는 것이다. 그분이 사랑이시기 때문에!

그렇기에 인간의 일을 할 때나, 하느님의 일을 할 때나, 우리는 항상 사랑을 사랑으로 갚아야 한다. 또한 하느님이 우리를 먼저 사랑하셨다는 말을 내세워 우리가 행할 바가 없다고 여겨서도 안 된다. 하느님이 우리를 사랑하시기 때문에, 그 사랑으로 인해 인류의 역사가 전개된 것이다. 그리고 사랑이신 하느님은 우리의 응답을 기다리고 계신다. 우리가 당신을 진심으로 사랑하기를,

나아가 우리가 이웃을 사랑하기를 요청하시는 것이다. 예수님은 십자가에 못 박혀 돌아가셨지만, 지금 여기, 우리 곁에서 호흡하고 계신다. 바로 우리 옆에서! 그것도 아주 가깝게!

따라서 우리는 결코 흩어지지 않아야 한다. 사랑이신 하느님은 당신 자녀들이 분열된 곳에는 함께 계시지 않다는 것을 우리는 기억해야 할 것이다.

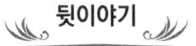 뒷이야기

마지막 메모

　이 책은 성경과 공인된 교회 문헌에서 영감을 받고 창작한 영적 문학 작품입니다.

　저는 성모님의 일생, 특히 그분이 하느님께 받으신 사명으로 인해 살아가면서 마셔야만 했던 고통의 잔, 그리고 그분이 느꼈을 감정을 표현하고 싶었습니다.

　그리하여 때로는 과감하게 혹은 지나치게 성모님의 성심에 깊이 빠져 당시 그분의 심정을 표현하고자 했습니다. 특히 원죄 없는 성모님의 잉태에 관해 이야기할 때에는 성모님이 우리 인간의 영혼과 육신의 죄에 전혀 물들지 않고 오셨음을 서술하려고 노력했습니다.

이 책을 읽은 독자들이 성모님을 더욱 사랑하고 따르게 된다면, 또한 그분을 본받고자 하는 열망이 생기게 된다면, 이 책이 세상에 나오도록 애쓴 모든 이에게 큰 기쁨이 될 것이고, 그로써 큰 보람을 얻게 될 것입니다.

이와는 반대로, 혹시 이 책의 전개에 불편함을 느낀 독자가 있다면, 넓은 마음으로 양해해 주시기를 부탁드립니다.

1996년 6월 14일
예수 성심 대축일과 티 없이 깨끗하신 성모 성심 기념일 전야에

마드리드에서 산티아고 마르틴 신부

주

1 — 사해문서(Dead Sea Scrolls, DSS), 사해 두루마리 또는 사해사본死海寫本은 1947년 사해 서북단 쿰란 근방 동굴에서 발견된 히브리어와 아람어 성경 사본을 일컫는다. 이 동굴에서 성경의 여러 사본들 및 외경에 대한 단편들과, 알려지지 않은 수많은 기록물들이 발견되었다. 연구 결과, 이 두루마리는 기원전 20년에서 기원후 70년 사이에 쓰였다고 밝혀졌으며, 종교적·역사적 가치가 매우 높다.

2 — 펠라기우스(Pelagius, 354~418년경)는 영국의 수도사이자 신학자다. 인간의 자유의지를 강조하고 원죄와 그리스도의 구원 등을 부정하는 펠라기우스설說을 제창했다. 아우구스티노에게 반박을 받았고, 결국 이단으로 규정되었다.

3 — 히브리력Hebrew calendar은 유다인이 사용하는 역曆으로, 1년이 13개월로 구성되어 있다.

4 — 성모님이 요한 사도와 대화를 나누시며 회상하시는 장소가 에페소로 설정되어 있다.

5 — 스페인에서는 동방 박사 대축일에 가족과 친지들이 서로 선물을 교환하는 풍습이 있다. 아이들은 주로 방문 앞에 양말을 내걸고, 다음 날 아침 선물을 받고서는 동방 박사들이 선물을 주고 갔다고 믿는다. 전승에 따르면 동방 박사는 페르시아 지역에서 온 현인들로 멜키오르Melchior, 가스파르Gaspar, 발타사르Balthasar라고 부른다. 이날을 '주님 공현 대축일'이라고 하며, 1월 2일에서 8일 사이의 주일에 동방 박사 세 사람이 아기 예수님을 경배하러 온 일을 기념한다.

6 — 예전에는 우물을 지키는 사람들을 위한 작은 집이 있었고, 그 집에서 계단을 통해 아래로 내려가면 우물이 있었다.